EL PERONISMO (1943-1955)

EN LA NARRATIVA ARGENTINA

Ottawa Hispanic Studies

General Editors: José Ruano and Nigel Dennis

Published Titles:

This book has been published with the help of a grant from the Canadian Federation for the Humanities, using funds provided by the Social Sciences and Humanities Research Council of Canada.

RODOLFO A. BORELLO

EL PERONISMO (1943-1955)

EN LA NARRATIVA

ARGENTINA

Ottawa Hispanic Studies 8

Dovehouse Editions Canada
1991

Canadian Cataloguing in Publication Data

Borello, Rodolfo A.

El peronismo (1943-1955) en la narrativa argentina
(Ottawa Hispanic Studies ; 8)
Includes bibliographical references.

ISBN 0-919473-92-X (bound) - ISBN 0-919473-93-8 (pbk.)

1. Argentine fiction—20th century—History and criticism.
2. Peronism—Fiction—History and criticism. 3. Argentina—
History—1943-1955—Fiction—History and criticism.
4. Narration (Rhetoric) .
I. Title.   II. Series.

PQ7703.B67 1991   863   C91-090304-2

For information and orders write to:

Dovehouse Editions,
32 Glen Ave.,
Ottawa, Canada, K1S 2Z7

For further information about the series, write to:

The General Editors, Ottawa Hispanic Studies,
Department of Modern Languages and Literatures,
University of Ottawa,
Ottawa, Canada, K1N 6N5

Para Mariela,
Jennifer y Rodolfo Eduardo,
Mercedes y José Antonio,
con todo cariño.

Indice

...en nuestro país el olvido corre más ligero que la Historia, de manera que uno puede publicar un episodio ocurrido diez años atrás, perfectamente seguro de no incomodar a los vivos ni empañar la memoria de los muertos. No hay memoria que empañar, porque nadie recuerda nada. Adolfo Bioy Casares, *El lado de la sombra*, 1962

The price for liberty is the loss of the love of paternalistic authority. That is, a willful disdain for providence... Thomas Szansz, *Heresies*, 1976.

La Historia es hija de la Mitología, como el Drama y la Novela. Toynbee

Pero el pueblo es también un poderoso señor; y debe respetársele como a tal. El populacho se muestra muy exigente; ya pretende que el futuro cónsul reconozca la soberanía del pueblo y lo honre en todo descamisado, por decirlo así, que anda por la calle... Theodor Mommsen, *Historia de Roma*, II. *De la revolución al imperio.* (4a ed., Aguilar, 1957, libro IV, cap. II, pág. 113)

PREFACIO

En las líneas que siguen, escritas entre 1969 y 1988, se pretende relacionar dos procesos implicados e imbricados entre sí que tuvieron lugar con muchos años de diferencia. La realidad nacional de la década peronista (1944-1955) y la producción literaria que, a través de la narrativa, intentó reflejarla, describirla, juzgarla, testimoniarla, condenarla.

El autor está seguro de que muchas de sus ideas y hasta la consideración histórica del fenómeno político a que este libro hace referencia, deberán ser replanteadas nuevamente desde la perspectiva de 1989 y, sobre todo, de los años próximos. Este es uno de los más duros tributos que todo trabajo de tipo histórico debe pagar al paso del tiempo: su transcurso, inexorable e imprevisible, modificará ciertos lineamientos, destacará otros que parecían carecer de importancia, oscurecerá alguno juzgado como esencial. Congelar un momento de la realidad política e histórica y analizar su reflejo en algo tan impreciso y amplio como la literatura (o las actitudes intelectuales), supone estar sujeto a estos imponderables tan poco previsibles.

Y antes de comenzar, una consideración personal. Después de releer sus páginas el autor descubre con preocupación y sobresalto que sus consideraciones no gustarán a nadie, ni dejarán totalmente satisfecho a ninguno de los actores aludidos en las mismas. Los peronistas lo calificarán duramente, los conservadores y bien pensantes lo motejarán de liberal, subversivo, antihistórico o, por lo menos, de anticlerical. Los liberales (los liberales argentinos, entiéndase bien) lo verán como un estudio tibio y demasiado concesivo frente a los pecados del oficialismo de otrora. Para comunistas, izquierdistas y marxistas, será un ejemplo de lo que desdeñosamente han calificado de mentalidad "pequeño-burguesa." Creemos, sin embargo, que ninguna de las apreciaciones es gratuita ni está demasiado alejada de los hechos concretos y demostrables. Desde el punto de vista crítico reconocemos que nuestra intención no es común y que se expone peligrosamente a errores y equívocos de todo tipo. La defensa y justificación de sus afirmaciones debe nacer de lo que aquí se diga, no de lo que el autor pueda o quiera adelantar—en su defensa—en el prólogo. Se espera, solamente, que el estudio sea leído con la misma honestidad y equilibrio con que fue escrito o, por lo menos, con que se quiso pensarlo y ejecutarlo.

Tal vez sea oportuno hacer una breve referencia a la historia de este libro, cuyo desarrollo y comienzo se remonta a los años 1968-1970, cuando en el suplemento de *La Gaceta* (Tucumán, Argentina) publiqué una serie de breves y polémicos artículos que adelantaban en esbozo lo que ahora es la obra. Esas notas partían de una serie de clases—que provocaron los acostumbrados ecos negativos y positivos en la Mendoza de esos años—dictadas en las aulas de la Universidad de Cuyo. Repetí dicho curso en la Universidad del Sur (Bahía Blanca). En la primera, mi amigo y poeta Alfonso Solá González me hizo una serie de observaciones utilísimas que me permitieron ampliar el enfoque y sentido de la obra. En la segunda, Félix Weinberg y otras personas me indicaron aspectos de la historia de la década (1943-1955) que ignoraba.

Después—mientras comenzaba otros libros que jamás se terminaron—fui escribiendo diferentes capítulos y analizando aspectos parciales del asunto (mucho más complejo y rico de lo que este modesto ensayo puede apenas hacer entrever al lector avisado). Uno de esos artículos—el más largo y completo—fue publicado por mi amigo y colega de Madrid, don Luis Sáinz de Medrano, en las acogedoras páginas de los *Anales de Literatura Hispanoamericana*. Otros aparecieron en *Cuadernos Hispanoamericanos*, también de Madrid, en *Hispamérica*, que en Washington publica el colega y crítico Saúl Sosnovsky, en *Ottawa Hispánica*, que hacíamos un grupo de estudiosos y maestros de letras hispánicas aquí, en la capital del Canadá. Otros se leyeron—pero no siempre se publicaron—en Congresos en París, Pittsburgh, Syracuse, Montreal, Maryland, Yale.

Muchas personas me han hecho indicaciones bibliográficas, críticas estimulantes y de las otras, acotaciones que han permitido hacer menos superficial una obra enancada sobre disciplinas heterogéneas que el autor ignora con amplitud. Está de más decir que esos estudios iniciales han sido reescritos, corregidos, ampliados y, en muchos casos, han merecido detenidas relecturas. Mi vieja amiga, colega y hermana Marcelina Jarma leyó cuidadosamente el manuscrito en una de sus últimas etapas. Con infinita paciencia hizo numerosas correcciones de todo tipo que mejoraron la redacción del texto en muchos sentidos. Me ayudó además con sus saberes sobre libros y coleccionó materiales en Buenos Aires para las referencias bibliográficas. ¿Cómo podré agradecerle tanta generosidad de su saber y de su tiempo?

Dos personas me han ayudado de modo importantísimo. A mi agudo amigo Alberto Ciria (Simon Fraser University, British Columbia), le debo las ideas de sus libros, artículos y conversaciones en distintos momentos y congresos. Esos trabajos y observaciones me permitieron aprender muchas cosas y comprender un poco más un momento muy duro y decisivo de nuestras vidas y de la existencia histórica de Hispanoamérica. La sabia y denodada Lorraine Albert, encargada de *recherches bibliographiques* de la Biblioteca Morisset de la Universidad de Ottawa, me ha ayudado con numerosas indicaciones bibliográficas que me permitieron poner más o menos al día un tópico en constante expansión como es el del período peronista.

Alguna vez dijo don Alfonso Reyes que, de no publicar los libros en cuanto se escriben, se le va la vida a uno en rehacerlos. Algo así le ha ocurrido a estas páginas.

I. INTRODUCCION

Narrativa y realidad. Objetivos

La actualidad sigue acompañando al peronismo, el fenómeno político, social e histórico más explosivo de la vida argentina de los últimos cincuenta años. Ante él, los argentinos (como ante el período rosista) se ven compelidos a tomar partido, se ven obligados a llegar a las decisiones últimas, aquellas que tocan a la totalidad de los resortes emocionales, intelectuales, vitales de cada uno; de él puede decirse cualquier cosa, lo único que no es posible ejercer ante su sola mención es la indiferencia.

Ha sido esa comprobación y la conciencia de su peligrosa calidad polémica lo que nos ha llevado a intentar un examen del impacto que el período 1944-1955 dejó en la narrativa argentina. Nuestro estudio parte de suponer en el lector un conocimiento más o menos amplio de los hechos importantes ocurridos en la Argentina en ese período. Intentar una síntesis de ese momento histórico hubiera desbordado ampliamente nuestros propósitos y nuestros conocimientos. Hemos agregado una cronología básica, que puede ser una eficaz ayuda para el no familiarizado con la época. Una escueta bibliografía al final de este estudio, pretende cubrir esa década. A ella podrá acudir quien quiera ampliar sus informaciones. Esa lista de libros muestra, sin embargo, que existen todavía zonas amplias de este período huérfanas de estudios básicos, que sobre aspectos fundamentales nada se ha escrito a partir de un conocimiento de primera mano de los hechos, los documentos y los actores principales, y que en muchos casos deberemos recurrir a la bibliografia estadounidense para encontrar reunidos muchos de estos elementos.

Este estudio persigue varios objetivos. En primer lugar, ver de qué manera todo un sector de los intelectuales argentinos—en este caso los escritores—reaccionaron ante un fenómeno histórico concreto. Esa reacción y su examen consiguiente mostrará que la literatura no solamente se inscribe en el mundo de la historia del arte, sino que está inserta en un confuso y a veces muy claro conjunto de ideas y creencias determinadas, primordialmente, por el grupo político al que se pertenece, por la situación social, por la presión del entorno cultural en que se siente inscripto el escritor o al cual desea pertenecer. En segundo lugar, toda una serie de problemas—alguno de muy difícil comprensión—aparecerá a la luz; cómo se relaciona la literatura con la realidad; qué diferencia a la narrativa, la novela y el cuento, de la historia; cuántas formas, y a veces son muy diferentes, asume lo que se ha dado en llamar *realismo* en literatura; cómo expresa o describe la literatura la realidad social y política; qué distancia existe entre la crónica y la novela, la narrativa y el ensayo; qué es lo narrativo y qué lo testimonial en una obra de ficción. Se intentará, además, ver cómo se flexionan en una misma obra dos aspectos que a primera vista parecen antagónicos: el de la fidelidad a una visión individual o grupal de lo real-histórico, y el de la capacidad para crear un orbe estético autosuficiente que vaya más allá de la mera crónica, del puro documento o del panfleto propagandístico.

Por fin: ¿existe alguna posibilidad de que la literatura influya en la creación de una imagen específica de un período determinado de un país? ¿La literatura puede influir sobre la realidad, condicionar reacciones concretas, conformar un tipo de mentalidad? ¿Hasta dónde la narrativa llega a ser historia? ¿Hasta dónde llegan las posibilidades de expresar lo histórico-concreto y dar nacimiento a un cosmos novelístico que posea suficiente poder autónomo como para escapar a las determinaciones y limitaciones de lo ideológico?

Hemos reunido en dos grandes grupos los testimonios que estudiaremos. En el primero colocaremos a todos aquellos que, de una manera o de otra, persiguieron dar una visión positiva del período, a los escritores que podríamos denominar *oficialistas*. En el segundo grupo estarán todos aquellos que, condicionados política o ideológicamente, dieron una visión del peronismo de esos años, a partir de una actitud crítica y nunca totalmente afirmativa. Estos estarán ordenados en los siguientes grupos: a) La visión del catolicismo nacionalista (Gálvez); b) La visión de la izquierda oficial (Rivera); c) La visión del liberalismo argentino (Borges, Peyrou, Cortázar, etc., el más amplio y el que ha logrado una visión más rica en matices y en poder narrativo); d) La visión del realismo crítico de izquierda (David Viñas, Rozenmacher, etc.). Como se verá, resulta imposible encontrar un escritor que haya intentado una visión del período, instalado en un mirador imparcial o, por lo menos, alejado de preferencias específicas.

Y antes de comenzar el análisis concreto de los textos, una consideración previa, ésta de tipo crítico. Todos sabemos que mientras de Saussure escribía y dictaba su ahora famoso *Curso de lingüística general* para sus clases en Ginebra, en Rusia se iba formando una escuela de formalistas que ha influido de manera poderosísima el pensar contemporáneo sobre la literatura. La lingüística, el formalismo, el estructuralismo, la semiótica, el formalismo lógico, la semántica estructural, la fenomenología, y otras corrientes teóricas y críticas han dado nacimiento a una sucesión de direcciones hoy vivas y poderosas en la concepción de la literatura y en las formas de analizar su realidad y su sentido. La gran mayoría de estas escuelas críticas han terminado por separar la literatura de la historia, la obra del autor, las ideas de un libro de la historia coetánea de las ideas en que ese libro ha nacido. La misma crisis insoluble en que ahora se debate la historia de la literatura es de cierta manera expresión concreta de esta insular existencia de la obra literaria, que parece tan vuelta sobre sí misma, tan autosuficiente, tan emancipada de todo determinismo ideológico o histórico (fuera de los de su género, lenguaje y formas), que es casi imposible encontrar "la serie" en la cual esa obra puede ser insertada para comprender cuál es el lugar que ella ocupa en la historia de sus congéneres. Aun el enorme talento de Bakhtine no parece haber sido suficiente para reintegrar la literatura a su puesto dentro de la historia.

Toda la excesiva importancia que en la crítica hispánica han adquirido el formalismo y la lingüística, el estructuralismo y la semántica estructural (con su peligrosa dependencia de métodos originalmente aplicados a los mitos o los relatos folklóricos), han supuesto—y siguen suponiendo—una negación casi absoluta del horizonte histórico de los textos literarios. Se ha convertido casi en una divisa esa afirmación que sostiene que en una obra literaria narrativa no habla el autor, que no se deben confundir jamás las opiniones expresadas por ciertos personajes en una novela con las del autor que escribió esa novela, que en un poema de Neruda no habla Neruda, que en un cuento de Cortázar jamás está Cortázar, que en una obra escrita por Carpentier no se expresan opiniones que tengan algo que ver con ese hombre que fue periodista y hombre de radio durante años en Caracas, y que terminó sus días siendo embajador en París del régimen de Castro...[1] En otras palabras: se ha negado y se niega absolutamente— y se ha aceptado como un artículo de fe—la idea de que haya alguna relación entre la biografía de un escritor y la obra literaria escrita por ese autor.[2] Y es además extraño por no decir raro leer obras de crítica donde se intente mostrar la relación entre la historia de las ideas y las obras narrativas coetáneas a esas ideas. Mucho menos se acepta que haya alguna relación entre las postulaciones ideológicas de una novela y el grupo político al que perteneció el autor de esa novela. Tampoco se quiere ver lo obvio: que si la historia determina ideas, y la sociedad y la clase influyen en ellas, también habrá determinaciones que corresponden a las formas. El hecho de que la novela sea casi la única forma literaria prestigiosa en nuestros días es también un fenómeno histórico y está social e ideológicamente determinado. La constante del realismo (a pesar de los agoreros que proclaman su desaparición, mientras el enfermo goza de muy buena salud), tiene una explicación social e ideológica y en este sentido una aguda conciencia histórica nos permitiría comprender mejor fenómenos estéticos que parecen complejos y difíciles.

Nuestra lectura de las obras en este trabajo es esencialmente histórica, política y social. Quien busque aquí análisis fundados en la lingüística, el formalismo o la semántica estructural pierde su tiempo. Histórica en el sentido de que inten-

tamos mostrar las relaciones concretas que un conjunto de obras
establecieron con un período histórico-político de enorme complejidad y de polémico perfil. Cómo describieron ese período,
qué destacaron y qué ignoraron, qué denostaron y qué elogiaron,
son algunas de las preguntas que hemos hecho a esos textos
narrativos. También intentaremos ver qué ideas expresaron con
relación a ese período y qué posturas ideológicas determinaron
esas ideas. Como organizaremos a los autores en una serie de
grupos diferenciados por su postura política, lo político asu-
mirá un valor particular: ¿fueron partidarios del gobierno peronista? ¿fueron opositores tibios de ese régimen, enemigos frontales, críticos filosóficos, opositores constructivos...? Finalmente: ¿por qué estuvieron con ellos, por qué se opusieron de
manera tan dura cuando aparentemente estaban interesados en
lo mismo? (como ocurrió con la izquierda oficial, por ejemplo el
Partido Comunista, que estuvo contra el peronismo en ese
período).

Algunos de esos escritores, ¿expresaron además de sus
propias ideas las de su grupo, partido político, o sector social?
¿Cuáles fueron las razones del enfrentamiento entre Iglesia y
gobierno peronista, cuando durante una década parecieron tan
estrechamente unidos y confundidos? ¿Cómo se expresó este
conflicto en la literatura? Creemos que la ideología no agota, ni
explica, ni justifica estética o históricamente una obra literaria. Para decirlo en otras palabras: una obra literaria no
consiste *solamente* en una visión del mundo, en una filosofía
(creencias, rechazos, aprobaciones, justificaciones, postulaciones ideológicas en cualquier sentido). Pero toda obra literaria de verdadero valor es producto de un autor inserto en una
época determinada. Y por detrás, por debajo, subyacente o
manifiesta, en toda obra literaria está presente una actitud, o
una suma de actitudes del autor en torno a un conjunto concreto de
asuntos. Saber qué rechaza, descubrir qué le atrae, entrever qué
aprueba o condena, qué lo asusta o lo alegra, cuándo odia y
cuándo ama, es el primer paso para conocer una parte sustancial
de su existencia y de su obra. Si esas postulaciones no "agotan"
ni "explican" totalmente el texto en consideración, su exclusión

supondrá, sin embargo, una imagen recortada, limitada y empobrecida del texto mismo. Y como toda descripción de un objeto exige dar cuenta de todas sus facetas esenciales, nosotros tendremos también en consideración ese aspecto en particular. Porque el entorno es parte de una obra, de su discurso, de su sentido total.

A la vez, para no caer en esas lecturas fragmentadas (que convierten a una novela en un documento y olvidan absolutamente sus valores propiamente "literarios") se tratará siempre de ver la obra como una totalidad en la que los valores estéticos tienen importancia. Por eso, para nosotros, libros como la saga de Manuel Peyrou, o algún volumen de Manuel Gálvez, deben ser considerados entre los más logrados literariamente de toda esta extensa nómina. Poseen autonomía novelesca, *valen* como narración, separados de toda consideración ideológica, política o histórica. Y esa es también una faceta que el crítico no puede ni debe olvidar. Eso no nos detendrá para intentar leer ideológica y políticamente textos que en su origen no fueron escritos—parece—con intención política, social o realista. Es lo que ocurre con los de Borges, Bioy Casares, Murena y especialmente Cortázar. Sabemos que hay otras lecturas posibles de esos mismos textos, y que la nuestra puede permitir leer en otro nivel de significación relatos y novelas alegóricas, irónicas, fantásticas o surrealistas. También estos géneros pueden y deben ser leídos desde esta perspectiva. Y relacionar la biografía de Borges o la de Cortázar con sus textos puede ser—a pesar de que la moda se opone a ello con la denominación de "the biographical fallacy"—una manera de entender mejor ciertos géneros que una crítica superficial ha acusado de ser modelos de evasión de la realidad, de negación de la historia y de ignorar la realidad. En otras palabras: creemos que esta lectura permite ver que ciertos textos "fantásticos," paródicos o alegóricos apuntan a la realidad (la describen o aluden a ella) de manera distinta de la de los textos realistas, pero no huyen de ella o la ignoran. Hacen referencia a la realidad con medios alusivos distintos de los de la técnica "realista."

El fenómeno político peronista y los escritores "peronistas"

¿Existió algo que podríamos llamar la ideología peronista? ¿Es posible hacer una exposición coherente de sus ideas básicas y de sus postulaciones políticas, culturales, sociales, estudiando sus fuentes, sus conceptos más destacados, sus supuestos ideológicos? ¿Hubo una "intelligentsia" peronista? ¿Alguien ha intentado una historia de este hecho? ¿Cuáles fueron las relaciones entre el movimiento y los intelectuales, entre el peronismo y los escritores, entre el estado peronista y los artistas, creadores, productores de cultura en la Argentina de los años 1943 a 1955? ¿Es cierto que el peronismo dio nacimiento a una llamada "cultura popular" que se manifestó en la música, el teatro, la literatura, la radio y hasta el cine y las revistas de historietas? Poseemos ahora crónicas parciales de algunos de estos hechos y hasta una exposición bastante coherente de las ideas políticas del peronismo (o de sus tendencias y direcciones políticas), con un examen crítico de los varios análisis que han intentado comprender este aspecto confuso, contradictorio y polémico del movimiento.[3]

No parece haberse escrito todavía una historia de las relaciones entre el movimiento político y los intelectuales argentinos. Lo mismo ocurre con el examen desapasionado de las relaciones entre el peronismo y la literatura argentina del período. Tampoco poseemos un examen objetivo de qué produjo el peronismo a nivel literario; aún sus más apasionados partidarios han sido incapaces de exponer las obras que realizaron y editaron sus intelectuales y sus escritores.[4]

Lo evidente es que si hubo un aspecto descuidado e ignorado a sabiendas, una carencia de política coherente, una notable torpeza en el régimen, ésta estuvo en la actitud del peronismo frente a los intelectuales y en los contenidos ideológicos del movimiento. Esta ausencia de trasfondo intelectual sólido en torno al peronismo se debió fundamentalmente a varias razones: debilidad ideológica del movimiento (cuyas postulaciones políticas concretas estuvieron limitadas a los escritos y

Introducción 19

sobre todo a los discursos del jefe máximo); desprecio y temor
frente a los intelectuales; entrega de los resortes educativos y
del manejo de la vida cultural a los sectores más reaccionarios y
menos capaces del clericalismo católico, o a los segundones y
figuras anodinas de las letras o las artes; olvido de que las
decisiones políticas se asientan en una concepción totalitaria
del mundo y de la sociedad, a la cual debe recurrirse sobre todo
en los casos extremos; rechazo indiscriminado de todo el
espectro ideológico y cultural anterior, desde los liberales conservadores hasta el marxismo de extrema izquierda, con aceptación visible de los aspectos menos comprometedores de la
filosofía católica tradicional (véase, por ejemplo, el discurso
de Perón en el Congreso de Filosofía de Mendoza en 1949, que
por lo que ocurrió con la Iglesia en los años 1953-1955 demostró
ser nada más que una fachada útil para fines políticos
concretos, sin creer en ella de modo sustancial ni real); reclu-
tamiento de los intelectuales no sobre la base de su calidad o su
capacidad concretas, sino a partir de su obediencia y su
aceptación indiscriminada del movimiento y una regimentación
adulona y acrítica; ineficacia e indiferencia del gobierno en
cuanto a realizaciones renovadoras en el frente cultural (el
peronismo no hizo ni intentó hacer nada serio en lo que respecta
a educación pública primaria, secundaria o universitaria, a
excepción del desarrollo del deporte que se usó como un medio
más de propaganda política; lo mismo ocurrió en la parte de
cultura popular, universidades o desarrollo de la investigación).5
Todo esto puede comprobarse fácilmente a través de la literatura: los intelectuales que merecen realmente el nombre de
"peronistas" fueron muy pocos, casi podría decirse que no existieron, por la sencilla razón de que el peronismo como movimiento careció de una estructura concreta de ideas o postulaciones ideológicas. Más bien deberá afirmarse que se trató de
un grupo de escritores que se acercaron al movimiento y lo
apoyaron sintiéndose de acuerdo (o simpatizando) con las
medidas de gobierno y la orientación general de la política de
Perón, de tibio y declamado antiimperialismo (que no se

cumplió—fuera de los discursos—en los hechos, como ha
probado terminantemente Irazusta, quien es el único que ha
demostrado que Perón favoreció el imperialismo inglés y el
imperialismo norteamericano en la Argentina).[6] Otros puntos
que apoyaron esos intelectuales fueron la afirmación de los
derechos populares, la defensa de los intereses populares, la
defensa de algo vago que se llamó entonces "una cultura
nacional" y tradicional, la implantación de la enseñanza
religiosa obligatoria en las escuelas, el rechazo indiscriminado
de toda la tradición liberal argentina. En esas medidas de
gobierno (y en sus postulaciones oratorias) podrían señalarse
numerosas contradicciones y hasta una falta relativa de unidad
ideológica (lo mismo ocurrió muchos años antes con el radicalismo de Irigoyen, pero aquel movimiento fue coherentemente
nacionalista y antiimperialista, cosa que no ocurrió con el
peronismo). Esa gama tan amplia de tendencias y acciones le
permitió a Perón agrupar en su torno a escritores de muy disímiles tendencias, orígenes, inclinaciones e intereses.

   Debe agregarse además algo sustancial, que pocas veces ha
sido señalado, para explicar la razón por la cual tantos
hombres de muy distintos orígenes y concepción política se acercaron a Perón y a su gobierno y lo apoyaron, aun cuando no estuvieran totalmente de acuerdo con muchos de sus actos y de sus
postulaciones políticas. Perón apareció en la escena argentina
en el momento en que no quedaban ya esperanzas concretas con
respecto al sistema y a las figuras políticas que habían gobernado el país desde 1930. La década que va desde esa fecha a
1943 es probablemente la más cínica y desesperanzada que ha
vivido la Argentina en toda su existencia histórica. Durante
esos años una camarilla minoritaria gobernó a la nación como a
una estancia privada, en la que los capataces mandaban sin
sujeción a normas y sin tener en cuenta la voluntad de los gober-
nados. La mayoría de los habitantes de la nación vivió esos
años con la sensación constante de que no participaban de
ninguna manera en el gobierno de su país; de que sus necesidades, sus problemas y sus derechos nada tenían que ver con la
voluntad (buena o mala) de un grupo sobre el que no hubo ni

control ni posibilidades de cambio. La voluntad mayoritaria, la defensa de los bienes y los valores del país, fueron despreciados sistemáticamente por un equipo político que gobernó con una especie de despotismo ilustrado, y que sirvió siempre en primer lugar a sus intereses económicos y a las potencias imperiales de las que fueron simples representantes. Por medio de la violencia, de la falsificación de votos, de la compra lícita o ilícita de ciertas voluntades, de la corrupción, del asesinato, del cinismo político, ese grupo se mantuvo en el poder sin ofrecer posibilidades de cortar un dogal político y económico que parecía inamovible e incambiable.

La revolución de 1943, que derriba por la fuerza al gobierno impopular y fascista de Castillo, trajo a la política argentina un aire fresco, una suma de posibilidades nuevas que aparecían como muy prometedoras para quienes habían vivido durante trece años alejados de toda posibilidad de influir o de participar—aunque fuera en mínima parte—en el gobierno del país. Y cuando aparece la figura del entonces coronel Perón, con toda una nueva serie de propuestas políticas populares (no interesa ahora saber si eran demagógicas, equivocadas o falsas, lo importante es entender cuál fue el ambiente que rodeó su aparición), la primera actitud de millones de ciudadanos y de muchos intelectuales, fue apoyarlo fervorosamente, aun cuando fuera nada más que como un rechazo de todo lo anterior. Muchos de esos intelectuales, (socialistas, radicales, comunistas, marxistas, liberales, y hasta conservadores), al apoyarlo, rechazaban la década anterior en la que se había despreciado y derrotado las esperanzas nacionales, en la que el peculado, la corrupción, la mediocridad, la falta de grandeza, la carencia de interés por los problemas económicos de las clases más bajas (que eran la mayoría), la injusticia económica con respecto a los empresarios y las empresas argentinas, la explotación de los bienes nacionales a favor de los importadores y de los intereses ingleses, habían sido la norma constante. El deseo de una renovación del horizonte político, el apoyo a una figura nueva, que parecía alejada de la camarilla siempre gobernante, la posibilidad de que otra vez se gobernara con y por el país, el ferviente deseo de que se defendieran los intereses económicos de la nación y de sus habitantes, y de que la justicia fuera igual para todos, explican por qué tantos apoyaron al nuevo gobierno. Además de esta serie de postulaciones políticas, jurídicas, nacionalistas y anti-imperialistas que Perón defendió públicamente, hubo otras razones esencialmente económicas (de justicia social y distribución de la riqueza) que explican por qué una buena parte de los intelectuales de izquierda y de derecha apoyaron al entonces coronel y Secretario de Trabajo y Previsión aunque en verdad no compartieran totalmente sus ideas corporativistas y bonapartistas del estado y de la sociedad. Y han seguido apoyándolo aún perteneciendo a movimientos ideológicamente nada semejantes al justicialismo. Muchos de estos intelectuales fueron de izquierda, como el anarquista y luego comunista Elías Castelnuovo; el marxista y trostkista John William Cooke que en sus últimos años intentó una simbiosis ideológica entre leninismo y peronismo y con quien coqueteó públicamente en su período de seudo-izquierdismo el mismo Perón; el trostkista Jorge Abelardo Ramos, famoso publicista peronista, siempre hipnotizado y conmovido—como casi toda la izquierda argentina carente de apoyo masivo—por el eficaz e inigualado poder convocador de multitudes del peronismo. Otros fueron de derecha y profundamente católicos, como Manuel Gálvez, admirador de la justicia social peronista, como veremos; Leopoldo Marechal, más tarde deslumbrado y entusiasta defensor de la revolución cubana; Lizardo Zía, Ramón Doll, Arturo Berenguer Carisomo, etc... Todos estuvieron junto a los millones de obreros y obreras, empleados, dependientes, obreros industriales, peones del campo, técnicos, que apoyaron con fervor a la nueva figura política que desde la Secretaría de Trabajo y Previsión había comenzado un proceso político que iba a cambiar muchas cosas en la historia argentina del siglo XX. Como se ha probado a través de distintas estadísticas, el régimen peronista cambió—por primera vez en la historia del país—la forma en que se distribuyó la renta nacional. Mientras en los años anteriores a 1943 siempre los dueños del capital, de las empresas y de las propiedades se habían quedado con una porción mayoritaria de la producción interna total de bienes (lo que los economistas llaman el PBI = producto bruto interno), en los años siguientes hubo una efectiva tendencia a dar a obreros y asalariados una parte sustancial de la riqueza del país.[7] Esos bienes no consistieron solamente en dinero efectivo (como prueban las estadísticas que reproducimos en nota), también supusieron una compleja legislación protectora de los trabajadores, una organización sindical con ingresos asegurados a través de sindicatos únicos con deducciones directas de los sueldos para las cajas sindicales, y una participación mucho más directa de los obreros en la política nacional.[8] Hubo además algo que debe ser aquí señalado, porque significó para muchos intelectuales de izquierda una justificación esencial para apoyar al régimen: a través de la Secretaría de Trabajo y Previsión y después del ministerio de dicho nombre, la justicia—que siempre había favorecido a los patrones y dueños del capital en sus pleitos con los obreros—durante todo este período cambió su actitud ante los asalariados y casi sistemáticamente favoreció a los empleados y obreros dándoles la razón.

Otro hecho, simple pero poderoso para explicarse el apoyo que al régimen dieron amplios sectores (intelectuales y de los otros) es éste: entre 1943 y 1955 los obreros, empleados y asalariados recibieron aumentos reales y efectivos en sus ingresos y estos favorecieron a casi la totalidad de los que trabajaban en situación de dependencia—en cualquier nivel—en la Argentina. Es así como durante los años de oro del peronismo, sobre todo entre 1943 y 1950, una buena parte de los sectores populares del país que jamás antes habían accedido al uso y consumo de bienes y servicios hasta ese momento reservados a la clase media y alta, comenzó a disfrutar de ellos.[9]

Politización y participación en la vida política y sindical, mejoramiento del nivel de vida, legislación protectora de los obreros y empleados, sindicatos fuertes y económicamente independientes, justicia favorable a los derechos de los trabajadores, salarios visiblemente mejorados, mucha mayor participación de los asalariados en la renta nacional: he aquí algunos

de los hechos que llevaron a muchos intelectuales a apoyar al
peronismo. Unos, los católicos, por simples razones humanas
(como fue el caso de Gálvez, de Marechal, de Solá González):
no debe haber pobres muy pobres entre nosotros, ni ricos demasiado ricos; debemos distribuir la riqueza de manera más equitativa. Otros, los de izquierda, por razones ideológicas: un
poderoso movimiento de masas basado en ventajas económicas
implica una estructura sindical que en algún momento de su
historia encontrará su conciencia de clase y abandonará el
fascismo peronista. Entonces dicha estructura significará—de
alguna manera—un primer paso ya cumplido: una inmensa
mayoría de trabajadores concientizados en cuanto a sus derechos y a su fuerza y una estructura vertical que podrá ser usada
no para aburguesar a los trabajadores, sino para afirmar sus
derechos y su poder político para transformar la sociedad
argentina. Esto, en cuanto a lo que pensaron los intelectuales de
izquierda de amplia visión futura. Los otros, también de izquierda, apoyaron al peronismo porque éste se apoyaba en la
mayoría, porque defendía los derechos de las masas y porque
por primera vez en la historia argentina los trabajadores
habían demostrado su poder político y electoral. Claro que
pocos se dieron cuenta de que el peronismo no expresaba *solamente* el poder obrero; era un poderoso conglomerado poli-
clasista que expresaba deseos y anhelos muy complejos que
abarcaban gran parte del espectro político. En otras palabras,
aún teniendo a las masas obreras como base esencial de su número, el peronismo era una suma de voluntades políticas cuyo
origen social superaba a una sola clase. Pero poseía un fundamento ideológico casi único que el tiempo ha demostrado era
mucho más sólido y constante de lo que se creía: el peronismo es
un conglomerado político fundamentalmente burgués, consti-
tuído en cuanto a sus deseos, valores y concepciones, por una
ideología de clase media. Todos los esfuerzos desplegados por
la imaginación política para cambiar su ideología han
fracasado estruendosamente. Ni la presión feroz de la extrema
izquierda, manifiesta en asesinatos, atentados y secuestros,
tomas de ciudades y luchas urbanas, ni las amenazas de la

extrema derecha fascista, que también ha usado la fuerza y la agresión, han podido cambiarlo.

Esto permitiría afirmar que muchos de los que colaboraron en los diarios y revistas más o menos oficialistas de los años 1944-1955, que muchos de los que integraron las estructuras burocráticas relacionadas con la cultura o la enseñanza, cumplieron esas funciones más como circunstanciales aliados en una lucha común, como ocasionales partícipes en el disfrute del poder, que como convencidos y conscientes partidarios del régimen. Goldar ha señalado que la nota definitoria de la casi totalidad de los escritores que se acercaron al peronismo fue su oposición al liberalismo, o al régimen liberal anterior al 43 y tal vez tenga razón, pero la cohesión de un grupo—y sobre todo su eficacia en la lucha política e ideológica en lo cultural—no puede partir solamente de una negación o una oposición. Necesita de un conjunto de ideas, de una visión del mundo (sociedad, pasado, futuro, economía, política, valores, etc.) coherente y fundada que le dé sentido y dirección afirmativa. Esto es lo que no encontramos en los intelectuales que adoptaron el rótulo de peronistas o justicialistas entre 1944 y 1955.

Un examen de la nómina de intelectuales y escritores que estuvieron junto al régimen permite algunas interesantes comprobaciones. Si examinamos la lista que propone Goldar (*El peronismo en la literatura argentina*, págs. 146-148) veremos que ninguno de ellos dejó de ser lo que era, porque el movimiento no tenía—ideológicamente—nada que darles, fuera de esa superficial suma de postulaciones prácticas en cuanto al populismo y sus intereses, que el gobierno defendió con relativa eficacia. De este modo apoyaron al régimen en aspectos fácticos concretos, pero ni pudieron sumarle orientaciones ideológicas definibles, ni recibieron otras nuevas o semejantes del mismo.

Muchos de los que fueron peronistas de la primera hora (en especial los católicos como Marechal, Sepich, Rega Molina, Fermín Chávez, etc) se apartaron del gobierno al producirse las tirantes y conflictivas relaciones con la Iglesia de los años 1953-1955. Otros moderaron sus convicciones cuando algunos hechos concretos hicieron tambalear la aparentemente sólida fortaleza del gobierno y llegó la hora de las definiciones, que significaban compromisos peligrosos.

Aquí habría que señalar un hecho muy importante y que está en el meollo mismo del fenómeno peronista: éste usó de los intelectuales cuando los necesitó o los tuvo a mano; es lo que ocurrió con ciertos tratadistas en cuanto a la teoría del Estado (como Sampay, por ejemplo), o en cuanto a ciertos asesoramientos técnicos. Pero en general la actitud frente a los intelectuales fue de desconfianza, de temor, de rechazo, o de ignorancia completa. Como la "intelligentsia" argentina estaba inficionada de liberalismo (y sigue estándolo) en muy pocos y contados casos contó el gobierno con su apoyo. Pero además, por parte de Perón, hubo siempre un constante y consciente rechazo, un desprecio que sumaba temor, desconfianza y poca fe en sus posibilidades de usarlos para el poder, o la consecución del poder. Perón siempre descreyó de la importancia de los intelectuales, los incluía en esos grupos que alguna vez calificó de "piantavotos" ("aleja-votos"). Y como su filosofía era lograr votos, apoyo popular, alejó de sí a toda figura que pudiera—por su sola presencia—empañar su imagen de hombre partidario de los gustos mayoritarios...

Desde el punto de vista de los intelectuales, acercarse al peronismo significaba entonces algo así como dejar atrás todo lo anterior, mostrarse de acuerdo con un conjunto de actos y resoluciones concretas de tipo económico-social, ingresar en una tierra de nadie donde no había (ni hubo) postulaciones concretas y sobre todo claras, de tipo cultural o artístico. Eso suponía algo minoritario, y el peronismo excluyó de sí y de su ámbito (y de su imagen pública) todo lo minoritario, exclusivo, limitado, o especial. El populismo peronista siempre proclamó la igualdad de todos, que era en el fondo una muy particular tendencia a igualar hacia abajo. Los intelectuales, que reclamaban (entonces en la Argentina, antes en el antiguo Egipto, después, ahora y siempre) ser distintos de los demás, cuya única vanidad era ser distinguidos de todos los otros hombres, cuyo orgullo no era ni el poder, ni la riqueza, ni la herencia de sangre o la nobleza, sino una nobleza especial de cada uno, nacida de sus conocimientos o de sus capacidades creadoras o intelectuales, no podían esperar recibir del peronismo ninguna de esas formas de reconocimiento. Esta es una de las causas de la división entre este grupo político y la gran mayoría de los intelectuales argentinos.

Uno de los testimonios más representativos de cuál fue la actitud frente al peronismo de la "intelligentsia" liberal es el de César Fernández Moreno, integrante de la llamada "generación del 40" (la misma a la que pertenecieron Cortázar, Bioy Casares, Sábato y los poetas del grupo *Cántico*). Como se sabe, Fernández Moreno fue hijo de otro poeta famoso en la Argentina de los años 30 y 40, Baldomero Fernández Moreno, y como su padre fue sobre todo autor de poesías. Dejó escrito un amplio volumen de recuerdos y testimonios crítico-históricos y allí dedicó todo un apartado al período peronista (*La realidad y los papeles*, al que hacemos referencia en la nota 3). Aunque el autor habla de su generación, muchas de sus consideraciones pueden aplicarse sin problemas a todos los intelectuales no-peronistas:

En una sociedad que no necesita, y por tanto no paga la literatura, el literato debe ganarse la vida con otra actividad, desarrollada sin vocación, cumplida con la mano izquierda. Nuestras formas de resistencia al peronismo se desarrollaron en un plano que yo llamaría profesional: como escritores pobres en general, y como miembros de un país burocratizado en extremo, las líneas de pugna se tendieron a lo largo del acaparamiento oficial, con fines políticos, de los puestos administrativos, universitarios, periodísticos, en teatros, cines y radios. Para usar estos medios laterales que, como se sabe, los escritores necesitan para vivir, había que entregarse al régimen en proporción a la importancia del cargo postulado. (pág. 304)

Pero también ha descrito cuál era la situación del intelectual cuando gobernó la oligarquía, y la comparación es importante:

La oligarquía terrateniente que había precedido al peronismo fue un grupo reducido y educado. Confundía el provecho de la nación con el de su clase. Los puestos y las ventajas oficiales bastaban para mantener contentos a todos. En estas circunstancias, el intelectual burgués accedía, cuando podía, a los cargos públicos: no se le exigían

genuflexiones ostensibles, mantenía su libertad de opinión mientras
no se despeñara por ningún extremismo, necesidad esta que, como
burgués, raramente experimentaba. Además, se infiltraba en un
grupo social más poderoso que el suyo, y que, por sus mayores
posibilidades económicas, estaba educado de antemano en un plano
congruente con su intelectualidad. Perón, en cambio, gobernaba una
nueva sociedad, compuesta de una base multitudinaria más una
cúspide de dirigentes militares, políticos, y, en algún momento, industriales. Para mantenerse en su posición, esta élite advenediza debía
adular al pueblo con recursos de baja calidad, y adular también a sus
jefes jerárquicamente superiores...

　　Para el intelectual burgués argentino, por lo tanto, plegarse al
peronismo acarreaba:

　　1) la abdicación de sus queridos valores espirituales para
entregarse a un mundo de poderío; 2) un descenso social; 3) el peligro
de desquiciar su cultura, adaptándola a un nivel masivo y publicitario;
4) el desdén de los intelectuales de la clase oligárquica desplazada,
que hasta ayer convivían amablemente con sus colegas burgueses, y
aún con los proletarios, todavía inofensivos; 5) una traición ante los
ojos de los intelectuales populares que seguían todavía creyendo en
otros izquierdismos. En suma: el dinero burocrático que los intelectuales estábamos acostumbrados a ganar, ya no vendría, a partir del
peronismo, sino teñido de un tinte dimisionario que por instinto
rechazábamos. (págs. 304-305)

　　El peronismo constituyó en política una especie de praxis sin
ideología concreta, fuera de una sólida afirmación de los valores burgueses característicos de la clase media. Y ésta fue la
causa de su sostenido éxito político. Además de la capacidad
carismática del líder, a Perón le tocaron cinco años de oro de la
vida económica argentina (1946-1950) durante los cuales des-
pilfarró alegremente la riqueza reunida durante una década y
media de acumulación de bienes cumplida por el país a costa de
duros sacrificios (1930-1945).Y en los últimos cinco años mencionados se sumaron las enormes reservas de oro y divisas que el
país acumuló durante la segunda guerra mundial.

　　El hecho de que tanto el radicalismo (1916-1930 y nuevamente entre 1973-1976), como el peronismo, fueron partidos de
clase media, explica el sostenido y permanente apoyo que
ambos recibieron de las masas argentinas. Y esto porque hay
algo que debe decirse aquí, aun a costa de que los historiadores,

politicólogos y sociólogos lo consideren discutible y polémico: la gran mayoría de los argentinos defendieron, defienden y defenderán una concepción burguesa de la vida. Y esto simplemente porque la casi totalidad de sus habitantes pertenecen a la clase media, sea urbana o rural. Y es esa clase media, ya desde la segunda mitad del siglo XIX, la que ha logrado implantar sus creencias y sus puntos de vista y difundirlos por todo el organismo social. Los hombres que hicieron el país, la gran generación romántica de 1837 (Echeverría, Mitre, Sarmiento, Alberdi, J.M. Gutiérrez) y los que llevaron a la práctica su proyecto político (la llamada generación del 80, cuyo nombre máximo es Julio A. Roca), pertenecían a la clase media, manejaban sus ideales, su concepción de la vida, su filosofía y su proyecto existencial. Y esas ideas siguen teniendo poderoso apoyo—consciente o inconsciente—en la Argentina.

Este hecho explica algo que todos los partidos y políticos de izquierda de la Argentina jamás comprenderán: que los obreros urbanos y los trabajadores del campo quieren llegar a ser patrones, y han adoptado para sí y sus familias, las comodidades y los valores burgueses. Y este fue el ideal que ofrecía el peronismo. Lo que ocurre es que las circunstancias históricas le permitieron no solamente proponer esta forma de vida, sino disponer de la riqueza necesaria para llevarla a cabo.

El peronismo impuso la creencia de que era posible acceder a las ventajas económicas de la vida burguesa, eludiendo sus exigencias éticas, sus dificultades y los trabajos necesarios para alcanzarla. Propuso una visión festival, cómoda e irresponsable de la existencia. Cambió perceptiblemente muchas de las normas, de las formas jerárquicas, represivas y en estratos bastante diferenciados, de las relaciones sociales argentinas. Cambió las formas de vestir, las actitudes ante el sexo y la moralidad pública, la concepción de la propiedad, el sentido del dinero (y de su uso, prestigio, formas de lograrlo), destruyó (a través de una inflación creciente) el sentido del ahorro y la previsión del futuro, el sentido y la misión del Estado, la situación de la prensa y hasta la situación y función de la justicia. Propuso el bienestar burgués y sus valores de progreso económico, movimiento vertical en la sociedad, acceso de todos al poder y a los cargos del Estado, educación gratuita, felicidad y goce del mundo, sin los esfuerzos, los méritos, el sentido de las jerarquías (basado en la idea de que a cada uno lo suyo de acuerdo con sus capacidades y sus deberes), y el de las obligaciones, derechos y funciones típicos de la sociedad burguesa. Y con olvido y hasta desprecio de su moral. Perón ofreció—y pudo cumplir con ello en una buena parte—las ventajas y comodidades burguesas, con poco trabajo, sin ahorro ni previsión, poco esfuerzo y ninguna rigidez moral. Muchos de los aspectos que la organización burguesa y capitalista de la economía y la sociedad había dejado en manos del individuo, fueron delegados en el Estado. Y durante esa época se pervirtió, hasta un grado impensable pocos años antes, la idea de que el esfuerzo personal y la actividad privada debían cubrir multitud de aspectos de la vida nacional.

Esto explica que durante esa década el control del Estado sobre actividades antes jamás puestas en sus manos afectara la casi totalidad de la vida argentina: seguros, transportes, comunicaciones, comercio exterior, previsión social, prensa, producción industrial, finanzas y bancos, energía, minerales, etc. Y es lo que ha hecho casi imposible hasta hoy volver al punto de partida. Nos guste o no, el peronismo significó una socialización casi total tanto de la economía (comenzando por los bancos y el comercio exterior), como de los derechos y las obligaciones del individuo. La mayoría pensó—porque era lo que se le daba a entender desde el gobierno—que esa delegación en manos del Estado suponía un país enormemente rico que podía darse el lujo de que sus habitantes disminuyeran su capacidad productiva y se dejaran alimentar, alegrar y vivir, sin demasiados esfuerzos. La inflación feroz que comienza con el peronismo, es un índice de esta concepción festiva de la economía que suponía que bastaba imprimir más billetes para enjugar con ellos los monstruosos déficits presupuestarios. Esa inflación no ha sido detenida por ningún gobierno posterior (a excepción tal vez del período de Onganía: 1967-1969), y es esa inflación la que ha hecho imposible mejorar la capacidad de ahorro e inversión del país, que fue asombrosa en el período 1900-1940, y que pareció reaparecer durante el gobierno de Arturo Illia, en 1963-1966.

Si volviéramos ahora a lo que decíamos sobre los intelectuales peronistas y los escritores del grupo, podríamos clasificarlos de esta manera: 1) católicos tradicionalistas: Leopoldo Marechal, Ignacio B. Anzoátegui, Leonardo Castellani, Arturo Cambours Ocampo, Ricardo Furlong, Luis Torre Revello, Tomás de Lara, Horacio Rega Molina, Constancio C. Vigil, Luis Horacio Velázquez, Jorge Newton, Claudio Martínez Paiva, Lizardo Zía, José María Castiñeira de Dios, Juan Oscar Ponferrada, Velmiro Ayala Gauna, Juan Carlos Dávalos, Héctor Lafleur, José Luis Muñoz Azpiri, Luis Soler Cañás, Arturo Berenguer Carisomo, Pablo Carvallo. 2) Boedistas y martinfierristas: Marechal, Rega Molina, Zía, César Tiempo, Elías Castelnuovo, Arturo Cerretani, Homero Manzi, Nicolás Olivari. 3) Forjistas, nacionalistas y generación del 40: Fermín Chávez, Arturo Jauretche, Soler Cañás, Juan Pinto, Jorge Perrone, José Gobello, Alfonso Solá González, Ramón Doll, Raúl Scalabrini Ortiz, Pablo Carvallo, Cátulo González Castillo, María Granata. Otro grupo sería el integrado por aquellos intelectuales de formación marxista (comunistas, trotskistas, marxistas propiamente dichos) que apoyaron al peronismo tratando de integrar ideológicamente sus puntos de vista primitivos con la acción política peronista. Entre ellos debe contarse al mejor publicista del peronismo, Jorge Abelardo Ramos, y a Carlos Astrada, Arturo Enrique Sampay, Raúl Bustos Fierro, Juan L. Hernández Arregui y John William Cooke.

Esta notable diversidad ideológica de los intelectuales y escritores "peronistas," que documentaba los muy distintos orígenes políticos de cada uno, se mostrará más tarde en las diversas visiones narrativas que dichos escritores dejaron del período que nos interesa. Unos, como Velázquez o Vagni, que venían de cierto populismo socialista o anarquista, tiñeron sus respectivas versiones del fenómeno con visibles notas obreristas, y destacaron con marcado interés los aspectos de masas, las reacciones de la multitud, las actitudes de grupos de trabajadores tanto en el mundo rural como en el medio urbano. Otros, como Perrone, venido del nacionalismo populista, vieron en el líder máximo la representación del Jefe esperado y expresaron el rechazo a una serie de ideas que se consideraron como "foráneas" y, por tanto, condenables por no-argentinas; rechazo, pues, explícito del existencialismo sartreano y del liberalismo, afirmación cálida y reiterada de lo criollo y lo auténticamente "nacional." Manuel Gálvez, por otro lado, mostró con absoluta claridad qué fue lo que ciertos intelectuales católicos y nacionalistas aprobaron y apoyaron del peronismo y qué aspectos del movimiento despertaron en dicho sector actitudes de desconfianza y de temor, que más tarde pusieron en crisis la aparente firme alianza entre católicos ultramontanos y justicialistas.

NOTAS

1 Ya en Wolfgang Kayser está la idea de separar el autor real e histórico, de la obra que escribe y de la voz del narrador en la novela: "...en el arte del relato, el narrador nunca es el autor, ya conocido o desconocido, sino un rol inventado y adaptado por el autor," "Qui raconte le roman?," *Poétique*, 4 (1970), pág. 502. Probablemente sea B. Martínez Bonati el teórico que más "filosóficamente" ha intentado probar que "El autor se objetiva como espíritu creador en su obra; y sobre él como tal, como espíritu creador, puede hablarse con el sólo documento de su creación poética, pues el autor como espíritu creador no es sino el espíritu que da origen a la obra—un momento, supremo, del ser concreto del autor—y no éste sujeto real en todas sus dimensiones vitales. El autor ideal, objetivado, no es, pues, ni hablante alguno de las frases poéticas (ni hablante básico, ni personaje) ni sencillamente el ser empírico del poeta," *La estructura de la obra literaria* (Santiago de Chile: Ediciones de la Universidad de Chile, 1960), pág. 124. A nosotros nos interesa viva y profundamente *ése sujeto real en todas sus dimensiones reales*, y siempre tratamos y trataremos de relacionar (no de confundir), los sucesos, los temas reiterados e isocrónicos, las actitudes y palabras de los personajes y del narrador, con éste sujeto histórico

que fue el autor de tal cuento o de tal novela. Como se verá, además, las declaraciones o confesiones de los autores, sus manifestaciones políticas o ideológicas serán utilizadas como documentos para confirmar las lecturas políticas o ideológicas que haremos de muchos textos a primera vista no comprometidos (como pasa en Borges, Cortázar, Bioy Casares, Viñas, etc.).

2   Las biografías de escritores, que en el medio anglosajón y francés siguen teniendo gran valor histórico y crítico, están en decadencia en el mundo crítico hispanoamericano. Carecemos de biografías cuidadosas de centenares de escritores—grandes o pequeños—y se considera pecado de lesa-crítica el examen, la recolección y el interés por los datos históricos básicos: establecimiento de textos, ediciones anotadas, datos biográficos, relación vida-obra, estudio del desarrollo de las ideas en un autor concreto. Todo examen que huela a Historia merece de inmediato la crítica avisada y desdeñosa de algún joven o maduro iconoclasta que está siempre al día de la última dirección crítica de París o de Nueva York; la cual será dejada de lado el año próximo cuando otra tendencia se superponga a la anterior. Hace unos pocos años varios de estos que "están al día" descubrieron la intertextualidad y el visible desinterés por la historia de la Kristeva, atraída por el psicoanálisis y el estructuralismo. Todos alegremente se convirtieron al nuevo credo. Y quedaron terriblemente sorprendidos cuando la señora citada anteriormente—en una pirueta que dejó en difícil situación a los seguidores de su credo—redescubrió las virtudes y valores del entorno histórico. La moda impera sobre los críticos. Hacia los años sesenta, se hizo un enorme ruido en París con la "nueva novela" francesa, interesada en el lenguaje, la técnica narrativa y el desprecio por la narración de una historia. Un famoso crítico hispanoamericano decidió que la "nueva novela" hispanoamericana se parecía a aquélla, y decidió calificar a las nuevas obras de nuestro continente como "la novela del lenguaje." Lo que no entrara en esa tipología carecía de valor. Así, en un terrible número de homenaje a Asturias, una importante revista crítica que aparece en los Estados Unidos, encabezaba su entrega (de "Homenaje," repetimos) con un demoledor artículo de este crítico en el que se maltrataba críticamente gran parte de la obra del autor de *Hombres de maíz*. Asturias no había acatado en varias de sus novelas "bananeras" este nuevo tipo de novela y había cometido el grave pecado de escribir literatura comprometida, ajustarse al realismo y no tener en cuenta la moda del "lenguaje."

3   Fayt, Carlos L., *La naturaleza del peronismo* (Buenos Aires:
    Viracocha, 1967). Cárdenas y otros, *El peronismo* (Buenos Aires:
    Carlos Pérez editor, 1969). A.Ciria, *Perón y el justicialismo* (Buenos
    Aires: Siglo XXI, 1971), especialmente págs. 11-26 y 122-156. Ciria,
    con envidiable mesura, ha intentado comprender y analizar las
    ideas y el sentido del peronismo, situándolo en el entramado
    ideológico de la política del siglo XX. De gran valor son las obser-
    vaciones críticas que Ciria hace a todos los trabajos anteriores a
    su libro. A. Ciria, *Partidos y poder en la Argentina moderna, 1930-
    1946* (Buenos Aires: Jorge Alvarez, 1975), 3a ed. Carlos J. Rodrí-
    guez, *La idea peronista: contenido ideológico del justicialismo.*
    (Córdoba, Argentina: Libra editorial, 1981). Juan C. Puig, "El pen-
    samiento político peronista y las ideologías populistas," *Mundo
    Nuevo*, 7, núms. 23-24 (enero-junio 1984), págs. 49-75. Uno de los
    exámenes más agudos y críticos de la ideología y de los orígenes
    del régimen, así como de sus relaciones con el estamento militar,
    sus notas fascistas, su voluntad antidemocrática, su constante
    tendencia a la represión es el de Juan J. Sebreli, *Los deseos
    imaginarios del peronismo* (Buenos Aires: Legasa, 1983). Como
    vamos a hacer referencias a la época y a personas, acontecimien-
    mientos, lugares, señalamos aquí los libros que juzgamos más
    aptos para ello y a los que haremos mención:

Barnes, John. *Evita, First Lady. A Biography of Eva Perón.* New
York: Grove Press Inc., 1978. = Barnes

Ciria, Alberto. *Perón y el justicialismo.* Buenos Aires: Siglo XXI,
1971, = Ciria, 1971.

————. *Política y cultura popular: la Argentina peronista, 1946-
1955.* Buenos Aires: Ediciones La Flor, 1983. = Ciria, 1983.

Josephs, Ray. *Argentine Diary. The Inside Story of the Coming of
Fascism,* New York: Random House, 1944. = Josephs

Page, Joseph. *Perón. A Biography.* New York: Random House,
1983. = Page.

Potash, Robert A. *El ejército y la política en la Argentina. 1928-
1945. De Yrigoyen a Perón.* Traducción de A. Leal (Buenos Aires:
Sudamericana, 1971) = Potash, I.

Potash, Robert A. *El ejército y la política en la Argentina. 1945-
1962. De Perón a Frondizi.* Traducción de E. Tejedor (Buenos
Aires: Sudamericana, 6a edición, 1982) = Potash, II.

Rouquié, Alain. *Poder militar y sociedad política en la Argentina. I, hasta 1943.* Tradución de A. Iglesias Echegaray. Buenos Aires: Emecé, 5a ed., 1983. = Rouquié, I.

Rouquié, Alain. *Poder militar y sociedad política en la Argentina. II, 1943-1973.* Traducción de A. Iglesias Echegaray. Buenos Aires: Emecé, 1982. = Rouquié, II.

4   No se ha escrito todavía una crónica detallada de cuál fue el impacto del peronismo en la vida cultural argentina. Un panorama que comenzara analizando las postulaciones ideológicas (de tipo político, social, filosófico, cultural, si las hubo) del movimiento, y que a la vez intentara una cuidada historia de qué ocurrió en la vida cultural en esos años, tanto desde el punto de vista "peronista," como del no-peronista. En cuanto a la literatura específicamente, sería importante historiar las relaciones que el grupo político mantuvo con los intelectuales y la vida literaria en general y qué intentos hizo para captarlos dentro de alguna estructura dependiente del estado. Sería interesante saber quiénes fueron los escritores peronistas, qué publicaron como creación y qué propusieron como ideas concretas (escritores peronistas, revistas principales, diarios oficiales, dirigentes, sociedades en las que se reunieron, etc.). Como panorama general el mejor estudio hasta hoy intentado es el de Alberto Ciria, *Política y cultura popular: la Argentina peronista, 1946-1955* (Buenos Aires: Ed. de la Flor, 1983), obra fundamental por el análisis de ciertos aspectos del período, la amplísima bibliografía y los comentarios críticos que en nota ha hecho Ciria a dichos estudios. Sobre literatura específicamente véanse las siguientes obras de Ernesto Goldar: "Peronismo, antiperonismo y literatura," *Meridiano 70,* Buenos Aires, núm. 3 (mayo-junio 1968), págs. 14-18 y 25; "La literatura peronista" en Cárdenas y otros, *El peronismo* (Buenos Aires: Carlos Pérez editor, 1969), págs. 139-186; *El peronismo en la literatura argentina* (Buenos Aires: Freeland, 1971). Goldar ha adoptado una actitud partidista elemental: todo lo que pueda ser una crítica al peronismo, es condenable. Y siempre identifica las actitudes y opiniones de los personajes de la ficción con los de los respectivos autores. Una forma de simplificación que atenta a veces contra sus observaciones, en muchos casos acertadas. Myron Lichtblau, "La representación novelística de la época de Perón," *Armas y Letras,* Universidad de Nuevo León, núm. 4 (1968), págs. 77-85. Una nómina detallada de intelectuales peronistas se encuentra en Arturo Peña Lillo, *Los encantadores de serpientes* (Buenos Aires: La Siringa, 1965), págs. 74-76. El ambiente de la época y su

reflejo en la vida de algunos intelectuales puede verse en Pedro
Orgambide, "Literatura y peronismo," en *Yo, argentino* (Buenos
Aires: J. Alvarez, 1968), págs. 155-161, testimonio amargo y
tristísimo de la situación social y económica de los escritores de
un país hispanoamericano. Sobre la literatura del período hay
numerosos datos en Martin S. Stabb, "Argentine Letters and the
Peronato: An Overview, " *Journal of Inter-American Studies*, 13
(julio-octubre 1971), págs. 434-455. Sobre el teatro, Raúl H. Castagnino, "Una década de estrenos argentinos: 1950-1960," *Ficción*,
Buenos Aires, núm. 24-25 (1960). J.C. Ghiano, prólogo a *Teatro
argentino contemporáneo 1949-1969* (Madrid: Aguilar, 1973). Ciria,
op. cit., págs. 238-251, con agudos comentarios. César Fernández
Moreno, *La realidad y los papeles* (Madrid: Aguilar, 1967), págs.
291-310. A. Avellaneda, *El tema del peronismo en la narrativa
argentina* (tesis de doctorado presentada ante la Universidad de
Illinois en 1973). A partir de esos materiales, Avellaneda publicó
más tarde *El habla de la ideología* (Buenos Aires: Sudamericana,
1983), que analiza textos de E. Martínez Estrada, J. Cortázar, E.
Anderson Imbert y algunos escritos en colaboración por J.L.
Borges y A. Bioy Casares. L. Kapschutschenko, "La dictadura
como tema en 'El Verdugo' de Silvina Ocampo y 'El general hace
un lindo cadáver' de Enrique Anderson Imbert," en J. Cruz
Mendizábal (editor), *Hispanic Literatures*. Literature and Politics
(Indiana University of Pensylvannia, 2nd. Annual Conference,
October 1976), págs. 306-314. Blas Matamoro, *Oligarquía y
literatura* (Buenos Aires: del Sol, 1975), págs. 61, 118-119, 137-150,
182-83, 187, 220-221, 237-246, 268-270. No se ha hecho un estudio de
los intentos de Perón para organizar sindicalmente a los escritores
argentinos. La única referencia que se conoce parece ser la que
da Gálvez en sus memorias, refiriéndose a la fundación de ADEA,
Asociación de Escritores Argentinos, creada por inspiración de
Arturo Cancela ¿en 1945? Participaron de dicha asociación numerosos escritores católicos y nacionalistas: además de Cancela y
Gálvez, Carlos Ibarguren, Hugo Wast, D. Bunge de Gálvez,
Leopoldo Marechal, Carlos Obligado, Vicente Sierra, Juan O.
Ponferrada, Pilar de Lusarreta, etc. Recibió apoyo financiero del
gobierno y la primera resolución del Directorio fue nombrar
socios honorarios a Perón y Evita Perón. Escribe Gálvez: "Aún no
estaba creada la sociedad cuando el coronel Perón invitó a una
gran reunión en la Casa de Gobierno... El coronel Perón reclamaba la unión de todos los escritores en una sola sociedad...
ADEA se instaló en un local no muy amplio de la calle San
Martín, en los altos del bar Helvecia... Nuestra institución, que era

antioligárquica, no tenía presidente, sino un secretario y desde el
primer momento solicitamos ser admitidos como afiliados a la
Confederación General del Trabajo... lo que conseguimos... A
poco de fundarse la Asociación hubo un grave incidente. Alguien
propuso colocar en el salón de actos los retratos de Perón y de
Evita. No hubo inconvenientes por Perón, que era ya el presidente
de la República... Y se aprobó que se pusiese a Perón en el salón
de actos y a Evita en otra de las salas... Desde el primer momento,
la Asociación fue considerada como peronista...", ver M. Gálvez,
Recuerdos de la vida literaria. IV. En el mundo de los seres reales
(Buenos Aires: Hachette, 1965), págs. 174-175 y 351-354. Se crearon
además, con visible protección del estado, dos revistas "culturales" con el formato del *Reader's Digest* y excelente tipografía,
en papel ilustración: *Argentina*, (1949) "destinada a difundir
nuestro estilo de vida," en la que colaboraron Manuel Gálvez,
Guillermo House, Arturo Cancela, Hugo Wast. Se insistió en
dicha revista, en atacar a los "diarios extranjerizantes" como *La
Prensa* y *La Nación*. Y ese mismo año apareció *Sexto Continente*,
destinada a dar una imagen "culta" de lo que sus colaboradores
llamaron "la tradición nacional." Véase Maria José de Queiroz,
"Perón e o Peronismo: Uma Visão Literária," *Revista Brasileira de
Estudos Politicos*, 48 (enero 1979), págs. 85-100. Naturalmente,
nadie leyó dichas revistas ni las consideró en ningún sentido
representativas desde el punto de vista cultural o ideológico.
Teñidas de catolicismo fascista, proponían un hipanoa-
mericanismo con tufos hispanizantes y reaccionarios que nadie—
en esos años—podía aceptar sin discusión. Téngase en cuenta
que acababa de terminar la segunda guerra mundial y en la
Argentina de esos años aceptar los puntos de vista defendidos por
estas publicaciones que tuvieron muy corta vida (en verdad no
respondían nada más que a los intereses y las ideas de una
pequeña minoría inimportante), significaba acatar puntos de vista
políticos condenados por todo Occidente.

5   Véase sobre educación, además de Ciria, citado, George T.
Blanksten, *Perón's Argentina* (New York: Russell & Russell, 1957).
Sobre el retroceso cultural sufrido por el país en conjunto ver
Roberto Aizcorbe, *El mito peronista: un ensayo sobre la reversión
cultural ocurrida en la Argentina en los últimos 30 años* (Buenos
Aires: Ediciones "1853", 1976, hay traducción al inglés). Sobre la
Universidad ver A. Ciria, *La reforma universitaria: 1918-1983*
(Buenos Aires, Cedal, 1983, 2 vols.). A.J. Durelli, *Forma y sentido
de la resistencia universitaria de octubre de 1945* (Buenos Aires:

n.e., 1945). Del mismo autor, *La mochila del coronel* (Buenos Aires: Acción Democrática de Ingenieros, Agrimensores y Técnicos, 1946). Federación de Agrupaciones para la Defensa y Progreso de la Universidad Democrática y Autónoma. *Avasallamiento de la Universidad Argentina* (Buenos Aires: s.e., 1947). Haydée Frizzii de Longoni, *Universidad y revolución; páginas dispersas* (Buenos Aires: s.e., 1948). J. O. Inglese y C. Yegros Doria, *Universidades y estudiantes* (Buenos Aires: Ed. Libre, 1965). C. Mangone, *Universidad y peronismo, 1946-1955* (Buenos Aires: Cedal, 1984). G. del Mazo, *Enseñanza religiosa* (Buenos Aires: Cedal, 1984). S. J. Nudelman, *El régimen totalitario: la antidemocracia en acción, la educación antiargentina, la era de terror* (Buenos Aires: s.e., 1960). En los años sesenta comenzó una reevaluación—desde el punto de vista peronista—del período 1943-1955 y sus autores han tratado de probar la existencia de una llamada "cultura popular" en esa década, que expresaba valores de la clase media. Así se han publicado varios ensayos sobre el tema, marcadamente partidarios, que intentaban demostrar la existencia de una cultura popular peronista: N. Brisky y otros, *La cultura popular del peronismo* (Buenos Aires: Cimarrón, 1973), ver especialmente—por su marcado partidismo—el artículo de E. Romano, "Apuntes sobre cultura popular y peronismo, " págs. 9-58; A. Ford, J.B. Rivera y E. Romano, editores, *Medios de comunicación y cultura popular* (Buenos Aires: Legasa, 1985); Julio Mafud, *Sociología del peronismo* (Buenos Aires: Americalee, 1972); D. Di Núbila, *Historia del cine argentino* (Buenos Aires: Cruz de Malta, 1959), 2 vols.; A. Adelach y otros, *Ensayos seleccionados en el concurso Historia popular* (Buenos Aires: Cedal, 1972); A. Galloti, *La risa de la radio* (Buenos Aires: Ed. La Flor, 1975). Se han reeditado los textos y estudiado las vidas de los intelectuales "peronistas": H. Salas, compilador, *Homero Manzi. Antología* (Buenos Aires: Brújula, 1968); N. Galasso, *Discépolo y su época* (Buenos Aires: Jorge Alvarez, 1967); E. Goldar, *Buenos Aires, vida cotidiana en la década del 50* (Buenos Aires: Plus Ultra, 1980); Discépolo, E. S., *¿A mí me la vas a contar?* (Buenos Aires: s.e., s.f.). N. Galasso, *Vida de Scalabrini Ortiz* (Buenos Aires: Ed. del Mar Dulce, 1970); N. Galasso, *J.J. Hernández Arregui: del peronismo al socialismo* (Buenos Aires: Ed. del Pensamiento Nacional, 1986). Sobre todo este tema de la cultura popular ver las numerosas indicaciones bibliográficas (imposibles de reproducir aquí), que da A. Ciria en su ya tantas veces citado libro *Política y cultura popular*, y su reciente y valioso estudio, riquísimo en datos y consideraciones de todo tipo: "Elite Culture and Popular

Culture: From the Conservative Restoration through the Peronist Epoch (1930-1955)," Paper presented at the 79th Annual Meeting of the Pacific Coast Branch, American Historical Association, Honolulu, Hawaii, USA, August 13-17, 1986, 36 págs., fotocopia cedida por el autor.

6 Julio Irazusta, *Perón y la crisis argentina* (Buenos Aires: La Voz del Plata, 1956), destruyó con buenos argumentos la leyenda del antiimperialismo de Perón y demostró, con hechos incontestables, las mutuamente fructíferas relaciones del político con Inglaterra y sus actitudes concretas frente a los Estados Unidos. Y léase lo que imparcialmente cuenta Potash, II, sobre las relaciones de Perón con el embajador Messersmith y con la ITT, cap. IV.

7 E. Silberstein, *¿Por qué Perón sigue siendo Perón? (La economía peronista)* (Buenos Aires: Corregidor, 1972). En 1942, según Silberstein, pág. 11, el total de bienes producidos en el país se distribuía de esta manera:

| Trabajadores (salarios y sueldos) | 43,1% del total |
| Empresarios, propietarios, etc. | 56,9% del total |

Entre 1943 y 1954, la distribución del producto bruto interno (PBI), según Silberstein, pág. 13, fue la siguiente:

Año	Trabajadores	Empresarios, propietarios, y asalariados, inversores, etc.
1943	44,1	55,9
1944	44,8	55,2
1946	45,2	54,8
1948	50,2	49,8
1950	56,7	43,3
1952	56,9	43,1
1954	56,4	43,6

8 Para algunos historiadores, la ley de Asociaciones Profesionales dictada en 1945, (Decreto 23.825/45), ha sido la columna vertebral que permitió al movimiento peronista mantener hasta hoy un sólido control del mundo obrero argentino. Y dio a la Confederación Nacional del Trabajo un poder económico (y por ende social) que no ha sido igualado ni afectado—en su esencia—por ningún cambio de gobierno. Tanto los partidos políticos como los militares (en las numerosas ocasiones en que tomaron el poder en la Argentina), pensaron siempre que dominando la CGT tendrían en

sus manos el poder político en la Argentina. La historia "secreta" de las relaciones entre los dirigentes cegetistas (casi siempre peronistas) y los sucesivos gobiernos posteriores a 1955, no ha sido escrita. Y difícilmente podrá ser conocida nunca: cada grupo en el poder intentó captar o "comprar" a los dirigentes dándoles toda clase de ventajas económicas y de las otras (desde créditos a sola firma por millones en los Bancos del estado, hasta prebendas de diverso tipo). Un ejemplo típico lo da el reciente intento de captación efectuado por el Presidente Alfonsín en 1985, quien nombró Ministro de Trabajo a un dirigente cegetista: en pocos días se comprobó que el nuevo ministro era más leal al partido peronista y a la CGT que al gobierno del que formaba parte...

9 Edward C. Epstein, "Politicization and Income Redistribution in Argentina: The Case of the Peronist Worker, " *Economic Development and Cultural Change*, 23 (1975), págs. 615-631. Según Epstein, pág. 619:

Ingresos reales recibidos por los trabajadores industriales argentinos, entre 1943 y 1949 (Indice 1943 = 100):

Año	Indice de salarios por hora
1943	100
1944	111
1945	106
1946	112
1947	140
1948	173
1949	181

Estas cifras corresponden a lo que podríamos denominar el período de oro del régimen peronista, cuando los aumentos masivos de salarios siempre superaron a la inflación que ya había comenzado a corroer esos salarios. Cuando la situación económica del país se deterioró (1949) debido a una serie de factores externos e internos (varios años seguidos de sequía, declinación de las exportaciones, etc.), el control que la CGT ejerció sobre los salarios impidió una caída masiva de los ingresos de los trabajadores. A cambio de mantener por todos los medios los salarios, la CGT ejerció una dura forma de control sobre toda huelga obrera que significara no aceptar el laudo establecido por el gobierno o sus representantes, sobre todo a partir de 1949, cuando una serie de conflictos amenazó la aparente tranquilidad de las relaciones obrero-empresarias. Las duras huelgas de los metalúrgicos, los ferroviarios, los telefónicos, los bancarios y el azúcar (en Tucumán), reprimidas con ferocidad (intervención policial, tortura, asesinatos, desaparición de dirigentes, golpes y maltrato, etc.), no alcanzaron a empañar la cómoda mayoría electoral que el peronismo siguió teniendo en todos los niveles sociales y, especialmente, entre los trabajadores. Si examinamos otro de los cuadros de Epstein, veremos que todavía en 1955, los ingresos reales de los trabajadores industriales estaban muy por encima de los que recibían en 1943 (pág. 620):

Ingresos reales de los obreros industriales argentinos entre 1943 y 1955:

Año	Indice de ingresos por hora
1943	100
1946	112
1950	173
1952	135
1953	135
1954	153
1955	140

II. HISTORIA Y NOVELA

El arte y la historia representan los instrumentos más poderosos en nuestro estudio de la naturaleza humana. ¿Qué conoceríamos del hombre sin estas dos fuentes de información? Dependeríamos de los datos de nuestra vida personal... y tendríamos que hacer experimentos psicológicos, recoger estadísticas, pero nuestro retrato del hombre sería inerte y sin color. En las grandes obras de historia y de arte comenzamos a ver, tras la máscara del hombre convencional, los rasgos del hombre real, individual. Para encontrarlo tenemos que recurrir a los grandes historiadores y a los grandes poetas, a los escritores trágicos como Eurípides o Shakespeare, a los escritores cómicos como Cervantes, Molière o L. Sterne, o a nuestros novelistas modernos como Dickens, Thackeray, Balzac o Flaubert, Gogol o Dostoyevsky. La poesía no es mera imitación de la naturaleza; la historia no es una narración de hechos o de acontecimientos muertos. La Historia, lo mismo que la Poesía, es un órgano del conocimiento de nosotros mismos, un instrumento indispensable para construir nuestro universo humano. (Cassirer)

Las edades en que se preparan reformas y transformaciones, miran atentas al pasado, a aquél cuyos hilos quieren despedazar y a aquél de quien intenta reanudarlos para seguir tejiéndolos. Las edades consuetudinarias, lentas y pesadas, prefieren a las historias, las fábulas y las novelas, y a fábula y novela reducen la Historia misma. (B. Croce)

La Historia es un relato de acontecimientos: todo el resto deriva de allí. Puesto que la Historia es un relato, ella no hace revivir los hechos... Lo vivido, tal como sale de manos de los historiadores, nada tiene que ver con lo que representan los actores en un drama. Se trata de una narración, lo cual permite eliminar algunos falsos problemas. Como en la novela, la historia escoge, simplifica, organiza, hace vivir un siglo en una página y esta síntesis del relato es no menos espontánea que la de nuestra memoria, cuando evocamos los diez últimos años que hemos vivido...

¿Cómo relata la Historia? Aquello que los historiadores llaman un acontecimiento no es expresado directa ni enteramente; es puesto ante nosotros por medio de los documentos, o los testimonios... Por esencia, la Historia es conocimiento por los documentos. No nos pone el hecho delante, no lo hace revivir como si estuviéramos ante el hecho mismo. Para retomar una útil diferenciación de Gérard Genette, la Historia es *diégesis*, no *mímesis*. Un diálogo auténtico entre Napoleón y Alejandro I, si lo tuviéramos conservado por taquigrafía, no será copiado tal cual en el relato histórico; el historiador preferiría hablar sobre ese diálogo. Si lo cita textualmente, la cita será un efecto literario, destinado a dar vida a la intriga, esto es, tratará del ethos, y ello acercará la Historia así escrita a la historia novelada. (Paul Veyne)

La epopeya, con sus cantos heroicos y sus héroes míticos y humanos es el gran crisol del que saldrán, en los siglos posteriores, dos productos de compleja trayectoria: la Historia y la Novela. "La Historia—escribió Toynbee—es hija de la Mitología, como el drama y la novela. La Mitología es una forma parcial de comprensión y de expresión donde—lo mismo que en los cuentos de niños y en los sueños de los adultos—la línea que separa lo real y lo imaginado no ha sido trazada." En la materia de la epopeya, que mezcla elementos mitológicos con sucesos originariamente reales, se encuentran las raíces de estas dos creaciones humanas que el destino parece confundir unas veces, y otras separar con absoluta claridad. Los productos de la imaginación, la fe, el terror y el amor primitivos, los hontanares oscuros del alma que inventa y crea fantasmas: he aquí el comienzo de la narración primitiva, que recordaba siempre las aventuras de un hombre en busca de su tierra nativa, o que narraba cómo un héroe perseguido por implacables enemigos, después de terribles aventuras, conseguía la felicidad y la riqueza.

El deseo de conocer el pasado de la comunidad a la que se pertenecía, la búsqueda de los propios orígenes, ya de la tribu, ya de la familia o la gens, y la crónica de las hazañas, triunfos y desgracias de la propia comunidad: he aquí los comienzos de la Historia. Cuando un suceso, extraído de la épica, pasa a formar parte de una crónica casi siempre minuciosa y repetitiva, y este suceso es visto como un hecho verdadero, que puede ser interpretado, estamos en los comienzos de la Historia. Más tarde ese suceso será colocado en la cadena cronológica, se insertará en una serie regida por una forma de datación sucesiva y podrá ser organizado en un esquema coherente con una dirección comprensiva. Sucesos ordenados en una cronología, ordenamiento de esos sucesos para comprender el pasado, dirección teleológica de ese pasado: he aquí la Historia. De allí el salto a comprender el pretérito y a un cuadro verdadero del desarrollo de las épocas pasadas de la humanidad, regido por una filosofía de la existencia del hombre, y nos encontramos con la historia de fines del siglo XIX y comienzos del siglo XX: la llamada Gran Historia.

La novela fue un fruto tardío de la Antigüedad. Como señaló Menéndez Pelayo, "fue la última degeneración de la epopeya y no existió en la época clásica de las letras griegas. Es un invento de la época bizantina ... llenaba entonces el ilimitado y permanente deseo humano de evasión a través de la ficción, de su hambre de aventuras, de su deseo de sucesos inventados, de su poder de enriquecer nuestra existencia con hechos que no hemos vivido..." La novela bizantina va a llenar durante siglos este deseo humano de aventuras, de huída del propio universo existencial. En este complejo—y tan poco conocido—deseo de huída de sí y del mundo en torno, hay dos géneros en los que el distanciamiento, el rechazo de la realidad cotidiana y su remplazo por otro mundo ficticio y absolutamente diferente, alcanza su punto más alto: la *novela caballeresca* y la *novela pastoril* o *sentimental*. Siempre será motivo de asombro el saber que para Cervantes las obras más importantes de su pluma no fueron ni el *Quijote* ni las *Novelas Ejemplares*; Cervantes murió pensando que su obra maestra era el *Persiles*, y que la obra máxima de la novela era la *Diana* de Montemayor. La primera era una novela bizantina; la segunda, una novela lacrimógena de pastores enamorados que mueren de amor. Ambas, rechazo absoluto de lo que hoy entendemos por realismo.

La intromisión de lo vivido en la novela renacentista se produce a través de dos inventos españoles: la novela picaresca, con su obra maestra el *Lazarillo de Tormes*, y las *Novelas ejemplares* de Cervantes. Así entra lo cotidiano en la novela, pero así también comienzan las relaciones con ciertos aspectos de la Historia que en los siglos posteriores no harán más que aumentar. Y entonces tendrá lugar un proceso doble, muy complejo, que no ha sido escrito todavía: la Historia se introducirá por innumerables fisuras en la Novela, pero ésta última influirá, por asombrosos caminos, en la Historia, aún en la forma de considerar, escribir y elegir campos de la Historia.

Ya ha demostrado Ian Watt (*The Rise of the Novel*, 1960) que si Cervantes funda la novela moderna, la de los siglos XIX y XX nace en la época de la Ilustración, con Defoe, Richardson y Fielding, los cuales son—en verdad—los fundadores del realismo psicológico, biográfico, temporal y espacial. Y que ese realismo no está tanto en el tipo de vida que se presenta, como en la manera en que esa realidad es presentada, en el procedimiento literario usado para narrarla. Desde el punto de vista del contenido, la picaresca española es la primera en rechazar los argumentos mitológicos, clásicos y tradicionales. La trama está fundada en la vida cotidiana de un hombre. Lo mismo harán después estos autores ingleses.

Defoe es el primero en organizar toda una novela siguiendo el esquema de la memoria autobiográfica individual, y su rígida atención a lo nacido de su experiencia personal, lo une al credo cartesiano y objetivo. Los sucesos de los personajes y su situación están determinados por un entorno humano particular e individual: ha terminado la perspectiva heredada de la literatura; se ha pasado a otra dada por la realidad de la vida humana.

Este cambio trascendental de las formas y los contenidos novelescos se corresponde con otro también fundamental en la esfera filosófica: el paso de los universales del neoplatonismo, a la valoración de lo particular, al realismo cartesiano. Los personajes serán cada vez más individualidades únicas, pero de menor peso social. Del caballero pasamos al hidalgo pobre y de allí al escudero de humilde origen; del noble al hijo del noble, disoluto y fornicador (*Tom Jones, La pícara Justina, Moll Flanders*); del noble, al *honnête homme*, y de allí al burgués rico; de éste al burgués pobre, a la burguesía baja, al comerciante de mala muerte, al empleado, a la prostituta, al obrero, al borrachín, degenerado, sifilítico, ladrón, asesino. Es que la novela no es sólo la degradación de los mitos, como señaló Lukács; es también la degradación de los niveles sociales en cuanto a sus agonistas. Compárese la distancia que va desde los personajes de *La Galatea* a los del *Buscón*; de la novela caballeresca a la picaresca; de *Zadig* y *Les Liaisons dangereuses* a *Le Rouge et le Noir, Père Goriot, Madame Bovary, L'Assommoir, Nana, La bête humaine, Le Mur*... Y aun hay algo más, que debe ser señalado, aunque aquí no pueda ser examinado en toda su compleja importancia. Los personajes no sólo son cada vez menos importantes desde el punto de vista de su posición, preeminencia o situación social. A partir de finales del siglo XIX va ir acentuándose cada vez más la existencia de personajes a-sociales, de personajes que no solamente carecen de representatividad o de poder en la sociedad; están cada vez más disociados de lo social, están cada vez más separados de toda forma de relación con la comunidad en la que viven.

Si sintetizamos lo hasta ahora expuesto, veremos que la novela cumple, entre los siglos XV y XIX, una larga y compleja trayectoria que parece ir constantemente en una dirección: de lo general, a lo particular e individual; del desinterés por el entorno concreto (que materialmente carece de importancia para los novelistas de los siglos XVI-XVII), al detallado inventario de interiores y de paisajes de la naturaleza, salvaje o humanizada; de una estructura argumental que atiende a la herencia literaria, a otra que está específicamente organizada con el esquema biográfico humano; de una rígida distribución de los materiales en un esquema que atendía sobre todo a normas externas (las tres unidades, el dramatismo de planteo-nudo-desenlace, la forma de la aventura bizantina, etc.), a otro desarrollo que está atado a los sucesos vividos por los personajes, y que—como en la novela picaresca o de aventuras—sujeta esos materiales a los acontecimientos y decisiones de los personajes; de un tiempo vago e impreciso, en el que la temporalidad, la cronología y la sucesión no parecen importantes, a una ordenación de las acciones y los sucesos dentro de una estricta temporalidad cuidadosamente señalada, temporalidad que a veces está sujeta a lo biográfico, a lo vital, o a la conciencia interna del o de los personajes (cronología del reloj, duración de la conciencia, cuidada señalización de los sucesos). La preocupación por lo cotidiano no sólo atiende a los sucesos menores de la existencia, despreciados como materiales narrativos por la epopeya o la novela sentimental o la caballeresca, también se vuelve a la descripción detenida de existencias hasta el siglo XVII ignoradas por la novela (narración de lo aparentemente cotidiano e inimportante, atención a personajes socialmente no valiosos). Todo esto es lo que va de los héroes de la *Chanson de Roland* a los obreros que describe Zola, a la Germinia Lacerteux de los hermanos Goncourt, o la Naná de la novela homónima.

Si bien se observa, se verá que este gradual proceso de acercamiento y coetaneidad de lo novelesco con el entorno real, se produce sobre todo en el siglo XIX, que es también el gran siglo de la Historia. Ambas disciplinas parecen separarse una de la otra, pero ambas—a la vez—establecen nuevas líneas de relación, líneas que han continuado hasta nuestros días. Ese siglo XIX, que es el de la Historia y—también—de la Novela, va a presenciar una especie de avance imperialista de la novela. Primero que todo con Stendhal, que quiere hacer de ella el espejo de lo real (no nos interesa ahora saber si eso fue cumplido, ni si Stendhal estaba muy claro en qué significaba ello); después Balzac proclama orgullosamente que su obra imitará al Registro Civil: la novela hará el retrato complejo y perfecto de toda una sociedad; o sea, no solamente imitará a la Historia, será un complemento de la Sociología. Duranty y sus seguidores proclamarán la necesidad del realismo, y Flaubert perseguirá, por caminos muy complejos, la impasibilidad de la historia y el reflejo exacto de la realidad en torno. Zola—con su atención al *dossier* y la documentación previa—dará un paso más en esta intención desmesurada de convertir a la novela en el repositorio de lo real histórico, en la copia de una sociedad, con sus clases, sus tipos, sus conflictos, y hasta sus ideas. Tanto Balzac como Zola, están atravesados por un ideario cientificista y burgués que sólo tiene cabida en el siglo XIX, siglo en el que la Novela y sus autores manejan un pensamiento básico cuya fuente es Histórica, y cuya pretensión secreta unas veces, y otras explícita, es imitar los métodos y las preocupaciones de la Historia de su tiempo.

El primer género que muestra la unión de lo novelesco con el interés histórico es un invento romántico: la *novela histórica*. Color local, muchas veces exotismo (aumentado por la distancia temporal que separaba a los lectores del mundo evocado), detallada o superficial información histórica, un centro argumental históricamente verdadero que permitía extensos desarrollos fictivos, técnica folletinesca de narración, tipos más que personajes de psicología destacable, oposiciones de malos y buenos, oscuridad y claridad, grandeza y degradación, belleza y horror: todas las típicas oposiciones románticas funcionaron constantemente en estas reconstrucciones de la Edad Media, la Roma y Florencia renacentistas, el mundo de la Roma Imperial, la Cartago de Salambó, etc. etc., nacidas de Walter Scott, Hugo, Dumas, Manzoni, el mismo Flaubert.

Era tal el prestigio de lo histórico que cuando un autor argentino del siglo XIX quiso describir todo el horror de la tiranía rosista, escribió una novela que está llena de documentos verdaderos que se transcriben hasta el aburrimiento, para demostrar no lo ficticio de los sucesos, sí que todo aquello a lo que se hace mención *ocurrió en la realidad*. Mármol se ocupa de decirnos varias veces, que, "todos los documentos aquí transcriptos son auténticos...," y el episodio sangriento con que se abre la novela, y casi podría decirse que todo lo que en ella ocurre, *sucedió en la realidad*, porque está textualmente tomado de periódicos rosistas de la época. Que Bello y Amalia son personajes ficticios, es lo menos importante de la novela. Lo que le preocupaba al autor era que sus lectores (de entonces y de hoy) tomaran el cuadro histórico como absolutamente verdadero, y así ocurrió en realidad. Lo que *Amalia* narra ha sido leído—y sigue siéndolo—no como una obra de ficción; sí como un documento exacto y detenido de lo que ocurrió en dicho período. Lo fictivo se ha sobrepuesto, en el espíritu de generaciones de argentinos, a lo que toda una corriente historiográfica ha querido demostrarnos... La literatura y las armas de la literatura, han sido más poderosas que los argumentos, los documentos y la supuesta lógica de la historia erudita. El arte se ha sobrepuesto, con su inmenso poder, a la débil capacidad demostrativa de lo real... como diría Wilde.

En la búsqueda de nuevos horizontes, en sus ambiciones desmesuradas de conquistar lectores y territorios, la Novela no sólo se hace histórica, pronto va a intentar algo heterodoxo y hasta ese momento condenado. Primero ha recurrido a la Historia para cargarse de interés, exotismo, lejanía, dramatismo, lujo, pasión, y como esos sucesos, esas pasiones y esos lujos se suponen atribuidos a personajes reales, tan reales como nosotros, esas pasiones fueron vividas por los lectores con mayor dramatismo que si hubieran sido consideradas ficticias... Ahora la Novela va a hacer algo realmente tabú: va a meterse en la biografía de personajes famosos, y los va a situar en momentos, episodios, situaciones, de las que no tenemos documentos fehacientes. La *biografía novelada*, género híbrido que no es ni Historia ni Novela, va a ser el paso siguiente en esta monstruosa cópula de géneros, en esta simbiosis de lo Real con lo Imaginado, en esta unión clandestina de la Historia con la Fábula, unión que, como bien sabemos, es vieja como la Humanidad.

Una mirada superficial a la mejor novelística del siglo XIX, mostrará que sus nombres mayores crearon una obra lastrada de interés y de materiales históricos: Balzac, Flaubert, Tolstoy, Bulwer Lytton, Galdós, Zola, crearon una obra inmensa cuya preocupación más importante era competir con la historia, recrear un momento del desarrollo de un país sumando miles de datos veraces ordenados en un orden fundamental de tipo biográfico y cronológico. Y, en muchos casos, esa inmensa obra escrita supuso toda una filosofía de la existencia humana y del desenvolvimiento de la historia de la humanidad. Para todos ellos, la Novela debía ser—en primer lugar—Historia, y después, creación artística, obra de lenguaje, invento fictivo. Por encima de la pura creación imperan una serie de preceptos nacidos de la fe en la ciencia, preceptos que afirman la necesidad de describir fielmente lo real (actos, clases sociales, tipos, escenarios, orden de sucesos, situaciones, episodios históricos), de excluir lo ficticio (lo irracional, lo que escapa a las leyes físicas, lo indemostrable científicamente, el sueño, la locura, lo a-normal, lo para-normal, no tienen lugar en esta objetividad burguesa y cotidiana), de pensar a la novela más como testimonio de un momento histórico que como invento estético. Esta fe en la novela como apéndice de lo histórico, que es uno de los componentes esenciales de lo que se ha llamado realismo, ha seguido hasta nuestros días. Eso no quiere decir que ignoramos cómo a partir de Dostoyevsky, de Freud, de Proust y de Joyce, la búsqueda de lo real va a desembocar en el abandono de lo histórico. Pero la crónica, aunque sea superficial de dicho proceso, nos llevaría muy lejos.

Sería absurdo negar lo evidente: en los últimos setenta años la novela ha querido ser cada vez menos Historia y más Obra de Arte; la novela parece querer volver a su fuente primitiva de la invención pura, abandonando lo testimonial, lo verosímil, el realismo y lo cronológico. Piénsese en la novela hispanoamericana posterior a 1940 (cierto Asturias, cierto Cortázar, cierto García Márquez, casi todo Bioy Casares... y claro, Borges, el promotor de casi todo esto), en la llamada nueva novela francesa (Sollers, Butor, Bremond). Pero no debe ignorarse que todo un importantísimo sector de la novela occidental jamás ha dejado de lado su interés por la historia coetánea o lejana, por la combinación de biografía histórica y pasajes novelados. Se han seguido escribiendo novelas en las que participan como personajes ficticios seres históricos (baste citar los nombres de Koestler, Mann, Romain Rolland con su enorme *Juan Cristóbal*, o la amplísima saga de Jules Romains, que combina historia y poesía), y las biografías noveladas han seguido siendo leídas con creciente interés (Ludwig, Zweig, H. Troyat, y en el ámbito hispánico, Manuel Gálvez, el célebre Gregorio Marañón, Edelberto Torres, etc, etc.) Todavía hoy, un mayoritario sector de lectores de novelas sigue exigiendo de ellas una verosimilitud cada vez mayor, y continúa utilizando los esquemas retóricos y los supuestos del realismo decimonónico. Aún la ciencia ficción parte de lo conocido y postula situaciones sólo posibles de acuerdo con nuestros conocimientos científicos.

En este constante acercamiento de la novela a lo real, que parece corresponderse con la otra dirección, la que va a la búsqueda ahincada de un universo novelístico nacido de la imaginación y la fantasía, se han dado dos extremos que no es extemporáneo mencionar aquí. Por un lado la construcción de todo un orbe erigido sobre el fundamento de los cuentos de hadas, combinados con una visión del mundo como lucha ética: el universo inventado por ese inefable narrador para niños y grandes llamado Tolkien. Por el otro, la novela ha querido de tal modo confundirse con la realidad, que se ha acercado peligrosamente al periodismo, lo más efímero de la pura crónica. En los Estados Unidos y gracias al talento de Truman Capote y Norman Mailer ha nacido una nueva novela más realista que todo lo imaginado por Flaubert o por Zola. Es una cuidadosa reconstrucción narrativa—cuya elaboración puede llevar años de investigación concreta—de un suceso casi siempre criminal, cada uno de cuyos protagonistas es entrevistado, su vida analizada exhaustivamente, sus motivaciones, movimientos, reacciones, y todo ese inmenso material real (desde las declaraciones ante la policía o un juez, hasta el texto concreto de la autopsia firmada por el médico legista, los informes balísticos y psicoanalíticos, las grabaciones de conversaciones mantenidas con todos los que participaron del hecho, etc. etc.), es trasladado en forma narrativa al libro final. Tal vez el modelo más famoso—y el mejor realizado—de esta novela-testimonio, sea *A sangre fría*, de Capote, novela estremecedora y negra, crónica y análisis infinito del asesinato feroz de toda una familia inocente a manos de dos seres anormales. Esta novela-testimonio ha tenido algún ejemplo entre nosotros, recordemos la crispada y exitosa obra de Rodolfo J. Walsh que se llamó *Operación masacre* (1956), a la que siguió del mismo autor, *Caso Satanowsky* (1958). Una crítica ha señalado, sin embargo, que Walsh se adelantó en diez años a Capote y ha denominado a este tipo de novela, "la novela de no ficción."[1]

En ambos casos—ya se trate de la saga fantástica del cuento de hadas que la imaginación de un gran novelista ha convertido en cosmos narrativo rico y amplísimo (Tolkien), ya sea la obra—testimonio que combina Historia, periodismo y exhaustiva documentación dramáticamente narrada (Walsh, Truman Capote)—la Novela ha pasado a ser una forma casi única de la conciencia humana. A través de ella el hombre ha examinado y mostrado las limitaciones físicas y metafísicas de su existencia, ha reflejado y examinado la vida desde todos los ángulos posibles, ha mostrado sus grandezas, sus miserias, sus horrores y sus excelencias. Y como los que la escribían fueron y son criaturas humanas, debieron inspirarse, en primer lugar, en sus realidades inmediatas: la vida personal y la sociedad y el mundo en el que vivían; esto es, debieron partir del entorno histórico en que les tocó vivir. Por eso la novela estuvo y está determinada históricamente (como todos los productos de la cultura humana), porque su creador es un ser férreamente atado a la realidad histórica. Y por tanto la novela posee todas las virtudes y las limitaciones del mundo en el que fue escrita. Esta fusión y coexistencia ineludibles de la Novela y el mundo en el que ésta se escribe, explica por qué la novela occidental es considerada hoy como uno de los más valiosos documentos históricos. El conocimiento y la reconstrucción de la sensibilidad, las costumbres, los valores y actitudes, el *ethos* de ciertas épocas, ha quedado documentado para siempre en la narrativa de Gogol, de Chejov, de Tolstoy, de Galdós, de Flaubert, de Zola, de Balzac, de Clarín, de Gálvez, de Lynch. Aun cuando no los consideráramos como verdaderos documentos históricos, la pintura que Chejov ha dejado de cierto tipo de funcionarios zaristas, o el retrato de Flaubert de cierto nivel social de la burguesía, constituyen valiosos testimonios que han sido de enorme valor para los historiadores de la sociedad de ciertos períodos históricos. ¿Qué documento puede igualar a ciertas páginas de Zola en la crónica de la vida cotidiana de un obrero ferroviario de fines del siglo XIX en Francia? ¿Qué historiador puede ser capaz de recrear la atmósfera de la vida diaria, los valores, las creencias, las formas de vida de ciertas dormidas ciudades provincianas norteñas argentinas de comienzos de siglo, como lo hizo Gálvez en *La maestra normal*? Y así sucede con la nobleza de provincia, el hombre de empresa americano de la era del capitalismo salvaje (Dreiser, Dos Passos), el burgués medio de los Estados Unidos de entreguerra (en *Babbit*), la ciudad provinciana española de la segunda mitad del siglo XIX dominada por la Iglesia, el caciquismo y la hipocresía (*La Regenta* de Clarín), etc.

La novela mostró que una sociedad y aun un período histórico no necesariamente debía ser descripto a partir de las personalidades dirigentes o de sus clases poderosas; que también las clases más desposeídas y que los personajes menos importantes de la escala social, podían servir para describir toda una sociedad y aun toda una época histórica. En ese sentido la Novela se adelantó a la Historia al mostrar—como señala Rama—que la historia del hombre puede ser narrada desde el punto de vista de los hombres pequeños, de los seres sin importancia, (obreros, empleadas, modistillas, sirvientas, prostitutas) como hicieron Zola y otros novelistas de su época y su escuela. Y es a la novela y sus avances que debemos muchos de los primeros pasos de lo que hoy es la historia social, o las numerosas obras históricas dedicadas a describir la *vida cotidiana* de los romanos, los hombres del Renacimiento, del Barroco, etc. etc. (piénsese en obras como Eileen Power, *Gente de la Edad Media*; J. Carcopino, *Vida cotidiana de los romanos*; C. Sánchez Albornoz, *La vida cotidiana en León hace mil años*, etc.).

Aunque algunas direcciones actuales de la crítica consideran que la novela es sólo una estructura lingüística proferida por el lenguaje, sería ingenuo negar que toda obra narrativa supone siempre—de una manera directa o indirecta, explícita u oculta—una visión del mundo, del hombre y de la sociedad. Toda novela supone una interpretación y valoración de lo que llamamos realidad humana, porque está escrita desde una individualidad autoral que no puede ni podrá salir de sí misma jamás. Somos un sujeto que habla de un exterior-objeto, pero siempre a partir y atados, unidos, a una interioridad de la que no podemos separarnos. Esta individualidad autoral que describe el mundo desde sus límites biográficos, está siempre determinada por esos límites, que son los que explican su modo peculiar y único de describir y expresar el mundo. Ese modo peculiar supone lo que hemos llamado una *manera*, esto es, valores, concepciones, creencias, ideas, puntos de vista. En otras palabras: toda novela importante o no supone una visión del mundo, una filosofía, una fe o la ausencia de ella. En una novela se cree en algo, se rechaza algo, se odia algo, se ama o estima algo. Qué se desea, qué se estima, qué se odia, qué se desprecia: he aquí algunos de los elementos básicos para comprender el sentido y la finalidad de una obra novelesca. Por eso un novelista católico como Greene propone una visión del hombre como pecado y caída; un enamorado de la acción y la ética como Malraux, una visión del hombre como activismo y afirmación de los ideales políticos, a pesar de la muerte propia. Y en el horizonte de nuestra literatura, Arlt propone hacer saltar el mundo en el que vive, sus personajes huyen de un entorno odiado por el autor, convirtiéndose en locos que rechazan los valores de ese mundo; Viñas examina críticamente y condena los valores y las obras de nuestra burguesía alta, mientras Gálvez afirma que en ella está nuestra más genuina y auténtica esencia nacional. Aunque ahora se acostumbra a calificar una caracterización de un autor según estos parámetros, como "crítica contenidista," es ingenuo despreciar este aspecto de una obra novelesca cuando han sido los mismos autores de esas obras los que han querido expresar a través de ellas estos mismos mensajes ideológicos y políticos.

Después de este brevísimo introito (demasiado limitado para la vastedad de los problemas y asuntos que toca la Novela en sus relaciones con la Historia) sería importante volver nuestra atención a los textos que estudiaremos en este volumen. Terminado su examen veremos que esta numerosa suma de textos plantea problemas de una complejidad aún mayor de la que suponen la relación Historia y Novela, porque apuntan nada más ni nada menos que a los insolubles asuntos de la relación Novela-Realidad y, en último término, Lenguaje-Realidad, que escapan absolutamente a nuestro interés y a nuestras modestas capacidades.

Lo que sí debemos adelantar es que entre esos textos hay algunos que pertenecen al realismo decimonónico (Gálvez, Perrone, Velázquez), otros al psicologismo de los treinta y los cuarenta (la saga de Peyrou, con sus notas de novela cómica), al realismo behaviorista americano (Viñas, Rozanmacher); pero otros pertenecen a lo alegórico (Murena), a lo irrealista y simbólico (Cortázar), a lo irónico y cuasi fantástico (Borges, Bioy Casares), a lo paródico con evidentes intenciones burlescas (Anderson Imbert). Y también hay uno que es una verdadera novela en clave, donde los nombres de los personajes históricos han sido apenas reemplazados por sobrenombres que claramente remiten a los protagonistas históricos del período que estudiamos (Miguel A. Speroni). Otro utiliza en el relato novelesco nombres de personas, de revistas, de grupos que existieron en la realidad de los años 50 y que se llamaron exactamente igual que como aparecen mencionados en las páginas de la obra narrativa (Perrone). Como se ve, todos los extremos posibles de la relación directa, indirecta o lejana de la literatura con la realidad de un período histórico determinado están representados en esta compleja y numerosa suma de textos narrativos.

Cuando comenzamos nuestra investigación, influidos por la lectura de algunos estudios realizados en los Estados Unidos sobre la narrativa referida a la llamada Guerra de Secesión, nos pareció que un buen rótulo que podría englobar todos estos textos sería el de *novelas políticas*. Esta denominación sería tal vez la que comprendería mayor número de obras narrativas, pero aun así, hay una buena porción de dichos textos que escapan a esta denominación.[2] *Casa tomada*, de Cortázar, *El coronel de caballería*, de Murena, *Ragnarök*, de Borges, difícilmente podrían ser calificadas de piezas políticas ... aun cuando admitan una lectura política, que es lo que nosotros hemos hecho. Es claro que en estos últimos relatos ciertas alusiones, ciertos supuestos no explícitos pueden remitir a una significación y a un sentido que debe—en definitiva—ser colocado por el lector. Allí lo real aparece como algo lejano e inasible, como

un telón de fondo que el que lee conoce y "pone" en la realidad
construida por la referencialidad del texto. Cortázar y Borges
nos muestran solamente los "efectos" de algo que no se describe;
el que lee debe suponerlo, y en este supuesto está lo político, casi
siempre como amenaza, como oscura Némesis, como poder ciego,
como Terror, como violación. Lo histórico—en estos relatos—
está eludido; no sus efectos.[3]

NOTAS

1   Ana M. Amar Sánchez, "La propuesta de una escritura (En
    homenaje a Rodolfo Walsh)," *Revista Iberoamericana*, 135-36
    (abril-sept. 1986), págs. 431-445. Escribe la autora: "Nueve años
    antes que Capote escribiera *A Sangre Fria* (1965), Rodolfo Walsh
    había publicado en Buenos Aires *Operación masacre* (1956)...",
    pág. 431. "Mas 'ud Zavarzadeh ha denominado "literatura fictual"
    a la constituída por elementos fácticos tomados directamente de
    la realidad y otros ficcionales, y oscila entre el periodismo y la
    ficción novelesca," ibidem. Véase: Mas'ud Zavarzadeh, *The My-
    thopoeic Reality. The Postwar American Non-Fiction Novel* (Uni-
    versity of Illinois Press, 1976).

2   Irving Howe definió la novela política como aquella en la que "las
    ideas políticas juegan un rol fundamental o en la cual el medio
    político es el ambiente dominante...o mejor sería decir una novela
    en la que nosotros consideramos que lo esencial son las ideas
    políticas o el medio político," *Politics and the Novel* (New York:
    Horizon Press, 1957), pág. 17. Joseph L. Blotner, en *The Political
    Novel* (Garden City, N.Y.: Dobleday & Co., 1955), señala que es
    difícil definir la novela política ya que ella no es solamente la
    descripción de la vida de un político y sus acciones, sino también
    debe suponer la descripción de lo social y lo económico. "Aquí,
    escribe al comienzo de su breve libro, una novela política es deno-
    minación para un libro que directamente describe, interpreta o
    analiza fenomenos políticos," pág. 2. Ya se ve que las definiciones
    propuestas del género escapan a toda precisión más o menos
    cuidada... Un excelente ensayo es el de Robert Boyers, *Atrocity
    and Amnesia. The Political Novel Since 1945* (New York: Oxford U.
    Press, 1985), recordable por los análisis concretos de ciertos textos
    de los Estados Unidos. El libro además, cosa insólita y por eso lo

destacamos aquí, dedica todo un capítulo, el 5, al estudio de estas novelas hispanoamericanas: *El señor Presidente*, de Asturias; *El recurso del metodo*, de Carpentier y *El otoño del patriarca*, de Garcia Marquez, págs. 71-92.

3   La bibliografia sobre este complejo tema de las relaciones entre Historia y Novela es vastísima y compleja, porque en los últimos quince años a lo ya existente se ha sumado el interés por lo narrativo, que ha dado origen a un alud de estudios, revistas especializadas, teorías novísimas. En español un libro envejecido pero todavía utilizable es Carlos Rama, *La historia y la novela* (Buenos Aires: Nova, 1970). Para la historia, Paul Veyne, *Comment on écrit l'histoire* (Paris: Du Seuil, 1979), Hayden White, *Metahistory: The Historical Imagination in Nineteenth Century Europe* (Baltimore: John Hopkins University Press, 1973). Del mismo autor, *Tropics of Discourse: Essays in Cultural Criticism* (Baltimore: John Hopkins U. Press, 1978). Sobre narrativa e historiografía una buena Bibliografía en R. Canary and H. Kozicki, editores, *The Writing of History: Literary Form and Historical Understanding* (Madison: Univ. of Wisconsin Press, 1978), págs. 151-158. Un reciente examen de teorías y puntos de vista en Paul Ricoeur, *Time and Narrative*, vol. 1 (Chicago: Univ. of Chicago Press, 1984), caps. 4-6; y H. White, "The Question of Narrative in Contemporary Historical Theory," en *History and Theory*, 23 (1984), págs. 1-33. Para la narrativa en general, una introducción generosa en referencias bibliográficas es la de Wallace Martin, *Recent Theories of Narrative* (Ithaca: Cornell Univ. Press, 1986). Sobre Historia y Novela histórica véase la útil Bibliografía de Daniel Balderston, editor, en *The Historical Novel in Latin America* (Gaithersburgh, MD: Hispamerica, 1986). Sobre literatura y realidad véase R. Barthes et al, *Littérature et realité* (Paris: Du Seuil, 1982). Un primer intento de diferenciar lingüísticamente el uso de ciertas formas verbales en la Historia y en la Literatura en E. Benveniste, "Les rélations de temps dans le verbe français," en *Problèmes de linguistique générale*, I (Paris: Gallimard, 1966). He aplicado algunas de esas ideas al español en "Relato histórico, relato novelesco: problemas," *Ottawa Hispánica*, 6 (1984).

III. EL TESTIMONIO COETANEO Y POSITIVO

La política en un obra literaria es como un disparo de pistola en medio de un concierto: algo vulgar y estrepitoso y, sin embargo, una cosa a la cual no es posible ignorar. (Stendhal, *La Chartreuse de Parma*)

—Vos sos de los nuestros, compañero... ¡Hacélo por tu Santiago!... Un santiagueño no puede estar en contra de la patria...

Sonrió el sargento. Estaba vencido. Una muchacha fabriquera lo tomó del brazo con cariño:

—Si sólo queremos pelear a su lado. ¡No tenemos miedo!..¿Por qué lo han tomado preso?...¿por culpa nuestra?

Otro dijo:

—Es el protector de los humildes, oficial. ¡Cómo no lo vamos a defender si él se jugó por nosotros! No somos traidores para abandonarlo...

El sargento miró a sus soldados... Pero en los ojos de ellos vio la misma desolación que viera en los nuestros...

La marea humana se volcó por el bajo, corriendo. Otro brazo de la multitud tomó por las calles que iban al centro. Fábricas, depósitos, lavaderos de lana, barracas. Todo cerrado. ¿De dónde salían esos cartelones improvisados? Dos palos y una sábana con gruesas inscripciones. O un mantel blanco transformado en estandarte con dos cañas...

Todo esto parecía un sueño. Los gritos retumbaban en la acústica de las calles, las plazas eran cajas de resonancia para los himnos y el fervor. Estremecían los nervios. Se alejaban y volvían como las olas del mar en un flujo y reflujo... Cada vez éramos más. Teníamos sed, hambre, cansancio. ¡Qué importaba! Venían las concentraciones de todos los rumbos...

Descamisados y grasas de muy lejos. Y al encontrarnos en las bocacalles, en los cruces de diagonales y esquinas, nos esperábamos y nos abrazábamos sin conocernos, como si ya hubiéramos estado alguna vez juntos en un tiempo pretérito y heroico, en una igual patriada como ésta. O como si hubiéramos adivinado, en algún momento, que esto que vivíamos, iba a ocurrir. Veíamos en nuestras voces y en nuestras miradas, en la inquietud y en la zozobra, palpitar el mismo sentimiento, la llamarada del mismo ideal.

¡Al centro! ¡A la Plaza Mayor! Y los cantos otra vez, como si el canto en coro fuera un rezo en común, una promesa que hiciéramos a la eternidad. Era la misma chusma de antes y de siempre: sudo-rosa, agitada, atrevida y vengadora, llena de temeridad, cuya con-ciencia sabía que en esa insurrección se jugaba su vida sin vaci-laciones ni remordimientos. En aquel grito que quemaba en la boca y que llenaba de frío el ánimo de los timoratos: ¡el gobierno al pueblo...! ¡A la horca los cipayos...! ¡Muerte a los traidores!

No nos era dable discernir que estábamos escribiendo historia viva. (Luis H. Velázquez, *El Juramento*)

A veces la multitud ofrece un curioso aspecto. Asume la condición de un animal fabuloso con el hocico hacia el suelo, un hocico que percibe los olores más sutiles, más imposibles de alcanzar... La multitud odia al hombre solo. Es el que está en la otra vereda. Es el que está contra. Es el enemigo... El clamoreo no acababa nunca. Te pareció que toda la vida habías estado aguardando ese grito, este oleaje, esta furia, este fuego... (Jorge Perrone, *Se dice hombre*)

Todas las estaciones trasmitían el acto.

"¡Bustos!" "¡Bustos!" Un clamor inmenso llenó la habitación...

Giró el botón, las voces se extinguieron, y luego, otra voz, carras-peante y pastosa, surgió del aparato:

"Mi fuerza es la de mi pueblo. Mi fuerza es la de este pueblo que trabaja, que produce y se sacrifica; del único que yo reconozco como tal, porque aquel que no trabaja, que no produce, no es pueblo. ¡Eso es rémora!"

Rugidos. Aplausos...

"¡Si quieren guerra, tendrán guerra!"

Bramidos. Ráfagas confusas.

"Mi oficio, ustedes lo saben, no es solamente gobernar, sino tam-bién pelear. Estoy acostumbrado a inspirar odios..."

—Por favor, querida, estate quieta.

"Si entre los que desean mi muerte hubiera un hombre capaz de salvar al país, yo mismo apretaría el gatillo de su revólver vuelto contra mi pecho. Todos se enfurecen... como si yo simbolizara el des-pecho de sus propios fracasos, las heridas de sus pretensiones frustradas. Esta revolución no se ha hecho para dictar unos cuantos decretos y satisfacer unas pocas vanidades...

"Como en los tiempos heroicos de la República, los patriotas luchamos contra los de afuera, y así como ellos vencieron a fuerza de coraje, de decisión y de energía, también nosotros, los de adentro, hemos de vencer a todas las fuerzas de afuera que se nos opongan. La voluntad del pueblo vencerá a míster Dodge y vencerá también a sus personeros."

"...Nosotros, ungidos bajo el signo de la justicia social, no hemos hecho más que asegurar esa justicia, dando al César lo que es del César y a Dios lo que es de Dios. Por esa razón, entre el capitalismo y el comunismo, hemos elegido una posición intermedia, que esté igualmente distante de la explotación del hombre por el hombre que de la explotación del hombre por el Estado...

"¡Compañeros!" repitió la voz. Mori sintió que esa voz ya no era suya, de Bustos, sino de una incalculable muchedumbre que pululaba en muchas partes. La oían en Formosa, en Neuquén, en Catamarca, Arica, Caracas, Popayán; en Asunción, Magallanes, La Paz; y Pastora, a través de la caja sonora, veía el rancho familiar en Santiago, la sábana verde y festoneada de las plantaciones de caña; su madre; su padre; a través de esa voz, era la suerte de ella y de los suyos las que se jugaban. Ella se había quedado extática, como fascinada, mirando el aparato. Los pisos sucios, los harapos raídos, las mordeduras del hambre, nada de eso veía o sentía. Delante de ella, ojos contra ojos, como a lo largo de un túnel, aparecía a lo lejos una llamarada que encendía los campos y ponía al rojo los corazones.

...

—¡Coronel! —dijo sorprendido y abandonando el escondite.

El coronel Américo Bustos se hallaba en su presencia.

A pesar de su sencillo traje gris claro, de su sonrisa espontánea, de su vivacidad de movimientos, conservaba ese aire de madurez y dignidad que se adueña de los cincuentones cuya vida ha alcanzado plenitud. Alto, elástico, la frente esquinada sobre unos ojos penetrantes; la boca sensual, una larga y curvada nariz daban a su perfil una expresión de fría astucia, que no concordaba con la línea voluntariosa del mentón, ancho y bien afeitado.

—Buenos días, "Humberto" —dijo, con su voz algo ronca.

Hablaba con calma y seguridad, acentuando las vocales y con esa inflexión cortante de los hombres de mando. Algo impersonal, sin embargo, en el matiz afectuoso, como si no se dirigiera a una sola persona y casi sin mirarle como si lo que fuera a decirle no esperase ninguna respuesta. (A. Speroni, *Las Arenas*)

Los testimonios narrativos favorables al régimen y aparecidos durante el período 1945-1955 han sido, en general, examinados por Goldar en su libro citado. Aquí intentaremos un análisis de alguno de esos textos con otra perspectiva: su valor testimonial, la calidad y eficacia literaria, las orientaciones ideológicas.

De todos los textos narrativos de la época, cuatro solamente pueden rescatarse por su relativa calidad literaria. En general fueron escritos por escritores no peronistas que asumieron una actitud de simpatía con respecto a hechos concretos de ese momento histórico. Las cuatro novelas son: Roberto A. Vagni, *Tierra extraña*, (1949); Jorge Perrone, *Se dice hombre*, (1952); Luis Horacio Velázquez, *El juramento*, (1954) y Miguel Angel Speroni, *Las arenas*, (1954).

Todos estos autores provenían del nacionalismo. Unos, como Velázquez, habían sido radicales-forjistas; otros, como Perrone, pertenecieron al nacionalismo católico de la Alianza Libertadora Nacionalista. Cuando examinemos el libro de Perrone veremos las notables diferencias que pueden establecerse entre este nacionalismo populista y el que representa Manuel Gálvez. Perrone perteneció a la nueva generación nacionalista que apareció en la Argentina después de 1940, grupo que a la actitud tradicionalista heredada, había sumado un interés social y populista que no conocieron los fundadores del nacionalismo argentino de la década de 1920 a 1930.[1] Y, como se verá, bastará confrontar la descripción del 17 de octubre de 1945 hecha por Perrone con la que realizó años más tarde Manuel Gálvez para comprobar la distancia que separaba a ambos grupos situados políticamente en una línea semejante.

Roberto A. Vagni es el autor de una extensa novela testimonial de más de 500 páginas, *Tierra extraña* , dedicada a historiar la vida y los sufrimientos de los obreros del norte de Santa Fe, el Chaco y Entre Ríos, explotados por una poderosa empresa de propiedad inglesa, La Forestal, que fue dueña de un verdadero imperio inmenso en tierras y en cuyo territorio se ejerció un trato inhumano y discrecional sobre sus trabajadores:

En sus ciento doce leguas de campo, los pueblos, las fábricas, las casas, las iglesias, las escuelas, los hospitales, las canchas de fútbol y golf, los clubs, los cinematógrafos, los trenes, los caminos, el agua, el aire y la luz, es Forestal.[2]

Además de esta pintura social y económica, la obra narra la historia de un personaje humildísimo: Ireneo Sosa, hijo de una muchacha muerta al darlo a luz, que a los doce años abandona el terrible trabajo en La Forestal y se va a Reconquista, ciudad de la provincia de Santa Fe. El viaje y las aventuras del muchacho sirven al autor para describir con intención testimonial la política de la época, que enfrenta a radicales y conservadores, así como para dibujar un cuadro de las luchas sindicales. El descontento interno dio origen a varios movimientos huelguísticos. En uno de ellos, que tuvo lugar en Julio de 1919, intervino el entonces joven teniente Juan D. Perón. Enviado como jefe de un grupo de soldados que fueron hasta la zona de huelga a bordo de un tren blindado, Perón—con habilidad y astucia—evitó una masacre inútil e instó a los obreros a deponer su actitud violenta, pero a la vez logró de la empresa una serie de concesiones y mejoras para sus obreros.[3] La novela, que no es importante desde el punto de vista literario, ofrece sin embargo un rasgo digno de recordarse: después de narrado el episodio, a pie de página, se fotocopian unas líneas escritas y firmadas por el mismo Perón, entonces Presidente de la República, que certifica que lo allí dicho es verdad:

"Es absolutamente exacto todo cuanto aquí se dice. Juan Perón.

Una observación al párrafo subrayado. No se trató de fuego intenso, sino sólo de disparos aislados."[4]

Lo que importa destacar es que el texto sorprende al lector porque mezcla, de una manera nueva, materiales novelescos, ficticios, con otros "reales" y aquí directamente "documentales." La "realidad" se introduce de tal manera en el entorno ficticio creado por la novela, que todo el texto queda como sacudido (conmovido, diríamos) en cuanto a su estatuto como ente literario. Como escribió Goldar: "Por primera vez, Perón es protagonista real de una novela, "[5] o sea, el personaje histórico se convierte en parte de una narración que suponemos fictiva (porque entendemos que Ireneo Sosa, muchas de sus aventuras, sus patrones, Lozani, después Angel Ramírez, Ricardo Taboada, Tom Brent, enamorado de Etelvina, la hija de don Ramón, etc. la totalidad de los personajes de la obra son entes de ficción). Y aunque en varias partes el autor ha escrito que lo que cuenta es real, que su obra "es testimonio de sucesos reales" (ver págs. 216 y 240 de la novela), entendemos que ello está referido al entorno, a la circunstancia de la huelga en sí, a la forma de vida de los obreros, a lo institucional. Pero lo individual, lo "personal" diríamos, es invento del escritor, no refleja hechos que realmente ocurrieron. Es lo que ya sabemos pasaba con la novela histórica (o seudo-histórica, como *Amalia* , a la que el tiempo ha convertido en histórica): la mención de un personaje histórico y su participación secundaria en la acción, tiene función de fondo, persigue crear un entorno, dar peso de realidad al escenario en el que los personajes fictivos desarrollan sus acciones y existen. Aquí enfrentamos algo casi increíble, que destruye el entorno de lo "novelesco" y mete una cuña tan *real* en el relato que nos encontramos, de pronto, con un género literario desconocido, porque uno de sus personajes es más "real" que el lector; la novela se ha convertido en crónica y, por fin, en documento histórico.[6] Y a la vez funciona como un instrumento de propaganda y constituyó una forma indirecta de quedar muy bien, el autor, con el entonces Presidente de la Nación...

Se dice hombre ganó un concurso organizado por el gobierno de la provincia de Buenos Aires en 1951.[7] Editada el año siguiente, la novela de Perrone constituye tal vez uno de los poquísimos testimonios narrativos escrito por un nacionalista de apoyo al peronismo. La obra, además, es el único retrato de ciertos estratos intelectuales característicos del nacionalismo de esa época, con una exposición de sus ideas. Así por ejemplo Perrone describe la existencia de un grupo nacionalista-peronista que en 1952-53 editó una revista literaria: *Latitud 34* (que realmente existió) y en ella aparecen diversos escritores, periodistas, artistas y críticos nacionalistas de la época: Lisardo Zia, Brandán Caraffa, Centurión, etc., que exponen sus ideas contrarias al existencialismo sartreano y a la izquierda, así como el telurismo, el tradicionalismo, la cultura nacional, el anti-europeismo, etc.

La descripción que Perrone da del 17 de octubre posee una calidad humana y, sobre todo literaria, un poder emotivo y una

inmediatez fáctica que debe ser aquí reconocida.[8] Ningún otro
escritor ha logrado algo semejante:

La revolución. Suena un poco espectacular y se te ocurre que no
tiene nada que ver con los porteros o los arrepentidos, que no tiene
nada que ver con las pa-la-bras.
La cosa te alcanzó sorpresivamente.
Estabas parado en Diagonal y Florida. Unos gritos te llegaron de
repente, haciéndote latir rápido el corazón. Cruzando por Cangallo,
en dirección al bajo, un montón de muchachos iba dando gritos.
Traían banderas.
—¡Queremos a Perón! ¡Queremos a Perón!
No supiste por qué, mas estabas seguro que ese grito era tuyo.
Seguiste hasta la avenida. Algunos negocios bajaban las metálicas.
En las esquinas, pequeños grupos hacían comentarios y miraban a
cada uno que pasaba o se acercaba. Desde el fondo de la Avenida
aparecieron otros muchachos. También venían con gritos y estandartes. Ahora notaste su cansancio. Que cuando pasaron cerca de vos
tenían las camisas sucias y mojadas de sudor. Algunos callados, con
el rumor pesado, de marcha larga, fatigada, de zapatillas que
machacaban el asfalto.
Vos también quisiste gritar. El grito te vino desde adentro, lo
tuviste en la garganta, y seguiste mirando con la boca apretada esto
que sucedía.
Vinieron voceando la quinta, compraste Crítica. En la primera
página recordás que viste una fotografía, en la parte de abajo, en
donde siete u ocho muchachos andaban por el medio de la calle,
haciendo ademanes. Un título irónico y despectivo: "Los descamisados de Perón."
Venían mujeres; por la calle venían mujeres, muchachas de vestidos descoloridos, desgreñadas, con la cara arrebatada. Gritaban con
voz ronca. Y también pibes.
Los comercios habían cerrado ya sus puertas. La ciudad iba asu-
miendo un aspecto de domingo, sin autos, cubierto ahora por toda
esa gente que llegaba desde muy lejos del asfalto.
Aquel silencio plomizo de la calle, en días anteriores, se venía para
abajo y estallaba en gritos y gente cansada, anhelante. Volviste para
el norte; desde Esmeralda notaste que en algunos balcones habían
aparecido banderas. En una esquina, un muchacho se trepó a la
garita de un vigilante, y desde lejos viste cómo hablaba a los otros,
que escuchaban haciendo gestos y agitando sus letreros.
Las palabras del muchacho eran confusas, embrolladas, rotas por
el cansancio, pero los de abajo aplaudían.

Hubieras querido encontrarte con un amigo. Pero era lo mismo. Cualquiera llegaba y te decía cosas, te tuteaba, ni siquiera suponía por un instante que vos pudieras no estar con él. No supiste cómo, te hallaste frente a una Iglesia de San Ignacio. En las verjas del Colegio Nacional de Buenos Aires también había gente encaramada que arengaba las columnas.

Te quitaste el saco, y empezaste a gritar. Andabas coreando estribillos. Descubriste un montón de consignas tuyas, aquellas por las que, por gritarlas, habían caído Lacebrón Guzmán o García Montaño, consignas de tu nacionalismo querido que ahora encontrabas en boca de esta gente venida de Avellaneda o Barracas o San Martín.

La tarde había rodado hasta no dar más, volteando su último sol tras la cúpula del Congreso.

Poco a poco, la plaza de Mayo se fue cubriendo. Una multitud enorme la llenaba. Metían los pies ardidos por la caminata en las fuentes donde se bañaban los gorriones. Otros andaban tirados por la tierra de los canteros. Otros llegaban con más banderas, y más gritos y más cansancio. Otros desde las ventanas del Banco de la Nación improvisaban más discursos.

Varios policías cerraban la entrada de la Casa de Gobierno, en donde las verjas de seguridad habían sido corridas desde las primeras horas de la tarde.

Las paredes de los edificios estaban llenas de leyendas escritas a tiza y carbón.

Tenías sed.

Al llegar la noche la multitud desbordaba hacia la Avenida, por la Diagonal, a lo largo de las calles adyacentes. Y una grita fue tomando cuerpo. Empezó con un rumor apretado y ronco y el vocerío invadió todo el aire de la ciudad.

—¡Queré-mos-a-Pe-rón! ¡Queré-mos-a-Pe-rón! ¡Queré-mos-a-Pe-rón!

—¡Queré-mos-a-Pe-rón!

Era un rugir endiablado, que lo convertía a uno en pedacitos, lo trituraba y acababa fundiéndolo en una sola masa. Esa. Muchachos y muchachas con banderas y estandartes, y pañuelos en la cabeza, y alpargatas. Y hombres como vos, con el saco en el brazo.

Alcanzaste a ver que algunos aparecieron en los balcones de la Casa Rosada pidiendo silencio con las manos. Por unos parlantes colocados apresuradamente en los árboles de la plaza, se dijo algo así como que el coronel estaba enfermo, se nombró un hospital. Pedían calma y rogaban que se desconcentraran, que todo iba a arreglarse.

Te pareció que había pasado mucho tiempo desde la tarde, desde cuando te sorprendieron los primeros gritos, ahí, en Florida y

Diagonal; te pareció que esos hombres del balcón hablaban un lenguaje incomprensible, lleno de polvo, viejo, viejísimo. Hubieras querido explicarles que no entendías, que nadie entendía, que ustedes estaban para "lo otro," que "lo otro" tenía que suceder, que iba a suceder de todas maneras.

El griterío de la multitud desparramó en un guiñar de ojos las palabras de aquel hombre.

Oíste decir que otra manifestación andaba por la avenida Luis María Campos, frente al hospital Militar Central.

Las horas comenzaron a amontonarse sobre este gentío del que formabas parte, que aullaba y se impacientaba, con un jadeo que había empezado hacía mucho tiempo y que no terminaría nunca. Desde aquí abajo ustedes gritaban como locos.

—¡No-nos-va-mos-sin-Pe-rón! ¡No-nos-va-mos-sin-Pe-rón!

Había gente encaramada en los árboles, en los faroles, en el techo de los camiones y los autos, en los edificios en construcción.

La noche era fresca, y se deslizaba hacia el río.

Una fuerza movediza, incontrolable, suelta, una fuerza que hubiera estado ahí, desde siempre, que podía tirar la ciudad, doblarla, volverla escombros, dejar todo Buenos Aires convertido en campo.

A veces la multitud ofrece un curioso aspecto. Asume la condición de un animal fabuloso con el hocico hacia el suelo, un hocico que percibe los olores más sutiles, más imposibles de alcanzar. Vos solo, vos en tu condición de hombre solo, nunca serías capaz de alcanzar, de ubicar, los olores en tal forma. La multitud siempre es un instinto. Está en posesión de la pureza. Aunque incendie tranvías o balee a otros hombres. Tal vez los ataque porque inconscientemente sepa que son hombres solos. La multitud odia al hombre solo. Es el que está en la otra vereda. Es el que está contra. Es el enemigo. Por él, es decir, contra él, se hizo la multitud. Ser hombre solo no significa una ubicación geográfica, de dentro o de fuera, geográficamente.

Es una cuestión de olores también. El que conduce la multitud siempre está separado—geográficamente—de ella, pero ése es la multitud por definición, es el mito multitud. De ahí que esté al tanto de lo que la masa siente, quiere, ama u odia.

El hombre será siempre multitud. Su soledad es una fuga. Cuando se encierra en su cuarto pierde el control de la realidad, se evade, es extranjero. Los hombres solos pueden ser muchos, en ocasiones suman más que la multitud. Pero nunca alcanzan la condición de multitud.

Son montón. Puede que en cierto tiempo la multitud se reduzca a uno. Ese uno justifica la época y la salva.

Algo corrió entre el gentío. Algo sentiste que estalló como un pistoletazo en la vida de esa multitud que te estrujaba y ceñía como una enredadera. Había aparecido sobre el balcón central de la Casa de Gobierno un hombre que movía los brazos en el aire. El hombre estaba un poco alejado de vos y no alcanzabas a distinguir su cara. Pero lo supiste intantáneamente, como lo supieron instantáneamente los que estaban por Tacuarí o más atrás, o más distantes. Un clamoreo que rajaba la ciudad como una granada:

—¡Pe-rón! ¡Pe-rón! ¡Pe-rón! ¡Pe-rón!

El grito era ese. Pero quería decir, decía, otras cosas, muchas cosas más. Era una mezcla salvaje de hambre, de dolor, de esperanza, de fatiga, de alegría. El hombre estaba entre mucha gente, allá arriba, pero era ése.

Alguien agitó el pañuelo en el aire. Alguien encendió un diario retorcido como una antorcha. Y todo aquello fue un oleaje de fuego, brotando, viviendo. El clamoreo no acababa nunca. Te pareció que toda la vida habías estado aguardando ese grito, este oleaje, esta furia, este fuego, pero desde muy atrás, desde siempre. Casi pensaste que desde el indio.

Cerca de vos, un hombre de barba sin afeitar, murmuró entre sollozos, con los dientes apretados:

—¡La rep... madre!

Tenía la cara llena de lágrimas, le temblaban los labios vueltos hacia afuera, afinados, endurecidos. Vos también lo veías todo turbio.

Y la grita continuaba como una manaza enorme que quisiera arrancarte todo lo que llevaras dentro: los huesos, la sangre, los nervios, las tripas.

Después, el hombre comenzó a hablar, entrecortado, como si cada palabra tuviera que empujarla hacia afuera, hombreándola, roncamente, cálidamente. A cada sílaba la multitud lo interrumpía para seguir gritando. A vos te trajo un escalofrío. Ya no importaba lo que dijera. Estaba aceptado de antemano. Ya se sabía lo que iba a decir. No hacía falta decirlo, estaba dicho, sabido.

Aunque no posee un gran valor literario, la obra de Perrone resulta digna de tenerse en cuenta por su carácter documental, que mezcla sin problemas lo periodístico con algunos aciertos emotivos. Desde este punto de vista su testimonio del 17 de octubre, narrado en una insólita segunda persona (más tarde convertida en recurso prestigioso por algunos escritores franceses) combina diversos aspectos que merecen señalarse. Obsérvese de qué manera Perrone emplea la segunda persona para hablarse (y describirse) a sí mismo y—claro está—al lector. El narrador se desdobla y se autoexamina desde distintos ángulos. A la vez narra lo contemplado con una suma de testimonios particulares: las actitudes de la multitud, la de algunos testigos y actores, las reacciones personales. Perrone pasa de la prosa descriptiva en tercera persona, al autoanálisis y a la exposición doctrinaria.

Lo más singular está en su consideración del valor de la multitud. Perrone, integrante de un grupo minoritario y enemigo de las masas, adopta una idea romántica y populista: la voz de la multitud es la voz de Dios. La multitud, escribe, "está en posesión de la pureza" y los que se separan de ella son sus enemigos y, por tanto, dignos de toda condena. El que la dirige no es importante por ser su jefe; es valioso porque la encarna y representa, porque posee su esencia. Al respeto fetichista por la masa, se suma la visión admirativa del Jefe.

El Jefe posee el Poder y la Justicia: la masa santifica el poder del jefe. Típica visión fascista del poder y de su representante, cargada de irracionalismo político. El nacionalismo que representa Perrone apeló al antiimperialismo, antiliberalismo y al catolicismo, como a sus banderas más características; en ellas coincidió con Perón, el de 1945-1946. Esto explica el apoyo que recibió de dicha corriente política. Ya veremos cómo la actitud de otros sectores, Gálvez, por ejemplo, fue muy distinta con respecto a la presencia y el poder de las masas.

Literariamente creemos que estas páginas que describen el episodio clave del 17 de octubre de 1945, deben ser las más logradas que se han escrito narrando esta fecha singular en la historia política argentina.

Luis Horacio Velázquez, radical y nacionalista, escribió varias novelas de tema social: *Pobres habrá siempre* (1944), narraba de modo casi naturalista la vida de los obreros de la industria frigorífica, con trabajadores explotados viviendo en condiciones sub-humanas, y muchos de ellos mutilados (sin dedos, sin manos, sin brazos), en accidentes producidos por sus tareas. La segunda de esas novelas se titulaba *Los años con-*

movidos (1949), y era una pintura condenatoria del lujo y la corrupción de la oligarquía argentina de la década del 30, mientras empleados y asalariados arrastraban una dura vida de privaciones. *El juramento* (1954) es una narración de doble trama: una relata el viaje remontando el Paraná de un grupo que en un barco va al rescate de una expedición desaparecida en manos de los indios salvajes. Uno de los miembros de la expedición recuerda, en relatos intercalados (en sucesivos flashbacks), su propia vida. Desde la adolescencia hasta la adultez, la novela describe una vida de trabajador que se convierte en dirigente sindical y finalmente interviene y narra aspectos del 17 de octubre. Pero lo más interesante de la obra es que describe los importantes movimientos de grupos obreros y campesinos que abandonaron sus lugares de nacimiento para irse a vivir en los cinturones obreros de Buenos Aires, y que fueron algunos de los más poderosos sostenedores del peronismo. Tal vez lo más interesante es la serie de pantallazos que la novela da de los pródromos de la fecha ahora famosa de octubre, y de las masas que dieron al acontecimiento su indeclinable prestigio político.

De todos los novelistas "peronistas" el único que se atrevió a convertir a Perón en un personaje novelesco, fue Speroni, que fictivamente lo llamó coronel Bustos. Su novela, *Las arenas*, fue un típico "roman à clef" que describía—de manera a veces confusa y vaga—un período fundamental de la historia de la época. La obra se iniciaba un día antes de la revolución militar del 4 de junio de 1943, con la que comenzó la ascensión de Perón a la escena política, y terminaba el día viernes 13 de octubre de 1945, cuando Perón, que había sido obligado a renunciar el 9 de ese mes a los tres cargos que ocupaba en el gabinete del presidente Farrell (Vice-presidente de la nación, ministro de Guerra y Secretario de Trabajo y Previsión), fue enviado preso a la isla de Martín García.

La novela ponía su atención en los destinos de diversos dirigentes y luchadores sindicales, a través de los cuales se manifestaba el creciente prestigio e influencia que el coronel Américo Bustos iba alcanzando en esos medios gremiales y en las masas obreras. Debe decirse que el período histórico y el tema central elegido para enfocar este momento inicial de desarrollo del peronismo, no era precisamente de aquellos fáciles de retratar sin compromisos o sin caer en detalles que podían fácilmente ser considerados como críticas al régimen. Si ha habido una zona de la actuación de Perón que ha dado lugar a interpretaciones polémicas y opuestas, ésta es la de sus relaciones con los gremios y dirigentes sindicales que existían cuando el militar-político comenzaba su carrera. Entre 1943 y 1945 Perón logró anudar una sólida pero explosiva relación con los gremios obreros y con sus dirigentes. Y ya entonces se hizo evidente que esa alianza basada en visibles concesiones económicas favorables a los obreros, logradas a través del Estado o de su representante, en este caso el coronel Perón, suponía a su vez de parte de los sindicatos el acatamiento casi total a las decisiones concretas emanadas de dicho poder. El Estado—en una posición mediadora muy parecida a la del Estado mussoliniano o franquista—esperaba que los gremios funcionaran de la misma forma que lo habían hecho en la Italia de los años 30: acatando las decisiones y propuestas que el Estado hacía cuando se entablaba una disputa entre las empresas y sus obreros. Ya entonces Perón había comenzado a postular lo que él llamó "la comunidad organizada" o sea un Estado de tipo corporativo, en el cual las asociaciones empresariales, gremiales, profesionales organizadas verticalmente, aceptaban como juez en sus disputas con el Capital, las decisiones del Estado. Esto suponía, claro está, sindicatos únicos, no independientes del poder político y dirigentes que formaban parte del partido en el poder. Que es, en definitiva, lo que terminó siendo la estructura sindical argentina de los años 1946 y siguientes: apéndices casi siempre obedientes del partido Peronista. Y que hasta 1955 y aún después cumplieron con absoluta fidelidad las órdenes emanadas del Jefe o del partido.

La obra estaba encabezada por un cita de Balzac: "He obrado mejor que los historiadores porque, al fin y al cabo, como novelista tengo más libertad" (prólogo a *La Comedia Humana*).[9] Esta advertencia adelantaba un aspecto básico de los propósitos que guiaron al autor al escribir su relato. La obra intentaba, decía Speroni, un friso novelístico de la época y el destacar algunos de sus protagonistas principales, pero no iba a ser ni una crónica detallada del período ni copiaría exactamente los acontecimientos o los personajes históricos. Esto liberaba al escritor de toda obligación mimética, de toda tarea documental y de la obligación de retratar a los personajes (principales o secundarios) con exactitud; y a la vez le permitía cambiar fechas, orden de asuntos, actitudes, cuando así le fuese necesario para dar al relato calidez dramática o una dirección específica de tipo ideológico. Speroni advertía al lector que iba a cambiar todo aquello que no se ajustara a su intención artística o política. Que iba a ejercer libremente su voluntad como autor y ordenador de los materiales de su novela. Y, claro está, debe adelantarse aquí algo específico: Speroni iba a escribir una novela política, no una crónica ni una recreación cuidada de un período. ¿Por qué este autor, que escribió un libro marcadamente pro-peronista, favorable al régimen, eludió el retrato directo, el documento fiel de la realidad de esos años fundamentales ...? Miguel Angel Speroni era en esos años Juez, y como él bien sabía cualquier aspecto del libro que pudiera provocar las iras o el desagrado de los funcionarios del régimen, podría haberle traído muy graves consecuencias. Una lectura detenida de la novela (que exigiría un análisis que no podemos hacer aquí por razones de espacio), muestra que la obra fue sometida a un cuidadoso despojamiento de toda referencia que hiciera pensar en un retrato exacto de hechos *reales* y, en especial, de sucesos que pudieran dar una imagen—en cualquier sentido—negativa o desairada de la pareja gobernante o del gobierno. Cualquier circunstancia de esta clase habría provocado una reacción negativa de los genuflexos funcionarios sindicales, políticos o aún técnicos del régimen y la más leve crítica (o atisbo de crítica), habría sido de inmediato silenciada con la cesantía del o los presuntos culpables de esa crítica. No hablemos ya de lo que pasaron quienes se opusieron frontalmente a Perón en el nivel sindical o político: la violencia, la amenaza de muerte, la tortura, la cárcel indefinida sin juicio, como le pasó a Cipriano Reyes, el asesinato, fue en muchos casos el castigo que

merecieron esos opositores o disidentes. Así se explica que
Speroni, que ocupaba una posición expectable, "lavó" su novela
de toda referencia polémica y se cuidó de narrar lo que había en
verdad sucedido con aquellos dirigentes sindicales o políticos
que enfrentaron a Perón y se negaron a ser manejados discre-
cionalmente por el líder de los trabajadores.[10]

Esa libertad para cambiar la realidad de que se habla al
comienzo de la obra, se muestra en que algunos hechos "ocurren"
en el relato bastante antes de la fecha "real" en que sucedieron
en la historia. Desde las primeras páginas del libro se habla
de Sem Dodge, el entonces embajador de Estados Unidos en la
Argentina. Mr. Dodge es el seudónimo de Spruille Braden, pero
éste llegó a hacerse cargo de sus funciones en mayo de 1945,
aunque "actúa" en la novela ya en 1943. Perón y Eva Duarte (el
Coronel Bustos y Ada en la novela), se casaron en la realidad el
21 de octubre de 1945; pero en la obra esto tiene lugar a
principios de 1944. El presunto complot organizado por Cipriano Reyes para asesinar a Perón y Evita "ocurre" en la
novela en 1944; en la realidad, Reyes fue detenido el 22 de
setiembre de 1948 acusado de complotar (con la ayuda de un ex-
funcionario de la Embajada de Estados Unidos) para matar a la
pareja gobernante. Después de sufrir terribles torturas, permaneció preso sin juicio hasta el 22 de setiembre de 1955, en que
fue puesto en libertad por el gobierno de la Revolución Libertadora que derrocó a Perón.

Las referencias al período histórico están dadas en los
subtítulos de las cuatro partes en que se divide la novela y en
los comentarios y alusiones que hace el narrador, una voz en
tercera persona que lo sabe todo. Como ya veremos, muchas de
esas alusiones suponen y casi exigen un lector-cómplice con buen
conocimiento de la época. Para escapar a la posibilidad de ser
censurado, castigado o directamente acusado de enemigo del
régimen, Speroni apeló a una muy especial forma de ambigüedad: hace referencia directa a hechos que ocurrieron
realmente pero no da los nombres de los personajes histórico que
los ejecutaron, (los cambia por fórmulas indirectas: General I,
General II, General III; o les da un seudónimo). Pero como quiere

que el lector "que está en el tema" reconozca el episodio, da ciertas pistas: la fecha, el lugar, o algún detalle externo mencionado directamente, que permitirá a dicho lector "reconocer" sin dificultades a qué se está refiriendo el texto de la novela.

La obra está dividida en cinco partes, con estos subtítulos: "La Víspera," págs. 7-71, que transcurre el día 3 de junio de 1943, la jornada anterior a la Revolución del 4 de junio de 1943; "El despertar," págs. 73-133, comienzos del ascenso de Perón a través de su acción en los gremios y en la escena política; "La hora de los guapos," págs. 137-196, enfrentamientos de dirigentes sindicales de izquierda con los neo-dirigentes impuestos por Perón y luchas del coronel con ciertos grupos gremiales. Por boca de un ex-luchador gremial leemos: "Ha sonao la hora de la guapeada y hay que cuartear...," pág. 148. "El impulso," págs. 197-237, planes de Ibarra para asesinar a Bustos, creación de la Secretaría de Trabajo y Previsión, 1 de diciembre de 1943; y "Ríos de octubre," págs. 239-267, los días anteriores al 17 de octubre de 1945; la obra se cierra con la detención de Bustos. Por boca de un personaje que dialoga con Ibarra, se explica el título de la novela:

¿Te importan los hombres? Los hombres pasan... Pero en todas las arenas, hay que luchar, para mejorar su condición... Tal vez una utopía, ¿no es cierto?, algo inalcanzable; (pág. 214).

Cuando hablamos de "vaguedad" o de "confusión" en la descripción del período queremos decir que *Las Arenas* da una imagen ambigua y gris de esos años fundamentales. El lector que vivió ese momento dramático (1943-1945) de la vida argentina y ha completado su vivencia directa con la ayuda de obras históricas varias décadas posteriores, va reconociendo en el libro toda referencia directa o indirecta a la realidad y reconstruye en su mente cada episodio, personaje o situación concreta. Pero descubre que esa ambigüedad en el retrato de momentos esenciales tiene dos causas claramente discernibles. Por una parte el autor quiso describir la época destacando en su pintura lo favorable y simpatético al régimen y al personaje principal: Perón. Y velando discretamente—o cambiando, como veremos—

ciertos hechos que narrados tal como ocurrieron pudieran develar aspectos criticables del político o de su movimiento. Ambigüedad, entonces, voluntaria. Pero hay otra clase de ambigüedad en el libro y ésta es producto de un manejo inadecuado de los recursos literarios por un escritor que jamás pasó de cierta medianía. La falta de coherencia en la trama, que se ata demasiado a los hechos históricos en detrimento de la estructura novelesca que se vuelve confusa, el visible desacierto en la caracterización y justificación de la psicología de los personajes, que se mueve entre el folletín barato y la racionalidad política, y la falsedad del lenguaje dialogado que en la última parte del libro llega a ser enfático y visiblemente artificial, sólo pueden explicarse como fallas literarias.

Cuando decimos que se trata de una típica novela política queremos señalar que en ningún momento el autor ha intentado el realismo psicológico e el crear personajes que posean verosimilitud humana, que sean aceptables como ejemplos de conductas y actitudes de seres humanos reconocibles. Lo que caracteriza a estos personajes es su funcionalidad fáctica en el mundo de lo político. Todos, de alguna manera, persiguen el poder, y todos quieren poseerlo para transformar el mundo, para mantener el statu quo, para oponerse a toda transformación posible de esa sociedad o para hacer justicia. Por eso decimos que se trata de una novela política. Y uno de los rasgos más visibles de esta preeminencia de lo político puede verse en la caracterización y en el desarrollo de los personajes (si es que aquí puede hablarse de personajes en el sentido tradicional de la novela social o psicológica del siglo XIX y comienzos del XX). No hay, en ninguno de ellos, la intención de crear personajes con marcados rasgos individuales o con una rica interioridad. Lo individual carece de importancia y sólo se destaca lo social y lo político.

La novela se mueve entre dos polos perfectamente perceptibles y distinguibles que podríamos titular como la historia y la ficción; o la historia y lo novelesco. El lector puede ordenar los personajes de la obra en tres grupos: 1) los que remiten claramente a personas que existieron en la realidad; 2) los que funcionan como "tipos" representativos de sectores obreros, políticos o económicos; 3) los que son personajes ficticios, inventados por el autor para enriquecer su friso del período. Entre los primeros es fácil reconocer al coronel Américo Bustos (Juan Perón), Ada Roldán (Eva Duarte), Fermín Ibarra (Cipriano Reyes), Sem Dodge (Spruille Braden), Bronze, "el nazi," (uno de los varios industriales alemanes que ayudaron económicamente a Perón en su campaña política: por ejemplo Ludwig Freude, que puso dinero para la elección de 1946; o Fritz Mandl, instalado en la Argentina desde 1938, o Ricardo Staudt, que se hizo millonario con la construcción; creemos que Bronze es el seudónimo para F. Mandl), Pozzi, el periodista que dirige el diario *La Marcha* (evidente referencia a Eduardo Colom, que volvió a editar el diario *La Epoca*, primer gran vocero peronista), Anteo Spíndola, pág. 52 (José Peter, el famoso y combativo líder comunista del gremio de los obreros de la carne, que en setiembre de 1943 organizó una huelga en Berisso—el lugar en la provincia de Buenos Aires donde estaban las instalaciones de los grandes frigoríficos, la mayoría de propiedad inglesa: Anglo, Sansinena, Armour—por la cual fue detenido y enviado a Neuquén, donde fue brutalmente golpeado).[11] En la novela se hace referencia al duro enfrentamiento que dentro del gremio mantuvieron Reyes, propersonista, y Peter, por el dominio del sindicato; con el apoyo de Perón, Reyes arrebató al comunista el manejo del gremio y estos obreros junto a muchos otros serán de los que marcharán hasta la plaza de Mayo el 17 de octubre de 1945 para reclamar la presencia y la libertad de Perón,[12] Armando Guerri (Miguel Miranda, que fue presidente del Banco Central en el primer gobierno peronista (1946) y en gran parte el autor e inspirador de la política económica del período 1946-49; cayó en desgracia con Evita y renunció a comienzos de 1949), Menzano (Ramón A. Cereijo, que fue ministro de Hacienda en el gabinete peronista de 1946).

Entre los personajes que pertenecen al segundo grupo, aquellos que representan tipos sociales característicos de la época, deben mencionarse algunos dirigentes sindicales comunistas, como Félix Murguiondo, cuya vida se narra con la técnica biográfica retrospectiva tan característica de la novela décimonónica (pág. 14 y ssgs.), y se indican los valores que dan sentido a su vida: la solidaridad, los valores e intereses colectivos que siempre se sobreponen a los individuales de tipo "burgués," la firme creencia en el futuro de la humanidad, en el mejoramiento del hombre, en que los fines son más importantes que los medios, en su odio básico contra "los capitalistas y los reaccionarios," pág. 25. Otros dirigentes como él son Fernando Bau, Antenor Aguirre, Frutos Lamarca, todos comunistas; Hipólito Ojea, que se declara "cristiano" y desconfía de los otros, pág. 47.

Otro personaje típico, llevado hasta la desmesura y que muestra varias notas folletinescas es el policía Froilán Abregú, que reúne todas las características del "tipo": "rostro abultado, algo rojizo, la nariz grande y unos ojillos sagaces que pestañeaban sobradoramente. Un pestañeo de pájaro," pág. 117; Abregú es policía, y el narrador va definiendo su carácter con leves acotaciones: "Profesional de la duda, Abregú sólo confiaba en su experiencia," pág. 118; "Abregú se mostraba frío como un símbolo, distante de todo afecto como deben ser los símbolos. El obedecía a potestades frías, abstractas, impersonales, que representaban una clase... Secreción del Estado, del cual no era más que un instrumento... Inhumano con los inferiores era untuoso y servil con los que mandan," pág. 119. "Abregú. Primitivamente, formó parte de las legiones obreras. Su traición provino de su exceso de amor propio, viéndose postergado en su sed de mando por la inteligencia y actividad atea de los comunistas." "En su adolescencia, una muchacha que él creía virgen y pura, le había trasmitido una enfermedad inconfesable. Este hecho marcó toda su vida con el signo del exterminio. Aquella humillación, brutal y cínica, exigía saciarse con sangre, neurosis y escepticismo. Cada herida o golpe inferido a su víctima, era para él una grieta en el velo tras del cual vivía, grieta que permitió que su resentimiento y aislamiento individual irrumpieran y encontraran una forma objetiva y concreta en las torturas destinadas a sofocar la lucha social. Se sentía liberado de su humillación." "No tenía razón alguna para creer en la belleza de esta vida por la que circulaban cleptómanas, adúlteras, "scruchantes" y comunistas, en confusa procesión como ratas de alcantarilla... cualquier actitud sana y valiente ante la vida le traía el recuerdo hiriente de su humillación... Paradojalmente, él no era ya el policía, sino el preso." Como confirmación de todo esto, un personaje pregunta a Abregú qué ha querido hacer, qué lo hace feliz, y Abregú responde: "—Están el juego, la coca, las minas, ¿no? Las carreras, el fútbol, ¿no es cierto?, la especulación. Yo prefiero la venganza," (págs. 121-125). Es un tipo: el policía duro, que obedece las órdenes sin discutirlas, que golpea y tortura a los comunistas y socialistas. Ninguna de las notas que el narrador le adjudica alcanzan a convertirlo en un personaje verosímil o humanamente coherente. Lo típico supera de modo absoluto lo humano cotidiano, y lo despoja de toda verosimilitud psicológica.

Personaje típicamente inventado, nacido del folletín y de su desmesura, ser que el lector de novelas "realistas" no puede aceptar por su falta de verosimilitud concreta es el llamado Francisco Mori, espía, estudiante de derecho, homicida movido por el sentimiento de justicia, prófugo de esa misma justicia, amigo y enemigo de la policía, miembro del F.B.I., del Intelligence Service, espía sincero del coronel Bustos, espía traidor de Sam Dodge. Es Mori quien se va a encontrar con el coronel Bustos y a quien éste agradecerá la "información" que le permitirá luchar ventajosamente contra el entonces embajador de los Estados Unidos. Nacido en Huasa Pampa, descendiente de nobles italianos, hombre de confianza del coronel, Mori es dueño de una folletinesca "biografía" (págs. 39-71) que se desarrolla en varios puntos del globo y que se manifiesta en diversos nombres y oficios: Francisco Mori, agente de bolsa y corredor de comercio; el conde Patrizzi di Piaggio, admirador del fascismo y anticuario; Sofanor Antúnez, obrero textil que aparece como amigo de los dirigentes obreros comunistas y peronistas; su nombre verdadero: Humberto Falchi (pág. 41).

Este personaje, además, sabe casi tanto como el narrador omnisciente de la obra y posee una conciencia histórica y política que sobrepasa a la de todos los otros personajes de la novela. Lo cual se convierte en otro factor fundamental de su falsedad: sabe de los acontecimientos lo que sabrán algunos que vivieron diez años más tarde de dichos acontecimientos. Es frente a Mori que escuchamos una serie de afirmaciones del coronel Bustos que explica el sentido de su lucha y su concepción de la política. (págs. 230-237).

Hemos dicho que lo novelesco y lo histórico se combinan de manera visible en lo que respecta a los personajes. En cuanto al espacio podría decirse que gran parte de las referencias a lugares y hasta a calles, edificios, aún direcciones de la novela, son históricamente verdaderas. Por eso no hay casi descripciones espaciales, debe hablarse más bien de referencias y menciones directas que resultan suficientes para que ese lector "que sabe," reconozca inmediatamente a qué suceso o momento de la saga peronista está haciendo referencia el narrador. Unos pocos ejemplos bastarán para mostrar esta intención evidentemente "documental" a través de las referencias a casas, ámbitos, edificios, calles que hay en la novela. Además del uso directo del nombre del lugar:

...avenida de los Constituyentes...la avenida General Paz..., (pág. 11)
Permaneció un momento en la plaza de la República... A lo largo de la avenida Nueve de Julio... (págs. 77, etc.)

En numerosas ocasiones el narrador apela a la referencia indirecta:

—Bueno, mañana a las seis, allá...
Ya sabían lo que era: "allá," la esquina de Posadas y Carlos Pellegrini, cerca de la casa particular de Bustos. (pág. 48)

La calle Posadas se desvaneció delante de él, nada quedaba ya más que una distancia con obstáculos: la gente. Fermín Ibarra se irguió un poco y les lanzó una mirada firme...le recordaba aquella noche que pasara atento, junto al hombre de la situación.
Dió vuelta en Carlos Pellegrini y caminó más lentamente...," (pág. 75)

En los dos ejemplos anteriores, Ibarra (C. Reyes) y otro personaje se refieren a un apartamento que Perón tuvo durante años en la calle Posadas, lugar donde vivió con Evita antes de ser elegido Presidente en 1946, y que distaba media cuadra de la esquina con Carlos Pellegrini, en el barrio Norte de la ciudad de Buenos Aires. Barnes menciona en su libro el lugar y la calle y hasta reproduce una fotografía de Evita tomada en el interior de dicha vivienda.

En otros casos el lugar sirve para remitir a sucesos reconocibles por los que saben:

San Juan arrasada y sepulta entre los escombros. Observó todavía sonriente los 42 millones marcados por el optimismo popular en el alto termómetro del obelisco... (pág. 78)

Referencia al terremoto que destruyó la capital de San Juan (14 enero 1944) y a la colecta pública que Perón dirigió para ayudar a la reconstrucción de la ciudad.

Hasta las referencias a acontecimientos obligan al lector a "estar en el asunto" para entender de qué está hablando la novela:

—Vivimos momentos intensos. Esta noche, sabemos, Campo de Mayo marchará sobre la Casa Rosada. Excepto uno, están todos los cuerpos copados. El salteño no será presidente... Y se viene... (pág. 21)

Esto, dicho por un personaje, anuncia la que después se llamó Revolución de 1943, que tuvo lugar en esa fecha. El candidato oficial para las elecciones presidenciales era el político salteño (de la provincia de Salta, al noroeste de Argentina), Robustiano Patrón Costas, rico propietario de ingenios azucareros y miembro del partido conservador. Una de las causas de la revolución mencionada fue la intención de impedir que el terrateniente llegara a ocupar la Presidencia, ya que tenía el apoyo incondicional del entonces primer magistrado, Castillo, y ésta se produjo el 4 de junio porque ese día iba a proclamarse la candidatura de Patrón Costas por el partido Conservador. En otro pasaje, un personaje de la novela también hace referencia irónica al "salteño" (pág. 91).

Hay además escenas, capítulos breves, que tienen lugar en determinados sitios y el autor se limita a señalar el lugar en la ciudad poniendo como acápite el nombre del mismo: "Avenida Alvear," (pág. 241); "Plaza San Martín," (pág. 251, etc.). En otros casos es necesario saber de qué está hablando el narrador, es decir, qué episodios del período setiembre-octubre 1945 está describiendo la novela para identificar el edificio en el que esos hechos ocurrieron:

Adentro, en el salón 'Doré' del enorme edificio, todos los rostros parecían de cera; tensos, alargados, mostraban la marca de alguna dolorosa prueba—el temblor de un párpado, una tosesilla nerviosa...

Claro está que se trata del Círculo Militar, en el que tuvieron lugar los días 11-12 de octubre de 1945 varias reuniones esenciales para el destino de Perón.

Este referirse a hechos históricos, lugares y episodios de manera indirecta para que el lector "que sabe" pueda inmediatamente reconocerlos, se da también en ciertas referencias concretas a los personajes históricos que ocuparon lugares claves durante esos años. Por ejemplo, en diversos lugares de la obra se habla de los Generales I, II, III y IV; damos los nombres de cada uno, para que se los reconozca. General I, el Gral. Rawson, que encabezó la revolución del 43; lo sustituyó General II, Ramírez; a este siguió el General III, Farrell; y finalmente se habla en la novela de General IV, que fue el General Avalos, enemigo declarado de Perón.

Hay casos en que el narrador vela los nombres haciendo referencia a circunstancias externas, que facilitan al lector entendido reconocer los personajes: "... un almirante moreno y un general rubio..." (pág. 252)

Tal vez lo más sorprendente de esta novela "peronista" es que postula una serie de ideas políticas que poco tienen que ver con lo que públicamente dijo el líder del movimiento. Cuando en la última parte Mori habla con el coronel, y éste explicita algunos de sus puntos de vista, solo hace observaciones prácticas, agresivamente dirigidas a los políticos opositores. Pero poco de lo que en sí pensaba y decía entonces el personaje histórico. Si ahora intentáramos sintetizar una ideología en la obra, que podríamos deducir de una serie de afirmaciones que se ponen en boca de algunos personajes (Mori, Ibarra, el narrador, el coronel Bustos), descubriremos con asombro que Speroni expone una ética de la acción, una filosofía política socialista y humanista inspiradas en Sartre y el existencialismo, y no en la praxis paternalista y un poco bonapartista que fue la de Perón en la realidad. Vamos a transcribir las ideas básicas, citando textualmente, para no traicionar lo que se dice en la obra. Y que fue lo que de modo explícito señaló Sebreli en su examen crítico de la novela.[13]

En dos partes de la obra se explicitan puntos de vista sobre la acción y la Revolución, la vida propia y el destino de la nación y la humanidad. En uno dialogan y reflexionan sobre sí mismos Mori y Murguiondo (págs. 16-105); en otro largo apartado se enfrentan con violencia Mori e Ibarra y más tarde aparecerá en escena Bustos, que también dialoga con el espía y activista de múltiples personalidades (págs. 209-237). Probablemente sea Mori quien mejor explica por qué muchos hombres de la izquierda y numerosos de los partidos tradicionales apoyaron a Bustos (Perón), a pesar de que sabían que no coincidían con sus puntos de vista y sus tendencias dictatoriales. Vieron en él una manera de oponerse al imperialismo primero; y después una posibilidad de acercamiento y coparticipación del poder con las masas.

Desde una perspectiva general, puede decirse que todos los personajes persiguen el poder. De entre ellos deben destacarse Mori, Ibarra, Spíndola y Murguiondo. Casi todos manejan ideas populistas, con cierta romántica e ingenua idealización de los derechos, el poder y la justicia de las masas (más que comunistas o marxistas, parecen a veces escucharse ecos de los anarquistas de comienzos de siglo). Para ellos, siempre vale más la multitud que el individuo, egoísta y limitado; los deseos y el poder de la masa son más importantes que la soledad aventurera del hombre solo.

Mori explica cómo un asesinato que él cometió siendo joven influyó en su vida y su concepción de la acción y de la política;

al explicar ese hecho como determinante, apela a aquella famosa afirmación de Sartre que decía que la existencia precede a la esencia:

Como no es la conciencia la que determina la vida, sino al revés—prosiguió suavemente Mori—, pienso que ese es uno de los primeros hechos de la vida que forjó mi conciencia. (pág. 57)

Pero, y aquí aparecen las numerosas referencias positivas a lo social y multitudinario, Mori explica que antes, cuando había matado al padre de una familia terrateniente, se había tratado de un "crimen individual que respondía a móviles egoístas" (pág. 16); ahora, al asesinar a un torturador,

...sentía en sí una firmeza inquebrantable; le parecía que su nuevo homicidio no era más que una sed apasionada de amor y de justicia. "Mi suerte está echada," pensaba, y luego se decía: "Sólo pertenece al hombre aquello para lo cual se ha decidido colectivamente" (pág. 16)

Al encontrarse Mori y Murguiondo, dialogan sobre la guerra mundial y aluden a la lucha entre el Eje y las potencias aliadas:

No me importa demasiado su ideología, o mejor dicho el matiz político de su pensamiento...Usted sabe que se juega en estos momentos el porvenir del mundo...
–Creo en muchas cosas, en muchas pequeñas cosas. Creo que, algún día, los hombres serán mejores seres humanos," (pág. 19)

Obsérvese una constante en las ideas de Mori: el optimismo utópico lanzado al futuro, que era frecuente en los anarquistas de comienzos del siglo XX.

Murguiondo, comunista como Spíndola, afirma sus puntos de vista contrarios al utopismo ingenuo y a la ética del "anarcos":

"En este mundo degenerado, él no podía usar las cualidades hermosas de que se sentía dotado; hubiera querido hacer algo decente y se le había impedido; de suerte que vino a ser una especie de orgullo hacer lo contrario de lo que había deseado. No era un anarquista, y comprendía que el engaño era la única ética posible de los individualistas; tanto lo comprendía como que él mismo lo había sido en otros tiempos. Lo fue antes... en su lugar natal...; lo fue más tarde...pero él, solo debió hacerse justicia por su propia mano... Era un individualista... El suicidio de su padre...Sintió que lo inundaba un odio regocijado hacia los capitalistas y los reaccionarios... Recordó que su padre hablaba de la hiena imperialista" (págs. 23-25)

Frente al amor de una mujer, Mori debe elegir entre esa pasión y su destino de revolucionario:

Sintió, por un momento, que se hallaba acorralado entre su vocación revolucionaria y su amistad y su necesidad física de ella.
—Solo los libertinos...se satisfacen totalmente con el amor. El amor en el sentido burgués,... (pág. 39)

Antes, Mori se ha definido a sí mismo como "Soy un hombre de lucha" (pág. 39). Y su motor esencial es liberar al proletariado, que ahora, en su lucha, ya no solo afectará a las otras clases, también las liberará:

...pero que esta lucha ha llegado por fin a una fase en la que la clase explotada y oprimida, el proletariado, no puede emanciparse ya de la clase que la explota sin liberar a toda la humanidad de la explotación y la opresión?... ¿Hacerle entender que él no era un espía, sino un revolucionario; y que la revolución, esperanza de tantos hombres pobres, presentaba una grandeza poderosa y áspera y era, por lo tanto, indestructible?" (pág. 42)

Mori debe explicar a Ojea, cristiano que desconfía de los comunistas y no quiere aliarse a ellos o ser confundido con ellos:
—Mi pobre muchacho —dijo—, cada uno conoce sólo su propio dolor. Pronto aprenderás a respetar solamente la pureza. (pág. 47)

El espía le mostrará que, tanto para los comunistas como para un soldado de la verdad católica, de la fe, se trata siempre de una forma del heroísmo; unos apuestan en Dios, en la eternidad; otros en la inmediata cercanía de la tierra:

—Hay dos maneras que determinan, en nosotros, la vida heroica, ¿no?
Ojea escuchaba.
—La del cristiano, el verdadero, que busca su recompensa más allá de este mundo; y es asunto del individuo... Y la otra...
Titubeó; hacía como que no comprendía, expresamente.
—¿Cuál?

Ojea sentía hacia Mori, una admiración afectuosa, aunque no exenta de rencor.

—La del que encuentra su recompensa, en la felicidad de sus semejantes, aquí en la tierra; y es asunto de la especie. (pág. 48)

La novela describe los encuentros y desencuentros de estos personajes (dirigentes sindicales, espías, militares, policías, torturadores, financistas, industriales, políticos, diplomáticos) que se enfrentaron durante esos años. Todos aventureros en busca del poder, o deseosos de lograrlo, influir en su desarrollo, dominarlo para sí, su grupo o su país. La mayoría de los personajes manifiesta una admiración irracional por la acción y la violencia que recuerda a Sorel y los fascistas de la primera hora, con su valoración del activismo como una forma de vivir y de transformar el mundo (activismo que también caracterizó a los comunistas de los 20 y los 30). A esto se suma la necesidad de tener grandes hombres como modelos, palancas de la historia que entregaron su vida en la acción y que siempre aparecen como justificados por sus ideales aunque sus actos puedan ser reprobables (en varias partes Mori justifica los medios como caminos para los fines):

La cárcel, es una buena escuela, si se tiene la dicha de conocer en ella a algunos grandes hombres. ¡Grandes! ¡Grandes! —dijo Murguiondo—. Hombres como de acero, maravillosos, que resisten cualquier afrenta porque saben que son superiores a ella. Yo he aprendido mucho a su lado, ¿sabe? Y una de las verdades que creo entrever es ésta: la burguesía es fatua, miedosa y confusa. Esto lo dí vueltas y más vueltas por las noches mientras escuchaba por los corredores el taconeo del guardia. El burgués, no es fuerte sino débil. El burgués, no sabe distinguir un verdadero grande hombre, un genio de la acción o el pensamiento, de un canalla. Para la burguesía el rufián es un genio y el genio un rufián. ¡Ah! —exclamó haciendo un gesto con la boca—. ¡Cómo hacerles comprender lo que es la vida, sino por medio de la violencia! ¡La violencia! ¡Adoro esa necesidad de actuar, de echar afuera esa energía poderosa que nos va consumiendo por dentro! (pág. 58)

Mori expone—desde su situación—las justificaciones de su apoyo a Bustos y la necesidad de estar con él aunque no se compartan sus puntos de vista y eso signifique la pérdida de la libertad. Primero que todo Bustos apela a una unión de clases sociales para combatir al imperialismo. Murguiondo, comunista, le pregunta a Mori cómo, siendo un revolucionario y creyendo en el proletariado y en la lucha de clases, apoya a Bustos:

—¿Cómo es que, pensando lo que piensa, y sintiendo lo que siente, puede trabajar para los...?
Mori lo miró divertido durante un momento y se le dulcificaron las facciones.
—Usted, en el fondo, es un romántico—dijo en un tono de voz deliciosamente ingenuo—. Y como tal, nada le satisface más que desconocer los hechos y dar rienda suelta a las ilusiones y fantasías...
—¿Qué esperaba usted? ¿Acaso que yo mostrara el fondo...—sonrió maliciosamente—, rojo de mis entrañas, y consintiera en hacerme cómplice de aquello de que un hombre que ama apasionadamente a su patria es un enemigo de la humanidad? Un verdadero argentino, en épocas normales, no puede ser espía... Pero estamos en la guerra y la única manera de salvar a la Argentina del ultraje es apoyarla en lo que tiene de más vivo. El imperialismo se desatará en el mundo, una vez lograda la victoria, y entonces ya sabremos a qué atenernos. Luchamos contra todos...combatimos la infamia, la abyección y el caos.
—Y lo dice tan tranquilo...
—Pero no lo estoy, sino en apariencia. El único ser que ve nuestra realidad, en estos momentos, es... Bustos. Porque, a pesar de todo, Murguiondo, todo suceso trascendental ocurre primero en una sola persona. Todo sentimiento que algún día conmoverá a la muchedumbre, se gesta en la soledad alta y fría del individuo. La burguesía industrial, a la que él debe representar, ciega, como siempre, no lo verá. Entonces... el Coronel, para abrirse paso y sostener después, necesita estas dos columnas: el proletariado, hoy desorganizado, y el ejército. (págs. 64-65)

Obsérvese la idea del genio solo que interpreta la realidad y entrega a la muchedumbre esas ideas rectoras. Aquí, la suma de Ejército y movimiento sindical, que ha sido una conjunción que siempre atrajo a los sectores nacionalistas del ejército argentino.

Ejército, sindicatos y burguesía industrial es la unión que Bustos necesita para luchar contra el imperialismo:

Nuestros obreros, Bustos lo sabe, apoyarán a la burguesía en cuanto
eso signifique resistir al imperialismo que no la deja crecer; pero nada
más que en esa dirección. Y a su vez, la burguesía se apoyará en el
proletariado, para frenar la extorsión económica de los mister
Dodge... (pág. 67)

Y siempre se considera a la masa como el motor y el poder
real en la Historia:

—La masa es lo único decisivo, como siempre. Y está con nosotros.
(pág. 104)

Sólo pertenece al hombre aquello para lo cual se ha decidido
colectivamente (pág. 17)

Comienzo a comprender que la garantía del individuo consiste no en
su esfuerzo personal... sino en la solidaridad (pág. 55)

...el proletariado solo podra liberarse si libera a toda la humanidad de
la opresión, (pág. 42)

El espía y revolucionario Mori no duda en aceptar un
gobierno dictatorial que apele a la violencia y el terror con tal
de llevar adelante los planes transformadores; será una masa
dominada y obediente, temerosa del poder:

—La masa...—insistió—. Para evitar la anarquía estoy de acuerdo con
que se instale, cuanto antes, una verdadera dictadura. El terror
paraliza, no sólo los actos, sino los pensamientos. Y el impío necesita
un comienzo de libertad frente al temor. Si conseguimos mover a la
gente y hacer algo violento y decisivo... Porque desde los tiempos de
Rosas... (pág. 105)

Casi al final del relato, Mori reflexiona sobre las acciones
inmorales que debe realizar y encuentra para ellas una justificación política:

La palmaria contradicción que existía entre la vida que llevaba y las
exigencias de su propia conciencia, le ocasionaba a veces sufrimientos atroces que se enmascaraban detrás de una tenue sonrisa.
Entregado a una función abyecta, para la cual una parte de su ser no
había nacido, reconocía maravillado, que sólo así, a través del engaño
y la mentira, podía realizar paradojalmente su ideal revolucionario.
Pero a veces no sólo no se quejaba de la humillante situación en que

había caído, sino que se complacía en ella. Su amor a la humanidad no podía conciliarse con su desamor a la Argentina. Pensaba que en el orden universal, había que ganar la guerra a los nazis, y en el nacional, apoyar a Bustos en sus esfuerzos anti-imperialistas... En el bien de los demás, de sus compatriotas, era necesario colaborar con un movimiento que buscaba la independencia aún a costa de la libertad. Si Bustos moría en aquellos momentos, su tierra, la Argentina, caería despedazada en el estómago de los aventureros foráneos, y todo se acabaría con ello.

Un pensamiento que al principio le pareció extraño, fue haciéndose más simple hasta convertirse en una clara verdad: los hombres, para reformar a otros hombres deben depurarse y mejorar, si no fracasan; lo esencial de nuestra vida, no es engaño, apariencia, y en definitiva dolor, es el olvido del yo para dedicarse al bien de los demás. Un Lenín, un San Francisco, habían alcanzado las más altas cimas de la santidad y por eso les era posible corregir a sus semejantes... ¿Era Bustos un reformador así? ... ¿No había otras actividades que pudieran hermanar coherentemente, su amor a la Argentina con su amor a la humanidad?... A Ibarra lo despreciaba. No era el hombre que, equivocado o no, se entregaba a un ideal heroico; era el asesino, el individualista, el ambicioso... (págs. 209-211)

Salvar el movimiento y la Revolución, aun a costa de las vidas y las ideas de los otros; esto es lo que llevará a Mori a entregar a Bustos toda la información que posee sobre el asunto, y a denunciar el complot del que participa Ibarra (en la novela, Ibarra aparece como confabulado con la oligarquía y el embajador de los Estados Unidos en un plan para asesinar a Bustos y Ada: exactamente la misma acusación que Perón usó para detener a Cipriano Reyes y mantenerlo siete años preso y sin juicio).

La novela de Speroni da un retrato más o menos exacto de los fines y las motivaciones que movieron a los personajes "reales" del período que se acercaron al movimiento encabezado por Bustos (Perón), y no parece exagerar demasiado cuando califica a sus participantes como "aventureros" y "jugadores" ("somos un pueblo de jugadores" dice uno de los personajes, pág. 99). En ese sentido la obra logra un friso dramático de cómo y por qué ciertos sectores se interesaron y apoyaron o combatieron al movimiento que estaba en sus comienzos. También se justifican las actitudes de cierta burguesía industrial y financiera que apostó al peronismo y lo acompañó durante casi toda su trayectoria. Aquí (como antes con los dirigentes obreros, los políticos, los aventureros), Speroni ha mostrado claramente que nunca se trató de un movimiento ideológicamente organizado y con propósitos y fines conscientes. Fue más bien un grupo que intentaba lograr el poder y lo consiguió a pesar de todas las oposiciones.

Tal vez lo más atractivo y lo que justifica a esta novela de acción revolucionaria no es—como ya dijimos—su mayor o menor verosimilitud psicológica y humana, sino su calidad testimonial en cuanto a dibujar las esperanzas, ilusiones y luchas que acompañaron el nacimiento de lo que más tarde se llamó peronismo. Pero no describe la realización del movimiento ni su toma del poder; ¿por qué? Speroni, con lúcida conciencia de la imposibilidad de proseguir la historia del período más allá de octubre del 45, cierra el volumen justamente en ese momento: el de las ilusiones todavía no realizadas, el de los grandes esfuerzos basados en una esperanza ilimitada, como ocurre y ha ocurrido siempre al comienzo de un nuevo movimiento político. Porque el problema que condiciona la novela es que la fe revolucionaria de los que apoyaban a Bustos, movidos o no por fines personales, iba a enfrentar ahora, después de febrero de 1946, la dura prueba del ejercicio concreto del poder. Y pronto iba a verse que el nuevo César no admitiría la más mínima posibilidad de compartirlo, y no iba a poner en marcha ninguna de las transformaciones sociales que muchos de los revolucionarios de izquierda que lo apoyaron esperaban. Tampoco satisfaría las esperanzas de los nacionalistas de avanzada. Apelando a un sistema alternativo de apoyos y distanciamientos frente a los grupos de poder (sindicatos, Ejército, burguesía económica, Estados Unidos), Bustos se aseguraría para sí la posesión constante de dicho poder.

NOTAS

1   Sobre el nacionalismo véase E. Zuleta Alvarez, *El nacionalismo argentino* (Buenos Aires: Carlos Pérez, 1975), 2 vols. M. Navarro, *Los nacionalistas*, (Buenos Aires: Jorge Alvarez, 1968).

2   Roberto A. Vagni, *Tierra extraña* (Buenos Aires: J.A.C.K., 1949), pág. 244.

3   No he encontrado en Page, ninguna referencia al episodio. Pero T.E. Martínez, en *La novela de Perón* (Buenos Aires: Legasa, 1986), 3a edición, págs. 139-143, cuenta detalladamente la huelga y la intervención del entonces teniente Perón.

4   El texto de la novela dice: "salieron (los obreros) al encuentro del convoy, disponiéndose en formación de guerrillas... dispuestos a todo. El recorrido del tren era de minutos, pero fue lo suficiente para que se le hiciera un nutrido fuego desde el monte. Al frente del destacamento militar iba el teniente Juan Domingo Perón, quien, al ver la actitud resuelta de los obreros, hizo detener el tren. Descendió de él y, sin permitir que nadie lo acompañara, se encaminó hacia los huelgistas pidiendo hablar con los cabecillas...," págs. 212-213. La nota del Autor, con el texto manuscrito por Perón, en la última página citada.

5   En Cárdenas y otros, *El Peronismo* (Buenos Aires: Carlos Pérez, 1969), págs. 179-180. Goldar critica duramente a Vagni por que éste atribuye a "agitadores profesionales " las actitudes de rebeldía de los obreros; y en cuanto al episodio, señala: "...la conducta del teniente continuará en el mismo tenor... en los años posteriores de su actuación pública: paternalismo precoz y capacidad de conducción..."

6   Es un poco la extraña sensación que produce en el lector desprevenido el final del cuento del tigre, con el que Sarmiento abre la parte de la biografía de Facundo en *Civilización y Barbarie:* de un relato costumbrista y que parece fictivo, pasamos en un salto inesperado y habilísimo a lo histórico, pero lo biográfico se carga de materiales míticos (la ferocidad del animal enfrentado al hombre se traslada al biografiado), y la esencia de esta vida dominada por la violencia y la muerte asume tamaño cercano a la grandeza de lo imaginario y lo ficticio. Los frutos de la imaginación, que en Sarmiento persiguen mitificar y engran-

decer la figura del caudillo, aquí, en Vagni, reducen lo novelesco a anécdota propagandística.

7 Jorge I. Perrone fue el seudónimo de Alejo Jorge A. Dully y su novela *Se dice hombre* fue editada en La Plata por el Ministerio de Educación de la Provincia de Buenos Aires en 1952, 173 págs. Todas las citas remiten a esta única edición, ya que la novela no fue reeditada.

8 Para los no informados: el 17 de octubre de 1945, una enorme manifestación popular se concentró en el centro de Buenos Aires y ante la Casa Rosada exigió la libertad de Perón, detenido en la isla Martín García y llevado después al Hospital Militar. Por decisión del gobierno, Perón fue puesto en libertad y desde los balcones de la casa de gobierno dirigió uno de sus más encendidos discursos a la multitud. La fecha, importante por muchas razones, ha alcanzado en la historia del movimiento político peronista y en la historia social argentina una indiscutible relevancia. Numerosas y opuestas versiones se han dado del origen, dirigentes y organizadores de dicho suceso. Ver: Félix Luna, *El 45. Crónica de un año decisivo* (Buenos Aires: Sudamericana, 1968). Del mismo, *Perón y su tiempo* (Buenos Aires: Sudamericana, 1984). Hugo Gambini, *El 17 de octubre de 1945* (Buenos Aires: Brújula, 1969). Consúltense además, Alexander, Blanksten, Potash, II, Rouquié II, págs. 63-72.

9 Las citas y referencias a esta novela están tomadas de Miguel Angel Speroni, *Las Arenas* (Buenos Aires: Fluixá editor, 1954). Indicaremos en el texto, el número de página. Sobre esta novela ver E. Goldar, "La literatura peronista," en G. Cárdenas, y otros, *El Peronismo*, (Buenos Aires: Carlos Pérez, 1969), espec. págs. 181-184; y del mismo Goldar, *El peronismo en la literatura argentina*, citado, págs. 37-39. Una reseña a la que haremos referencia es la de Juan J. Sebreli, en *Sur*, 234 (mayo-junio, 1955), págs. 104-106.

10 Esencial, Samuel L. Baily, *Labor, Nationalism, and Politics in Argentina* (New Brunswick, New Jersey: Rutgers University Press, 1967), especialmente págs. 71-89, como descripción del período que trata la novela de Speroni. En cuanto a cómo Perón trató a Cipriano Reyes, el dirigente sindical de la industria de la carne cuya ayuda hizo realidad el 17 de octubre y cuyo partido le permitió ganar las elecciones de 1946, véase lo que imparcialmente narra Baily, págs. 105-110. Perón apeló siempre a un método seguro y simple para terminar con el movimiento obrero independiente en la Argentina, o para acallar a los opositores y disidentes políticos (en su partido o en otro): convertir cada

oposición o disidencia en una cuestión de lealtad patriótica. El (Perón), representaba siempre los intereses de la Patria, y sus opositores o disidentes los de la anti-patria (como dijo tantas veces), o los de la traición. Para eliminar toda forma independiente de organización sindical, Perón debió destruír el partido Laborista, que era un grupo político basado en estructuras sindicales. Como ha escrito Baily: "Perón usó una variedad de métodos para destruir la independencia del movimiento sindical. Haciendo que los trabajadores debieran recurrir al estado y a él mismo para mejorar su situación económica, Perón fue gradualmente minando el poder de los líderes gremiales democráticos. Pero su técnica más efectiva fue hacer lo que él mismo había hecho para derrotar a los socialistas y comunistas: convertir cada conflicto en un problema de lealtad a la Nación. Perón definió cada situación de tal manera que aquello que él quería aparecía como algo bueno para la Nación, y que aquello que perseguían o querían los opositores apareciera como anti-argentino. Para ser más específico: Perón identificó a los líderes democráticos con los intereses foráneos, trató las huelgas no autorizadas como actos de traición, y acrecentó el número de miembros de las organizaciones laborales con obreros antiliberales que aceptaban a él mismo como el líder sindical, como la encarnación del gobierno y el patrón de la Nación," Baily, pág. 105.

11   En la novela se describe el "tratamiento" que los guardianes daban a todo dirigente gremial o político de izquierda (o acusado de serlo), al llegar a Neuquén: "En forma vertiginosa desfilaron por su mente las escenas horribles del penal. El era un preso "común" y sin embargo compartía la celda con los detenidos políticos; en su mayoría "bolches." Había que ver lo que era eso. Al desembarcar les hacían formar fila entre dos hileras de "gayegos." Hay que ver lo que eran los "gayegos." Me acuerdo aún de esa escena con vergüenza y con dolor. Yo les había visto pegar muchas veces pero nunca con tanta crueldad; enarbolaban el látigo y golpeaban brutalmente hasta convertir a cada uno en una masa de sangre," págs. 27-28.

12   Josephs: "October 11th, 1943. The 20,000 packing-company laborers on strike for the past ten days have insisted they wouldn't return to work until so advised by plump and stolid José Peters, Secretary of their Union, whose arrest was followed by his deportation to a concentration camp in far south Neuquen. On Saturday, alarmed by the continued hold-up of shipments to

England and fearful that the precious meat contract might be affected, the Army—reportedly on orders of Perón—sent a special plane down to fetch him back. Yesterday he spoke to 25,000 workers in Avellaneda, advising them to return to work. Perón promised he would procure demanded salary increases as well as the liberation of certain leaders," págs. 181-82. Perón cumplió con estas promesas y consiguió para el gremio mejoramientos en las crueles condiciones de trabajo en los frigoríficos (en los que se llegaba a trabajar jornadas de hasta 14 horas en las cámaras frías) y permanencia en el trabajo, cosa que parecía imposible en los años 20 y 30. Véase además lo que narra Speroni en su novela, págs. 30-32, sobre la dura vida de Spíndola, (Peter); pág. 47, persecución de Spíndola por la policía; en págs. 76-77, sobre la dureza del trabajo en los frigoríficos; págs. 84-85 las luchas internas en un frigorífico para que Ibarra, "bustista," reemplace al viejo dirigente comunista en la dirección del comité de fábrica; la lucha feroz por el dominio del sindicato de la UOCRA entre Ibarra y Spíndola (Reyes y Peter); págs. 109-110, conversación entre el policía Abregú e Ibarra, en que éste último recuerda sus años como dirigente combativo y de alguna manera se compromete a impedir toda huelga en el gremio de la carne a cambio del Secretariado de la CGT, págs. 118-122. Véase además Barnes, págs. 35-36, para una exacta descripción de cuáles eran las terribles condiciones de trabajo que los frigoríficos imponían a los obreros, qué intervención tuvo en la huelga de 1943 José Peter y cómo Péron logró conquistarse el apoyo obrero concediendo a los trabajadores una serie de valiosas mejoras.

13   La reseña de Sebreli—leída hoy—resulta ingenua y extrañamente favorable a la novela. Produce la impresión de haber sido escrita con entusiasmo, casi diría con pasión. Apareció en *Sur*, exactamente cuando ya era fácil percibir la próxima caída del régimen (junio de 1955). El examen de los personajes hecho por Sebreli muestra que el ensayista o no alcanzó a darse cuenta de que era una obra en clave, o rechazó tal posibilidad, o no habló de ella por temor a la censura de la época. Califica a Ibarra de "personaje arltiano" y parece ignorar que esa figura ocultaba la trágica de Cipriano Reyes. Lo más importante de las tres densas páginas de Sebreli es que fue el único que captó la influencia sartriana en la obra (claro que sin hacer referencia directa a ella), y el único que vio los aspectos positivos y negativos de la novela. La reseña además es valiosa porque documenta una vez más la poderosa potencia hipnótica con que el fenómeno peronista

siempre deslumbró a los ideológos y políticos de izquierda en la Argentina. Esas manifestaciones multitudinarias, esos cien mil hombres, mujeres y niños que cantaban y gritaban el nombre del líder, reunidos en manifestaciones pocas veces igualadas por su entusiasmo y su rotundidad popular, siempre conmovieron profundamente a los teóricos de la izquierda en la Argentina, cuyos pequeños partidos jamás fueron capaces de juntar multitudes semejantes. La masa, el proletariado del que tanto habían pensado y escrito, estaba ahí, en las calles, y se manifestaba ruidosamente por un candidato y un movimiento que carecía de todo rasgo cercano a la izquierda o a los postulados de Marx o de Sartre...Sebreli examina lo que dicen varios personajes (sobre todo Mori y el viejo Pampa) y termina comparando la novela de Speroni con las de otros famosos autores de novelas políticas: "La Revolución es un movimiento dialéctico de dos fases; la subjetividad de los móviles personales, es decir la libre elección de un hombre solo, es decir la aventura; y la objetividad de los fines revolucionarios, es decir el trabajo consciente, responsable y solidario, es decir la militancia. Una visión conjunta de ambas perspectivas—sin caer en la unilateralidad de ninguna—, la comprensión de la contingencia y la ambigüedad fundamental, y la síntesis de las contradicciones que implican, constituyen la grandeza de la novela comprometida de Malraux, de Nizan, de Sartre, de Simone de Beauvoir, y entre nosotros, creo que por primera vez, de Speroni." (pág. 106)

IV. MANUEL GALVEZ,
O EL CATOLICISMO CONSERVADOR

...en medio de la lucha veía el avance de grandes masas proletarias, la
entrada en acción de un hombre nuevo, que no era el hombre de la
simple multitud... sino el hombre que se siente formando parte de la
masa... que tiene conciencia de su poder, de su justicia, de sus
derechos contra el privilegio... ¡Vivir en multitud!... Había un conflicto
trágico entre el hombre y la masa, y todo, indudablemente, demostraba la próxima derrota del hombre... Hasta la cultura, que parecía lo
más individual que existiese, habíase olvidado del hombre para
dirigirse a la masa. ... Claraval pensaba que el hombre perdería no
sólo su individualidad, sino también, su alma... Vivir en la multitud. A
él lo horrorizaba. (Manuel Gálvez, *El uno y la multitud*)

El realismo francés del siglo XIX, el que tiene sus ejemplos más
valiosos en Balzac, Stendhal y finalmente Flaubert, no llegó a
Gálvez (1882-1962). Don Manuel más bien debería ser colocado
entre los discípulos directos de Pereda y el primer Galdós, con
su intervención permanente en la acción, con sus opiniones
personales que afloran con motivo de cualquier situación, hecho
o personaje, o se expresan directamente por boca de algunos de
ellos. Este realismo primario, ingenuo, este realismo que todavía no ha aprendido las sutiles trampas para ocultar la voz del
narrador y la del autor, es el que caracterizó a Manuel Gálvez.
Esto explica que en ninguna de sus numerosas obras haya bus-
cado la impasibilidad (o lo que se persigue representar con
ella), el espejo de que hablaba Stendhal, una objetividad concreta y aparentemente científica. Muy por el contrario, en todas
sus novelas es posible descubrir el o los agonistas por cuya boca
habla el autor; y en muchas partes es frecuente escuchar las
opiniones de Gálvez, no ya ocultas en la neutralidad relativa
de la tercera persona, sino directamente por boca del narrador.

Lo que Gálvez tomó del realismo decimonónico fue, en primer
lugar, la técnica de la cuidadosa documentación previa (el

dossier de los franceses; véase lo que él mismo escribe en *El mundo de los seres ficticios*, 1961). Por eso gran parte de su obra vale hoy como un documento de altísimo valor, como un testimonio descriptivo muchas veces logrado de ciertos períodos, momentos y problemas concretos de la vida argentina. Quien quiera conocer cúal era la situación de los escritores e intelectuales de Buenos Aires en las dos primeras décadas de este siglo, deberá recurrir inevitablemente a *El Mal Metafísico*. Para conocer la forma de vida, las costumbres, los valores que regían ciertas dormidas ciudades provincianas del noroeste argentino hacia 1920, deberá leer *La maestra normal*. Y lo mismo puede decirse de su hermosa reconstrucción de la época de Rosas, de su pintura de la Córdoba de comienzos de la centuria, de su rica novela sobre el mundo *turfístico*, etc. Y como el autor no disimula en ningún instante sus opiniones, sus textos sirven, claramente, como muy concretas manifestaciones de las ideas y actitudes que su grupo asumió ante episodios determinados de la realidad social y política argentina. En ese sentido las dos novelas de Gálvez que analizaremos a continuación servirán muy bien para caracterizar las opuestas y distintas actitudes que el catolicismo conservador argentino asumió frente a dos momentos claves del régimen peronista: el del nacimiento y afirmación del movimiento (1945-1950) y el de su polémico enfrentamiento con la Iglesia (1954-1955).

Su mejor novela—según la mayoría de los críticos—sirve también para este mismo fin. *Hombres en soledad* (1938), es un extenso friso que nos informa detalladamente sobre las ambiciones, los deseos, las formas de vida de ciertos grupos de la oligarquía tradicional argentina, entre los pródromos de la revolución setembrina de 1930, y los años posteriores, antes del comienzo de la segunda guerra mundial.

Se ha señalado con acierto que en Gálvez prevalece lo descriptivo (el realismo documental) sobre la creación de personajes y la calidad de la trama. Que los agonistas y las situaciones de sus obras se supeditan casi siempre a la decisión visible del autor de mostrar, de describir, antes que narrar (N. Desinano). En *Hombres en soledad*, Gálvez logró por casi única vez equilibrar perfectamente la pintura del momento histórico, con las aventuras y avatares personales de sus seres de ficción. Hay una evidente congruencia, una correspondencia funcional entre las existencias de los personajes y los hechos y circunstancias históricas que los rodean. Ni lo social y político se dan como un marco externo, convertido en mera crónica adosada al desenvolvimiento dramático de la novela. Ni esta última carece de una estructura formal más o menos lograda y coherente. Ni los personajes parecen meros representantes de corrientes ideológicas y sociales.

En esta novela Gálvez describió las actitudes y reacciones que miembros de su grupo social, tuvieron frente al golpe uriburista de 1930; sus esperanzas previas, alentadas por el triunfo y primeros éxitos del nazismo y fascismo europeos, así como el proceso posterior del régimen que desembocó en la negativa realidad de Justo, lo cual los llevó al desconsuelo y a la desesperación: habían perdido el poder político real, estaban perdiendo también el poder económico y el combatido liberalismo masónico se había convertido en cabecera de puente y servidor incondicional del imperialismo anglosajón.

¿Por qué nos ocupamos de esta obra, antes de analizar *El uno y la multitud* (1955)? En primer lugar el núcleo familiar en torno al cual se desarrolla la acción de la novela de 1938 es casi el mismo: la familia Claraval, conocidos y amigos (Brígida, los Loira, su tío, etc.) reaparecen en la novela centrada en la primera etapa del peronismo. Pero hay algo más que también es importante destacar. Entre ambas obras se da una evidente relación que nace del proceso histórico mismo vivido por el país durante esos años. Y ese proceso histórico está directamente relacionado con la situación económica y política de la clase central a la que se alude en *Hombres en soledad*: la oligarquía terrateniente. Entre 1938 y 1945 esa clase verá decaer su influencia política y también su situación económica sufrirá visibles deterioros. Mientras en el período justista había sido desplazada de los puestos de mando por los abogados y empleados que servían a las compañías y frigoríficos extranjeros, en el período peronista se verá sometida y dominada por un nuevo elemento social: los obreros y la clase media (empleados, administradores, técnicos, profesionales) que ocuparán ahora el centro de la escena política. Lo singular es que ese nuevo motor de la realidad social no aparece sino muy contadas veces en la novela *El uno y la multitud*, pero está siempre presente, como un *deus ex machina*, a través de toda la obra. La situación histórica y social que rodeaba a los personajes en 1938 ha variado sustancialmente, y el elemento dinámico de toda la acción en la obra de 1955 es también distinto. Ahora se trata de una clase social lanzada a la conquista del poder político, dirigida por un líder que solamente en ciertos aspectos se parece a la imagen del "jefe" deseada y estimada por Gálvez y su grupo.

Como escribió Norma Desinano:

el pueblo, el proletariado que Gálvez había tratado literariamente en algunas de sus novelas anteriores, aparece ahora como una fuerza en acto, que el autor hace aparecer muy poco en la ficción, pero que es la clave de muchas de las reacciones y situaciones de la novela. Un nuevo líder, Perón, cercano en algunos aspectos políticos al nacionalismo de Gálvez, permite al autor realizar una nueva encarnación de su hombre fuerte, capaz de llevar a cabo los objetivos del nacionalismo. Otro elemento que presta a esta novela un carácter distinto al de *Hombres en soledad* —a pesar de tratarse en ambos casos de un mismo protagonista—es la aparición de una nueva generación de jóvenes que, sin separarse en la ficción de la ideología nacionalista, representan puntos de vista un poco diferentes.[1]

El uno y la multitud, y en esto reside su excepcional valor histórico, consiste fundamentalmente en la pintura de las reacciones de un grupo central de personajes pertenecientes a ciertos niveles de la oligarquía frente al momento político que vivió el país entre 1942 y 1947. En ese grupo debemos destacar dos sectores muy bien diferenciados por el autor. El del juez Claraval, que pertenece a la oligarquía empobrecida (descendiente de antiguos poseedores de tierras), y el de los administradores de empresas extranjeras, cuyo paradigma es Loira, que dependen de esos intereses y los sirven en su acción imperialista en contra del país.

Claraval expresa y tipifica con una claridad desusada no solamente las ideas y opiniones del mismo Gálvez, sino que a través de sus monólogos y pensamientos se manifiestan las que sostenía todo un sector político argentino. El hijo de Claraval, Tito, estudiante de medicina, encarna en el libro los ideales de los jóvenes nacionalistas de esos años, con sus ribetes agresivos, fascistizantes, católicos, paternalistas y populistas, y con su sostenida actitud antiimperialista en contra de la dependencia de Inglaterra y de los Estados Unidos.[2] En la reacción —por ejemplo—de Claraval, frente a las medidas obreristas de Perón, es posible ver ciertos progresos, ciertas formas de apertura que superan algo las posturas de tibio reformador social que Gálvez alentó en los años 20.[3] Desde este punto de vista, la figura del juez permite un análisis muy atractivo de las disímiles influencias ideológicas que conformaron al novelista. Y si comparamos las reacciones de este personaje, con las que Gálvez expresó en obras anteriores (como *La maestra normal* o *Historia de arrabal*) veríamos que —en el fondo—Gálvez no había cambiado demasiado.

Con respecto a los sectores marginados, Claraval se da cuenta de la difícil situación económica que soportan, de sus elementales necesidades materiales. A través de su mujer, Bela (pp. 29-31), Gálvez señala la insuficiencia de la caridad, la necesidad de cambiar situaciones extremas e intolerables. Y lo que propone no pasa de ser un elemental reformismo. Su cristiano rechazo de la injusticia se une, como en Claraval, a un temor incontenible frente a la palabra revolución o a cualquier tipo de medida socializante (un ejemplo típico en las pp. 63-64).[4]

El capítulo IV de la primera parte está dedicado a expresar las ideas de Claraval en cuanto a los problemas sociales (págs. 34-41); ellas difieren muy poco de las expresadas por Gálvez durante toda su vida: situación de esclavitud de los obreros en ingenios y fábricas, salarios bajos, incumplimiento de las leyes obreras. Y termina echando la culpa de todo al imperialismo (p.36). Por eso reitera varias veces, ya en boca de Bela, ya en la de Claraval, la frase de Perón: "que no haya ricos demasiado ricos, ni pobres demasiado pobres." Tanto Claraval como su hijo apuntan a un evidente paternalismo. A medida que avanza el libro, y las medidas sociales del peronismo se acentúan, un cierto temor comienza a roer el pecho impoluto del juez. Al comienzo del capítulo XXIII, leemos:

> Comenzó el año 1945, uno de los más trascendentales y agitados de nuestra historia... Año de infierno, de vida imposible, desagradable, histérica, rabiosa...
> Gervasio Claraval... en medio de la lucha veía el avance de grandes masas proletarias, la entrada en acción de un hombre nuevo, que no era el hombre de la simple multitud, de la agregación de millares de hombres unos a otros, sino del hombre que se siente formando parte de la masa, que se mueve por un tremendo empuje hacia adelante, que tiene conciencia de su poder, de su justicia, de sus derechos contra el privilegio. No era el viejo 'pueblo' de los políticos liberales, sino la moderna masa revolucionaria.
> A Tito, Claraval le había oído decir varias veces: —La libertad sólo favorece a los explotadores. Si se deja libertad de prensa, como la que antes había, los yanquis comprarán los diarios y harán tremendas campañas contra la justicia social y la recuperación nacional. El capital no tiene entrañas. Hay que amordazarlo para que no grite.
> Claraval no exponía sus opiniones delante de cualquiera. Por el contrario, las callaba. Había sido siempre individualista y liberal. ¿Cómo dejar ver que había cambiado de ideas? Pero ¿había dejado por completo de ser individualista y liberal? Él creía que no. Y acaso algo le daba la razón, porque más de una vez, ante un avance del Poder, una protesta se había erguido en su interior.

A Gálvez, como a tantos revolucionarios de izquierda, liberales, ateos y anti-católicos de esos años, le molestaban los aspectos populistas del peronismo, la invasión que pacíficamente cumplieron los obreros y empleados, disfrutando en grandes grupos de los lugares veraniegos que hasta 1945 habían estado reservados solamente para una minoría. A través de las palabras de Claraval nuestro novelista expresaba su misoneísmo oligárquico y despectivo, su desprecio y su temor por las multitudes que podían viajar, que podían ir de vacaciones, que habían cambiado sus costumbres y empezaban a transformar el rostro mismo de muchos lugares del país. Por eso califica a Mar del Plata como "feria de impudores": le horrorizan el amontonamiento, la relativa promiscuidad, el rozarse de las epidermis, la mostración desnuda del cuerpo. Los colectivos (autobuses) le merecen el calificativo de "colectivismo... de traseros y olores", y proseguía:

...esto del baño en las playas marplatenses le parecía mucho peor. El no era moralista pero prefería el pecado en secreto, el pecado que parece avergonzarse de sí mismo, de esta exhibición de carne humana...

¡Vivir en multitud!... La actual vida en multitud, horrible para el hombre que se ha formado en la existencia individualista y vivido en ella, será, a juicio de Claraval, el modo de vida del futuro. Había un conflicto trágico entre el hombre y la masa, y todo, indudablemente, demostraba la próxima derrota del hombre. Todo cuanto ahora se hacía era para la masa: los gigantescos edificios, las ciudades inmensas, las universidades populares. Hasta la cultura, que parecía lo más individual que existiese, habíase olvidado del hombre para dirigirse a la masa. El humanismo desaparecerá o se refugiará en donde pueda, como en la Edad Media, en los conventos. El dolor del hombre formado en la cultura individualista será ver cómo, al vivir vida colectiva, se irá convirtiendo en una infinita partícula de la masa. Claraval pensaba que el hombre perdería no sólo su individualidad, sino también, su alma... Vivir en la multitud. A él lo horrorizaba.

Esta actitud ante las multitudes, este temor sumado al desprecio frente a los grandes grupos que Perón logró reunir y manejar durante su gobierno con habilidad de maestro, está magníficamente expresado por Gálvez en su descripción del 17 de octubre de 1945. Su pintura permite ver en primer lugar el apartamiento, el rechazo frecuente que los intelectuales siempre han manifestado ante las opiniones masificadas; pero a la vez ella sintetiza no sólo la actitud del grupo que representaba Gálvez, sino también la reacción de numerosos sectores políticos e intelectuales argentinos que en esos años cruciales se opusieron a la falta de gusto, a la grosería, a la bastedad y ordinariez de quienes apoyaron a Perón (conservadores, liberales, católicos, socialistas, comunistas, radicales, etc.). Lo que valoriza esta página de Gálvez es que él se atrevió a confesar claramente sus opiniones y sentimientos:

Pegado a la radio, Claraval enterábase, no sin algún asombro, del despertar de *las plebes*... De pronto, gritos en la calle, Claraval corrió a la ventana de su escritorio y la abrió de par en par... Era una columna como de dos cuadras, que pasaba cantando, vitoreando y riéndose.

Dan vivas al coronel Perón—le informó su marido—y piden su libertad. Fíjate ¡qué curioso! No dan mueras a nadie, ni insultan a las ventanas de los oligarcas, que se están cerrando con hostilidad. No levantan el puño. No amenazan de ningún otro modo.

—Y casi todos son muchachos! Todos, mejor dicho. No se ve un viejo. Parecen muchachos de veinte, de veinticinco años. Y se ríen, y cantan...

Fueron por el Bajo, dejaron el automóvil lo más seguro que pudieron, y trataron de penetrar en la plaza.

Era aquello una masa compacta de hombres y mujeres. Cada cuerpo pegado a cada cuerpo, apretado, ajustado. Ni un solo claro, ni un resquicio. Había que avanzar a fuerza de codo, entrando poco a poco, hábilmente. Claraval sentíase oprimido y sitiado por ojos ansiosos de avanzar, a los que apenas distinguía en la oscuridad. Los altos focos alumbraban la negrura de la multitud. Hacia la plaza veíanse antorchas, sin duda hechas de diarios. Aquí y allí, a su lado, brazos tremolantes, agitados, se alzaban como lanzas. Gritos que entraban en su carne, le hacían doler, le sacudían. Algo avanzaba Claraval. Avanzaba separado de su hijo y sus amigos, junto con toda esa masa apretujada, *ululante*, de miles de ojos enormes, de miles de brazos, de miles de cuerpos que lo zarandeaban. Y avanzaba poco a poco, a veces en arranques violentos, pisoteados sus pies por miles de pies, tocado su cuerpo por miles de manos. Altoparlantes informaban. Súpose, entre carcajadas, que habíase formado el nuevo ministerio, pero que ya estaba en el suelo por el triunfo de Perón y del pueblo.

Las once de la noche. En un balcón de la Casa de Gobierno aparecieron el general Farrell, presidente de la república, y el coronel Perón. Claraval no podía verlos, pero oía *aullar* el nombre del coronel. Debía ser el estruendo como el de las cataratas del Iguazú. Vociferación enorme, inacabable, hecha de gritos, de *bramidos*, de *aullidos*. Cuando eso calló, dijo Farrell: "Otra vez, junto a ustedes, el hombre que ha sabido ganar el corazón de todos." El mundo pareció venirse abajo, tal era el estrépito. *Claraval sentíase apaleado.* Farrell rogó silencio, disciplina, para que hablase Perón. Informó que el gabinete, el nonato, había renunciado. En esta ovación, que fue también rechifla, entraron carcajadas, risas, chillidos. "El gobierno no será entregado a la Corte." Delirantes aclamaciones.

Ahora callaron los murmullos más tenues, los suspiros, las respiraciones. Iba a hablar Perón. Informó que había pedido su baja del Ejército: sería siempre el coronel Perón. Rogó al pueblo permanecer allí un cuarto de hora: quería fijar en su retina el espectáculo.

Claraval soportó con angustia el tremendo entusiasmo de la multitud. A sus vecinos se les multiplicaban los cuerpos, los brazos, las contracciones, los olores. Lo distraían las antorchas erguidas en la plaza. Él sentíase contento, por el espectáculo grandioso a que estaba asistiendo, y desgraciado por las molestias que experimentaba. Sentíase enfermo de multitud. ¡Y él que buscaba la soledad, ir a meterse allí! No había dejado de estar solo, sin embargo: solo en medio del mar humano, sin un alma con la cual comunicarse. Allí no había almas individuales, sino un alma única, el alma multitudinaria. Pero él no se consideró sumergido, desaparecido en ella. Aunque opinase como ella, no sentía como ella, no vibraba como ella. Luchaba por no perder su personalidad. Luchaba sin apoyos, y no se consideraba él mismo sino cuando hablaba el altoparlante, cuando hablaron Farrell y Perón, hombres individuales, que no pertenecían a la muchedumbre estentórea de la plaza.

El uso de ciertos términos muestra la actitud de Claraval (y de tantos intelectuales argentinos de la época) frente a las transformaciones que vivía el país. Obsérvense los calificativos y los nombres que Gálvez pone en boca del personaje para referirse a quienes apoyaban masivamente a Perón: "Claraval enterábase del despertar de *las plebes*..." Los comentarios positivos que después se hacen sobre el pacifismo de los manifestantes están en contradicción visible con el plural *las plebes*, cargado de temor y de indominado desprecio. Pero ese pacifismo mostraba el otro costado concreto que el peronismo supo tener muy en cuenta: la falta de agresividad revolucionaria de quienes lo apoyaron. Perón realizó una típica revolución burguesa, revolución que—consciente o inconscientemente—significó cambios sustanciales en la vida argentina.

Y la actitud de Claraval (como la de Gálvez) es representativa de las razones por las cuales los católicos apoyaron a Perón: éste dictó la ley de enseñanza religiosa obligatoria en las escuelas, entregó a la jerarquía eclesiástica el manejo de la enseñanza oficial argentina, concedió a la Iglesia y a los católicos un poder discrecional en numerosas esferas concretas del gobierno. Pero también lo apoyaron porque vieron en él una muy segura valla a toda intención de transformar la realidad social argentina, a cualquier posibilidad de trasvasar a las estructuras sindicales u obreras, algo del poder político real. Los católicos vieron en el peronismo la encarnación efectiva del paternalismo estatal, del bonapartismo a escala sindical; y no se equivocaron. Por eso la satisfacción que invade a Claraval y su mujer cuando ven que los manifestantes no amenazan a nadie, ni insultan a los oligarcas, así como el comentario del juez a sus hijos, revelando su alegría porque la revolución del 17 de octubre no ha desencadenado ningún hecho de violencia, lo cual mostraba que Gálvez y su grupo tenían perfecta conciencia de que, en el fondo, Perón y el peronismo no pasaban de ser un movimiento reformista ruidoso y declamatorio, chacotón y festival, que no quería cambiar—sustancialmente—nada de manera completa.

El costado aristocratizante de Gálvez y su grupo (y el de muchos liberales, socialistas, comunistas e intelectuales argentinos de su tiempo) se manifiesta en su visión de la multitud en la plaza de Mayo. Compárese la pintura de don Manuel con la de Perrone por ejemplo, y se tendrá una idea de las diferencias que los separaban. Lo primero que molesta al protagonista es la cercanía física de los cuerpos (lo mismo que le irritaba en Mar del Plata). Los gritos y ruidos lo molestan, lo agreden. Como los olores, los apretujones y la inmediatez de epidermis y presencias. La Multitud es identificada con algo inhumano, como lo bestial y animal. Por eso se dice que *aúlla, ulula, da bramidos, chilla, delira*. Y el alma individual, liberal y aristocrática de Claraval no se siente identificada con ella; pero sí percibe que es a él, ser inteligente e individual, a quien se dirigen las voces de los "jefes" que hablan por los altavoces. Las reacciones de la multitud lo golpean y estrujan, lo hieren en su sensibilidad y en su físico, lo angustian y molestan. Por eso establece una cuidada diferencia entre las ideas de la multitud, que comparte, y el alma de la multitud, a la que no pertenece.

Los aspectos históricos del período—como en otras obras del mismo autor—están bien descriptos, aunque se dan desgajados de la acción principal. En ese sentido Gálvez deja una buena pintura de los acontecimientos esenciales: conflictos entre nacionalistas y aliadófilos frente al problema de las relaciones de la Argentina con el Eje, la formación de la Unión Democrática (unión de partidos políticos que se opusieron a Perón), la aparición y actuación del embajador norteamericano Braden, las conspiraciones contra Perón, la publicación del Libro Azul de los Estados Unidos, las elecciones de 1946, etc.

Donde la novela bordea el ridículo es cuando describe el mundo obrero; allí se ve que es un nivel que Gálvez desconoce y que en su retina todavía perviven las imágenes obreristas de comienzos de siglo. El otro contexto proletario que atrajo a Gálvez fue el de las numerosas muchachas de las provincias del norte argentino (Catamarca, La Rioja, Salta, Tucumán, Jujuy, Santiago del Estero) que integrando verdaderas caravanas emigraron hacia Buenos Aires en busca de trabajo. Puede afirmarse que ciertos aspectos de esas migraciones han sido bien documentados por Gálvez, pero siempre desde fuera, y dominado por limitaciones explicables dada su edad y su visión del mundo.

Políticamente Gálvez fue siempre nacionalista. Si en 1910 su nacionalismo era folklórico y sobre todo hispanizante, en 1930 fue antiimperialista y fascistizante.[5] En 1945 Gálvez defendió el neutralismo de la Argentina frente a la guerra mundial, que era la posición correcta, la independencia económica y la independencia ideológica. En cuanto a la sociedad fue lo que fue siempre: conservador, paternalista y xenófobo. En *El uno y la multitud* es posible detectar un irreprimible desprecio por las multitudes, actitudes reaccionarias y conservatismos de toda laya: antisemitismo, ataques a los que tenían apellidos no-hispánicos (siriolibaneses, italianos, judíos), visión infantilmente conservadora de la mujer (las que estudian en la Universidad y sobre todo las estudiantes de Medicina se le antojan todas ateas, anticlericales y corrompidas desde el punto de vista moral), asco y desprecio por los socialistas y por todos aquellos que asumían actitudes no convencionales. Gálvez parecía olvidar que la Argentina se ha hecho gracias al aporte de millones de hombres venidos de todos los orígenes; y que en muchos de los cargos importantes del Estado (y en numerosos de los estamentos más altos de las Fuerzas Armadas, la Administración y la enseñanza universitaria) podrían contarse innumerables apellidos de origen sirio, judío, italiano, francés, irlandés, inglés, libanés, etc.

Vuelven a aparecer en esta novela ideas que Gálvez ya había expuesto en una de sus primeras obras, *La maestra normal* (1914), y que repetiría en diversos ensayos coetáneos y posteriores: que lo argentino auténtico está en las provincias del noroeste del país, que lo hispánico es lo único hereditariamente argentino verdadero y estimable, que las ideas sajonas y la influencia francesa han deformado las mentes del país y negativamente han contribuído a la pérdida de la fe religiosa heredada de nuestros mayores así como a los valores que ellos nos legaron. En la primera mitad del libro que comentamos, Tito, el hijo nacionalista de Claraval, encarna las ideas del autor y las manifiesta varias veces. En la segunda mitad de la novela, a partir de la revolución del 43, es su padre quien asume esos puntos de vista, y en la trama éste es colocado ahora en primer plano. Y aunque Claraval contempla con simpatía la evolución del fenómeno peronista, en varias partes de la narración es visible el temor y la intranquilidad que la organización social y sindical del movimiento así como su creciente importancia política y su visible poder despierta en el juez. Porque éste ve que en lugar de ser un factor anodino, que recibe mejoras y se queda contento sin exigir otras formas de participación, los sindicatos comienzan a reclamar una cada vez mayor influencia política, que pronto llegará a preocupar a los católicos y los empujará a enfrentarse con Perón.

Desde el punto de vista literario, la evolución del carácter de Gervasio Claraval es coherente: se ajusta a lo que el personaje es y desea. No ocurre lo mismo con la solución que se le da al hijo, Tito, en la obra. Su final resulta forzado, porque de un activismo casi delirante pasa a la entrega a la vida religiosa. Y aun dentro de ella actúa de modo inconsecuente.

Este alejamiento de la acción, tanto del padre como del hijo representa, de alguna manera, no solamente la actitud de los católicos nacionalistas de entonces (desalojados de toda posibilidad real de influir sobre la vida política argentina), sino también la de los sectores antiimperialistas que en un primer momento vieron con simpatía a Perón. Por un lado la preeminencia que éste dio a los sindicatos, por otro sus métodos para consolidar su poder, fueron alejando lentamente a muchos de los que en un primer momento vieron su aparición con cierta esperanza. Es que Perón proponía algo distinto y nuevo; algo que cargaba en su seno posibilidades que ni él mismo se atrevió a llevar a su final irreversible. Ni fue capaz de una transformación social revolucionaria, ni logró un asentamiento económicamente sólido del país desde el punto de vista de su desarrollo capitalista. La corrupción visible del régimen fue acentuándose, la megalomanía política creció sin detenerse hasta el choque final con los católicos, la ineptitud y el derroche festival se convirtieron en los módulos de gobierno, el sonado antiimperialismo fue decreciendo hasta desembocar en los famosos contratos de explotación de los yacimientos petrolíferos argentinos que se firmaron entre abril y mayo de 1955.

Literariamente la obra sufre de fracturas insalvables; como escribió una crítica:

El contexto histórico se da nuevamente en forma de crónica, independiente del relato o de la acción. En un momento dado y regularmente a lo largo de toda la novela, se produce un corte en la acción y se intercalan párrafos de estilo periodístico en el que se informa al lector de los acontecimientos ocurridos en la vida política del país mientras se desarrollaba la trama de la novela; pero además esta crónica no alcanza una independencia total con respecto al relato, por lo que no puede ser considerada como un recurso estilístico. En esta novela Gálvez tampoco ha logrado dar las características de los personajes a través de su propia actuación o de sus propias manifestaciones, es el relator de la novela el que repetidamente y a veces reiteradamente, se ocupa de mostrar a los personajes, su ideología y su acción. Estos elementos negativos señalados, son motivo suficiente para quitar agilidad a la novela que, por momentos, parece arrastrar los acontecimientos, alargarlos indefinidamente sin ninguna justificación (Desinano, p.46).

Esta lectura, sobre todo política e histórica, de la obra de Gálvez que nos interesa debe acompañarse—para una mejor compresión de la misma dentro de la totalidad de que forma parte—de las observaciones que el crítico John Walker hizo en varios trabajos sobre la saga narrativa del autor argentino. Por una parte, Walker demostró que hay una sostenida y visible relación temática entre esta novela y la inmediatamente anterior, *Hombres en soledad*:

Como en Hombre en soledad (1938) y *La tragedia de un hombre fuerte* (1922) Gálvez retoma los temas de la soledad espiritual y la regeneración política en *El uno y la multitud* (1955), esta vez para relatar los acontecimientos que vivió la Argentina entre los años 1942 y 1947 ... Las condiciones de guerra y los problemas políticos son complicados más por la aparición del fenómeno peronista que le permite a Gálvez presentar otra manifestación del hombre fuerte, necesario, según nuestro autor, para regenerar y guiar la nueva Argentina.

En otra parte del mismo estudio, Walker ha mostrado que, además de una pura intención testimonial y realista, la novelística galveciana perseguía intenciones metafísicas y sociales. Con respecto a esta novela leemos:

El mérito literario de Manuel Gálvez en Uno y la multitud, me parece a mí, reside en su deseo y su capacidad de yuxtaponer y fusionar los dos mundos implicados si no reflejados en el título, el espiritual y el social, y demostrar la evolución metafísica de sus portavoces protagonistas, Gervasio y Tito, frente a la crisis ideológica experimentada por los dos Claraval ... A pesar de su aprobación general de las ventajas sociales del sistema justicialista, Gálvez/Claraval, idealista, aristocratizante, arielista, teme, como Rodó, que le democracia ... llegue a ser la zoocracia ... la masificación, la vulgarización de la cultura, la muerte del individuo ... Muy significativos y eficaces son los indicios metafísicos soltados por Gálvez en este momento crítico de la narrativa, vista la angustia de Claraval, hombre culto pero en términos religiosos poco espiritual ... Frente a la realidad del programa peronista ... se le sugiere a Claraval la necesidad de una ruta de escape, una solución sobrenatural, espiritual ... en caso de que la multitud supere o ahogue al individuo.[6]

Tránsito Guzmán (1956), describe el período que va de abril de 1955 hasta la revolución antiperonista de setiembre de ese mismo año. Centrada en las aventuras de la solterona que le da título, la novela constituye uno de los más completos documentos sobre la actitud de los sectores católicos tradicionales frente al Perón de 1955. Pero es también una excelente crónica— a veces menuda—de muchos episodios fundamentales ocurridos en Buenos Aires durante esos cinco meses cruciales del régimen en decadencia: la persecución contra los católicos, la conjura contra Perón y su gobierno organizada desde las iglesias por sacerdotes, militares y civiles, los terribles incendios de los más antiguos templos de la capital argentina, el conato revolucionario del 16 de junio, la revolución triunfante de Lonardi.

En muy pocas novelas como en ésta supo Gálvez unir a las referencias y descripciones directas de los hechos citados, las conversaciones y los comentarios que ocupaban esos días a los sectores antiperonistas de Buenos Aires. Y tal vez sea esa faceta testimonial la única que salva y justifica el libro. Literariamente se reiteran defectos ya señalados: no hay relación constructiva entre los hechos históricos y los destinos dramáticos de los personajes; lo testimonial se da como una crónica agregada y muy pocas veces está unido al avance de la trama del libro. Gálvez además, cae en la visión dicotómica tan cara al romanticismo del siglo XIX: los personajes deleznables son todos feos (así Acislo y Nicolás Orihuela, pp. 63 y 76).[7] Los buenos, son hermosos y admirables; claro que siempre resultan antiperonistas y católicos.

Otro aspecto muy bien documentado por Gálvez es el del maquiavelismo con que la Iglesia argentina siempre ha conseguido tener hombres de sus filas, en los lugares claves del manejo de la educación pública del país. Por ello, un confesor aconseja a su feligrés no renunciar al cargo que ocupa al lado del Ministro de Educación (aunque éste le confiese que debe cumplir órdenes que repugnan a su conciencia de católico), porque así no dejará el campo a sus enemigos:

—No aguanto. Más de un decreto infame tuve que redactarlo yo. Por orden del Ministro, claro.

Emilio lo tomó del brazo y apretándoselo con fuerza le dijo enérgicamente:—No, tú no te vas. Debes quedarte para avisarme los atropellos que prepara el canalla de tu Ministro.

—No me gusta ser alcahuete.

—Serás alcahuete de la Iglesia perseguida, alcahuete de Dios. ¿Qué mayor honor?—le contestó Emilio sonriendo"[8]

También documenta Gálvez los argumentos teológicos con que grupos de sacerdotes lograron convencer a muchos oficiales de las fuerzas armadas de la legitimidad de derribar a un gobierno que era constitucional y legal.

Todos los puntos de vista del Gálvez tradicionalista y conservador, aristocratizante y anacrónico reaparecen en esta novela con una asombrosa virulencia. Y es que si aparecían velados o silenciados ante el ascenso de las masas peronistas, ello se debió fundamentalmente a la convicción de que la Iglesia seguía controlando—de alguna manera—los resortes fundamentales del Estado argentino. Cuando ese dominio comenzó a debilitarse, cuando Perón intentó independizarse de ese control, las dificultades entre ambos grupos aparecieron de inmediato. La xenofobia, el antisemitismo, el racismo, la más asombrosa beatería, el temor a liberales, socialistas, izquierdistas, el indignado rechazo de las libertades que el gobierno concedía a los cultos protestantes, judíos y espiritistas (que siempre disfrutaron de la más absoluta libertad en la Argentina), la aparición de ciertas formas de libertades en las costumbres y el sexo, la secularización de la caridad (que ahora dependía del Estado), son algunos de los hechos que irritan al protagonista de la novela y a su autor, y se dan como justificativos de los sucesos históricos que tuvieron lugar durante ese año.

Un balance sereno y desapasionado de la relación de los católicos y la jerarquía eclesiástica con el régimen peronista, no ha sido intentado todavía a nivel histórico. Pero estas dos novelas permiten tener una idea bastante clara de esa relación que estuvo basada en un acuerdo: apoyo mutuo a través de mutuas concesiones. Cuando Perón se dio cuenta de que una buena parte de su poder real estaba en manos del catolicismo, y cuando advirtió que este último intentaba entrar en la liza política a través del partido Demócrata Cristiano (cuyas actividades se inician hacia 1950), comenzaron las fricciones que llevaron al enfrentamiento final. Este último episodio tal vez fue solamente el detonante decisivo de una situación crítica que siempre existió entre los sectores más conservadores del catolicismo nacionalista tradicional, y el populismo paternalista y sindical del régimen.[9] Lo grave de ese enfrentamiento es que tuvo lugar justamente en el momento más crítico del peronismo, cuando al desgaste natural del ejercicio del poder, se sumaron numerosos desaciertos y una visible corrupción festival parecía haberse convertido en hecho cotidiano. Creemos, sin embargo, que el conflicto con la Iglesia fue la gota que rebalsa la fuente, el empujón último sobre un régimen político que había tontamente perdido el apoyo del Ejército, la confianza de muchos de sus mismos dirigentes (por católicos, porque se oponían a esa corrupción, porque se sentían traicionados en sus ideales nacionalistas, porque temieron el visible aumento del poder de los sindicatos), y que comenzaba a perder poco a poco apoyo en la clase media y en una buena porción de los trabajadores.

Donde el conflicto con la Iglesia provocó reacciones decisivas fue en el Ejército y en muy poderosos estamentos de la clase media y alta argentinas. Allí inició un proceso que era indetenible. No se olvide (y hablamos de olvido, porque la memoria histórica argentina parece muy pobre), que fue Perón el gobernante que conmovió con medidas más violentas, las relaciones tradicionalmente cordiales y constantes entre la Iglesia y el Estado en la Argentina. Es el único que logró implantar en cuarenta y ocho horas el divorcio (lo cual explica que haya unos veinte mil "separados" y vueltos a casar en la Argentina), el único que prohibió (después de haberla autorizado) la enseñanza religiosa en las escuelas, el único que estableció impuestos a las congregaciones religiosas, el único que ordenó (o permitió) la destrucción y el pillaje de los templos más antiguos y prestigiosos de la ciudad de Buenos Aires. Durante las noches del 16 y el 23 de junio de 1955, en dantescos incendios a los que precedió o siguió el saqueo y la destrucción sistemática, se quemaron el palacio y la Curia Arzobispal (incluido el Archivo, donde se perdieron documentos de los siglos XVI al XIX y libros muy valiosos), San Ignacio (con gran cantidad de documentos coloniales), San Roque, San Nicolás (archivo y sacristía), La Merced (saqueada, se perdieron 15 grandes libros con actas de nacimientos, bautismos y casamientos anteriores a 1850), San Miguel, La Piedad, Santo Domingo (con irrecuperables reliquias históricas), San Francisco, etc. Se perdieron además cuadros coloniales, tres de Prilidiano Pueyrredón y dos pinturas atribuidas a Ribera.

Perón, con ese olfato político que muy pocos tuvieron en Hispanoamérica, se dio cuenta de que había ido demasiado lejos y comenzó lentamente, con la habilidad que sólo él poseyó, una retirada y una serie de concesiones al poder eclesiástico y a los católicos entre junio y setiembre de 1955, que no alcanzaron ya a cambiar el proceso. Pero una muestra de su astucia política la da el hecho de que dedicó una larga serie de años de su exilio a pulir y restaurar sus relaciones con el Vaticano, ya que había sido excomulgado. Entre 1956 y 1972 logró el perdón Papal y restauró sus relaciones con la jerarquía eclesiástica argentina.[10]

NOTAS

1   Norma Desinano, *La novelística de Manuel Gálvez* (Santa Fe: Universidad Nacional del Litoral, 1965), pág. 38.

2   No se olvide que fueron los nacionalistas los que iniciaron en la Argentina la prédica—y la demostración documental—de la dependencia económica del país frente a Inglaterra. El libro esencial que comenzó esa tarea política—imitada más tarde por la izquierda—fue el que escribieron los hermanos Julio y Rodolfo Irazusta, *La Argentina y el imperialismo británico*, (1934). Y fueron también los nacionalistas de derecha quienes demostraron que esa dependencia económica, nefasta para el país, venía desde la época rivadaviana, en la primera mitad del siglo XIX. Entre tantos volúmenes sobre este tema véase Raúl Scalabrini Ortiz, *Política británica en el Río de la Plata*, (1936);

Historia de los ferrocarriles argentinos, (1940). En cuanto a aspectos económicos del siglo XX: véase Jorge del Río, *Política argentina y monopolios eléctricos. Investigación Rodríguez Conde*, (1958). En lo que respecta a la política económica proteccionista—por parte del Estado—y a ciertos aspectos sociales, ya Lugones en 1930-1931 propuso una serie de medidas que Perón pondrá en marcha después de 1946. Véase nuestro trabajo: "El ensayo: del 30 a la actualidad", en *Capítulo. La Historia de la Literatura Argentina*, (Buenos Aires: Centro Editor de América Latina, 1970), vol. III, págs. 1273-1296. Sobre el Gálvez nacionalista, véase la síntesis general de sus ideas en W. R. Crawford, "Manuel Gálvez," en *A Century of Latin-American Thought*, 2ª ed. (Cambridge, Mass.: Harvard U. P., 1961), págs. 149-164, estudio ya clásico. Carlos M. Payá y Eduardo J. Cárdenas, *El primer nacionalismo argentino en Manuel Gálvez y Ricardo Rojas* (Buenos Aires: Peña Lillo, 1978). Mónica Quijada, "Utopía y realidad en el pensamiento nacionalista argentino: Manuel Gálvez," *Revista de Indias*, 45, nº 176 (julio-diciembre 1985), págs. 532-556. Alain Rouquié, "La genèse du nationalisme culturel dans l'oeuvre de Manuel Gálvez," *Caravelle*, 19 (1972), págs. 7-34, y del mismo autor, "Manuel Gálvez, écrivain politique (contribution à l'étude du nationalisme argentine," *Cahiers des Amériques Latines*, 3-4 (1969), págs. 93-110.

3   La imagen actual de Gálvez debe matizarse sin embargo cuando se examina la situación que ocupó en la literatura argentina—e hispanoamericana—de la primera y segunda década de este siglo. Cuando nadie—o muy pocos—se preocupaban por reflejar la situación concreta de ciertos grupos proletarios y de los bajos fondos argentinos (así como algunos graves problemas sociales), don Manuel describió la vida del arrabal, la trata de blancas, la prostitución y la vida obrera. Estos temas serán retomados por los llamados escritores sociales de Boedo (1920-1940). Estudiante de Derecho, su tesis de doctorado fue sobre *La trata de blancas*; después publicó *Nacha Regules*, (1919); *La inseguridad de la vida obrera*, (1909?); *Historia de arrabal*, (1922); *Luna de miel*, (1923?). Es importante recordar que *Nacha Regules* fue editada como folletín por el diario *La Vanguardia*, órgano del partido socialista. Y el primero—y único—libro coetáneo sobre la obra de nuestro novelista fue escrito por dos integrantes de Boedo, N. Olivari y C. Stanchina, *Manuel Gálvez y su obra*, (1932).

4   *El uno y la multitud*, (Buenos Aires: Alpe, 1955) describe—repetimos—el período 1942-1947. *Tránsito Guzmán*, (Buenos

Aires: Theoria, 1956), relata los febriles y trágicos meses de 1955. Todas nuestras citas corresponden a estas ediciones pues las novelas no han sido reeditadas.

5   Ya en *El diario de Gabriel Quiroga* (1910), Gálvez defendía un nacionalismo espiritual que debía volver a las fuentes hispánicas de nuestra cultura. En *El solar de la raza*, (1913), escribió un canto de admiración a la grandeza de España y revaloró su herencia espiritual: lengua, religión, valores éticos y vitales. Allí señalaba Gálvez la necesidad de "re-espiritualizar" a la Argentina, volviendo a la concepción anti-materialista de la vida típica de España. Y hacía un encendido elogio de la tenacidad, el estoicismo y la espiritualidad hispánicas. Las opiniones políticas del Gálvez de la década del 30 (de las que pareció apartarse un poco en años posteriores) pueden leerse en *Este pueblo necesita...* (1934), colección de artículos aparecidos en *La Nación* de Buenos Aires. Allí pedía para su país juventud, patriotismo, heroicidad, moralidad, ideales y jerarquía. Mostrábase admirador de un estado totalitario, alababa la dictadura uriburista y la obra se cerraba con un elogio a Mussolini, Hitler y Dollfuss, y reclamaba para la Argentina un estado fuerte y autoritario. Sobre todo este período véase nuestro trabajo, "El ensayo moderno. Martínez Estrada", en *Capítulo. La Historia de la Literatura Argentina*, (Buenos Aires: Centro Editor de América Latina, 1970), vol. III, págs. 1033-1054.

6   "Ideología y metafísica en Manuel Gálvez: una síntesis novelística," *Revista Canadiense de Estudios Hispánicos*, X, 3 (Primavera 1986), págs. 475-490. Nuestras citas son de las págs. 481-485. Este trabajo, además, prueba que Gálvez logra elevar el tema de la soledad desde una mera observación de sociología pesimista en Bunge, hasta un plano universal y metafísico; que allí está la fuente de la tan citada y exitosa *El hombre que está solo y espera* de Scalabrini Ortiz, art. cit., págs. 477 y 481. La conclusión de este artículo, que debe mencionarse porque va mucho más allá de lo que cierta crítica ideológicamente condicionada ha escrito sobre Gálvez, dice: "El mérito de Gálvez reside en su habilidad, al pintar un trasfondo histórico-geográfico, para utilizar un fenómeno político-ideológico como el punto de partida para presentar una perspectiva esencialmente espiritual que alcanza un nivel metafísico en su tratamiento de la condición humana ... En *El uno y la multitud* afirma una vez por todas que no hay panaceas políticas en el reino de este mundo, sin la ayuda de Dios. Así es como Manuel Gálvez logra sintetizar la ideología y la

metafísica para producir una obra de arte novelesca." De
Walker véase, además, "Otra etapa en la evolución ideológica de
Manuel Gálvez," *Revista Canadiense de Estudios Hispánicos*,
XV, 1 (1990), págs. 140-148, y los estudios allí citados. Consúltese
también Joseph E. Puente, *Estudio crítico-histórico de las novelas
de Manuel Gálvez* (Miami: Ed. Universal, 1986).

7   Orihuela es calificado de "mulatillo" y un negro intenta robar en
la Curia de Buenos Aires durante los incendios y saqueos de
1955, pág. 156 de la novela.

8   He aquí algunos proyectos de leyes que bastan para probar cómo
la situación descripta en la novela a través de un personaje
reflejaba exactamente la realidad histórica. El 30 de diciembre
de 1954 se sanciona la ley 14.394 cuyo artículo 31 permitía la diso-
lución del vínculo matrimonial y autorizaba a contraer nuevo
matrimonio. El 11 de mayo de 1955 la Cámara de Senadores de la
Nación, por unanimidad, derogó la ley 12.978 que disponía la
enseñanza religiosa en las escuelas. El dia 13 de ese mismo mes,
la Cámara de Diputados aprobaba la supresión de la enseñanza
religiosa escolar por 125 votos a favor y 10 en contra. Ese mismo
13 de mayo de 1955, la Cámara de Senadores aprobó un proyecto
por el cual toda institución religiosa debía pagar impuestos. El 6
de mayo ya se había presentado al Senado un proyecto (firmado
por los parlamentarios Tesorieri, Taborda, Ulloa, Carballido,
Otero y Diskin, estos últimos de la C.G.T.) en el que se disponía la
separación de la Iglesia y el Estado.

9   Véase García de Loydi, *El peronismo y la Iglesia*, (1968) y Hugo
Gambini, *El peronismo y la Iglesia*, (Centro Editor de América
Latina, 1971). Véase el relato muy exacto y medido de Potash, II,
cap. VI. Una útil recolección de datos, en M.J. Lubertino Beltrán,
Perón y la Iglesia (1943-1955), (Buenos Aires: Centro Editor de
América Latina, 1987), 2 vols.

10   Gálvez, en un artículo publicado por el diario católico *El Pueblo*
de Buenos Aires, el 13 de agosto de 1944, titulado "La obra social
del coronel Perón," calificaba a la revolución del 4 de junio de
1943 como "el más grande acontecimiento imaginable" para los
obreros. Llamaba a Perón "un nuevo Irigoyen" y lo mostraba
como hombre providencial. "Ningún gobernante de esta tierra—
escribía—ha dicho jamás palabras tan bellas, tan penetradas de
humanidad, como las que pronuncia con frecuencia el coronel
Perón," y citaba este párrafo de uno de sus discursos: "Queremos
que desaparezca de nuestro país la explotación del hombre por
el hombre, y que, cuando ese problema desaparezca, igualemos

un poco las clases sociales para que no haya, como he dicho ya, hombres demasiado pobres ni hombres demasiado ricos." Obsérvese cómo el personaje Claraval, repite varias veces frases idénticas. Véase de Gálvez, *En el mundo de los seres reales* (1965), pp. 78-80 y 356-57. Sobre Gálvez y el peronismo véase el tendencioso análisis de J. Hernández Arregui, *Imperialismo y cultura* (1957), pp. 78-95 y 117-122. Un capítulo totalmente desconocido es el de cómo Perón reinició sus relaciones con el Vaticano y restableció esas relaciones, después de haber sido excomulgado y condenado.

V. LA VISION DE LA IZQUIERDA OFICIAL. LA IZQUIERDA LIBERAL

Nosotros levantamos calles, máquinas, industrias. Nunca hice tanto dinero, ni alcancé tanta influencia como a partir del 24 de febrero de 1946. Un peso bien invertido rendía tres... Hasta que me di cuenta de que nosotros crecíamos, pero los negros también. Era difícil de entender: *ellos* y nosotros subiendo... (Rivera, *Sol de sábado*)

Antes él creía que este era un país de tangos, de vagos y revolucionarios de café. Ahora veía que fuera de eso, de las cuñas, de los funcionarios venales y el mercado negro, había seis millones de tipos dispuestos a cambiar algo, a poner el país patas arriba... Y de los cabecitas, también (había que cuidarse). Traían, en sí, como un viento. Querían vivir mejor ¿se explica? 1945. Y con ellos en movimiento, el país sería un infierno sin nombre... (Rivera, *El precio*)

Esos, esa nueva clase, esa nueva gente, ese oleaje oscuro, esa marea que ascendía e invadía, decían, "Nosotros somos peronistas, señor. Nosotros vamos a votarlo a Perón." Ellos se indignaban. "No saben lo que dicen. Rebaño de borregos. ¡Manga de brutos!", daban un puñetazo sobre la mesa del café... "¿No saben que el socialismo siempre luchó por ellos? ¿No tienen idea de los mártires socialistas que se inmolaron para lograr las conquistas de que disfrutan? ¿No conocen la lucha obrera?... Es que son unos animales, no saben nada de nada, Perón se los trae del interior por eso, porque no saben nada, les da un par de zapatos, una radio, un pan dulce, unos mangos en el bolsillo para que vayan a la cancha, se compren un traje, se los chupen en el boliche y son como perros fieles... No saben nada, no tienen cultura ni conciencia de nada. Eso quiere, que no sepan nada, que sólo sepan creer en él como un dios que les da unas cuantas porquerías—como si no las estuviéramos pagando todos—, que hace un milagro para ellos. Lo que quiere es que sólo sepan gritar Perón, Perón. Con ésos piensa ganar, no con los obreros de verdad. Los obreros de verdad siguen siendo socialistas"...
  Explotando un populismo superficial y charlatán, inculto y grosero que más justo sería llamar populachería, se apoya en una pretendida alianza de clases, producto espurio, mala copia de los postulados del

fascismo con el cual intenta engañar al pueblo para alcanzar el poder...

A la mañana siguiente cuando llegaban al trabajo se daban la mano, se felicitaban, se abrazaban: Perón había renunciado. Franco improvisó un pequeño discurso sobre los valores de la democracia y la influencia benéfica que el mundo libre ejercía en la política de la Nación e incluso Alejandro agregó algo de su cosecha acerca de la liberación de París y de la proyección que irradiaban sobre toda la Historia los principios inmortales de la Revolución Francesa...

"Qué barbaridad. Qué vergüenza. Quién iba a decirme que este era mi país. Casi me da vergüenza ser argentino, que me llamen argentino igual que a ésos" y lo decía con un enorme desaliento... Su padre no hablaba, tenía la mirada fija en el suelo... "Salvajes. Hordas. Hordas de bárbaros es lo que son. Invadieron la ciudad" y volvía a caer en el mutismo... "Se lavaban los pies en la fuente!"... (Jorge Andrade, *Proyección en 8mm y blanco y negro, durante una reunión de familia, un sábado a la tarde*)

Bajo este rótulo colocamos todos los textos narrativos que expresaron la visión que del fenómeno peronista (y de los acontecimientos sociales, políticos y económicos del período) manifestaron los escritores comunistas, o que siguieron los dictados y las actitudes oficiales del partido pro-soviético. La lista de libros (ya cuentos, ya novelas) escritos desde este ángulo es bastante más nutrida que la de los otros grupos ideológicos; solamente la supera en calidad y cantidad la de los liberales que, como se ha visto, componen el capítulo más amplio. Algunos de esos libros podrían ser los siguientes: Carlos Ruiz Daudet, *El pueblo* (1949); Enrique Wernicke, *La ribera* (1955); Andrés Rivera, *El precio* (1957); José Murillo, *Los traidores* (1968); Juan A. Floriani, *Los esperanzados* (1956); Pablo Rivas, *Uno, el país* (1960). Todas son novelas.

De Andrés Rivera (nacido en 1926) elegimos *El precio*, novela muy representativa de la visión de este grupo. Rivera escribió además: *Los que no mueren* (1959), novela, y algunos volúmenes de cuentos: *Sol de sábado* (1962); *Cita* (1966); *El yugo y la marcha* (1968); *Ajuste de cuentas* (1972). Nuestro análisis se centrará en la novela de 1957 y en dos cuentos de *Sol de sábado* (especialmente los titulados "El apóstol" y "Los libertadores") que muestran personajes muy semejantes desde el punto de vista de su representatividad social e histórica.

Novela de gran extensión y de rico contenido (253 densas páginas) *El precio* sitúa su acción en un período crítico del gobierno peronista, los años 1953-1954, cuando al optimismo y la abundancia del momento de oro del peronismo (1945-1948), suceden diversas crisis económicas que provocan declaraciones de huelgas, tomas de fábricas y algunos movimientos (como el de los textiles y el de los metalúrgicos), pusieron en tela de juicio la aparente tranquilidad y estabilidad social que el peronismo intentaba mostrar como una constante de su existencia. En las huelgas se enfrentaron por una parte los intereses de la burguesía industrial enriquecida (con crecientes relaciones con grandes empresas extranjeras), y las demandas de las bases obreras que reclamaban el mantenimiento—por lo menos—del nivel de vida alcanzado en los años anteriores. Y junto a este momento crítico, descripto a través de muy distintos estratos sociales (los obreros metalúrgicos y textiles, los patrones de esos establecimientos, los dirigentes sindicales, los inmigrantes enriquecidos, los obreros convertidos en propietarios de pequeños establecimientos industriales, ciertos grupos de la oligarquía tradicional), Rivera ha colocado con buena habilidad constructiva y con evidente intención comparativa el otro momento clave del período y de la obra: el optimista y polémico año de 1945.

Ya por medio de flash-backs que funcionan como *raccontos* autobiográficos de distintos personajes, ya a través de la inserción de trozos descriptivos de tipo unanimista y poético-documentales (casi siempre en bastardilla, para diferenciarlos del contexto narrativo básico), Rivera ha ido dibujando una suma de visiones contrastadas que enfrentan el período positivo y lleno de futuro del 45 con las dificultades crecientes posteriores a 1952. Desde este punto de vista la novela da una de las pocas pinturas veraces de esos años iniciales y críticos, cuando la demanda de mano de obra y de bienes produjeron un crecimiento económico e industrial argentino realmente extraordinario. En la descripción de las fábricas textiles Rivera muestra un conocimiento de primera mano de una realidad casi siempre desconocida por nuestros narradores (el autor ha sido obrero textil), y esa familiaridad no solamente se manifiesta a nivel del oficio y sus tareas, sino también en lo que respecta a los variados tipos de obreros que allí intervinieron. Así es como Rivera describe distintos personajes que son representativos de muy diferentes estratos sociales concretos: obreros, aprendices, inmigrantes enriquecidos, propietarios de empresas que comenzaron como obreros, dirigentes sindicales peronistas, obreros emigrados del norte y el centro del país, activistas comunistas de origen burgués, empresarios industriales.

Cada personaje está visto con exactitud y veracidad (sobre todo los del sector obrero y de clase media) y corresponde a tipos sociales que fueron factores esenciales en ese momento de la vida obrera y económica del país. Esos personajes conviven a través de toda la obra (armada con una técnica contrapuntística de trozos breves separados por espacios en blanco), y en la segunda parte los vemos enfrentados en las tomas de fábricas textiles y en las grandes huelgas del 53 y el 54. La atención de esta última parte está centrada en la huelga metalúrgica de 1954, que puso a prueba el aparato sindical peronista, colocando frente a frente, por una parte, a los paniaguados del régimen, insertos en una estructura sindical verticalizada y aburguesada (venal, digitada "desde arriba" y siempre en busca de la paz social), y a dirigentes de algunos gremios independientes, delegados de fábricas y activistas del P.C.

Puede decirse que estamos ante una típica novela de espacio, obra en la cual todos los personajes han sido extraídos de la realidad social e histórica que la novela persigue describir. En este aspecto es evidente que la intención de Rivera fue presentar hombres y situaciones que realmente tuvieron lugar— ocurrieron y existieron—en las fechas y el espacio geográfico en que la obra se sitúa. Lo que ocurre es que en esa pintura ambiciosa de toda una realidad y de un momento concreto del país, la veracidad de las acciones y caracteres no siempre es idéntica. La visión de los personajes muestra evidentes diferencias. Junto a aquéllos que además de su tipicidad social

poseen calidad y hondura humanas y resultan finamente mati-
zados (como Lev, el inmigrante judío enriquecido; Juan Quintana, obrero norteño que viene a Buenos Aires en busca de trabajo
durante los éxodos hacia la capital del año 1945; Adolfo, obrero
convertido en patrón que ocupa un importante espacio en la
novela; Bruno Cuevas, dirigente peronista aburguesado) están
los que funcionan en la obra como tipos, y en los cuales vale
mucho más esa representatividad social-histórica que los pocos
y mecanizados rasgos propios. En este segundo grupo debemos
colocar a casi todos los que encarnan a la oligarquía tradicional, a los patrones de grandes empresas y a ciertos ejemplares—que existieron—de ex-nazis que se instalaron en Buenos
Aires después de la caída del tercer Reich. Además de ciertos
personajes excéntricos (asesinos a sueldo, periodistas venales,
la burguesía intelectual, la juventud desorientada de la época).
También debemos señalar que en el dibujo de algunos personajes
(por ejemplo el periodista descripto en la p. 164 y que lleva en
la novela el nombre de Luis César Barrientos), los lectores de
1956 creyeron reconocer a una muy conocida figura del régimen
que acababa de ser derribado. En otras palabras: la novela fue
leída entonces como obra en clave, con varios personajes que
retrataban a otros que habían existido en la realidad.

La pintura de los medios obreros, de ciertos personajes de la
clase media y baja, de inmigrantes enriquecidos es, como
dijimos, veraz. No ocurre lo mismo cuando Rivera se vuelve a
describir ciertos descendientes de nuestra clase alta (como
Vidal de la Vega o Echegaray), a algunos dirigentes sindicales
peronistas, a ciertos grupos fascistas escapados de la Europa de
post-guerra (que abundaron entre nosotros después del 45). Aquí
funcionan demasiado bien las consignas partidarias y Rivera
cae en un maniqueísmo que lo lleva a separar los personajes en
dos grupos escindidos románticamente: de un lado toda la
bondad y la generosidad, del otro todas las maldades y
aberraciones. Y esta dicotomía—peligrosa desde el punto de
vista del realismo y la veracidad narrativas—funciona casi
siempre a nivel ideológico. La luz, la valentía, la pureza, están
del lado de los obreros que defienden su clase y sus derechos; la

oscuridad, lo despreciable, la maldad y la vileza caracterizan al obrero renegado de su clase (Adolfo), al ex-nazi homosexual, al burgués cobarde, al oligarca, al financista internacional. Y algo más: casi todos los burgueses de la novela contemplan sus respectivas existencias como destinos fracasados, como carentes de futuro y de sentido; los personajes obreros, no.

¿Es Rivera un autor populista? Es evidente que en los temas en los que pone más atención, y los personajes mejor descriptos y conocidos, pertenecen al sector obrero. Por otra parte la obra apunta a una cosmovisión de la realidad que describe, que parte de ese nivel del mundo social. Por fin, las simpatías, el calor humano mejor desplegado por el autor están centrados en escenas entre obreros. Y los temas fundamentales de la obra también se inscriben en ese sector del mundo. Hay en Rivera una auténtica pasión y una actitud de simpatía hacia esas vidas menores, así como la convicción de que ellas son las realmente representativas de nuestra realidad. De que merecen una consideración, una atención, que hasta hoy no habían logrado de parte de nuestros narradores.

Y debe señalarse que Rivera supera a sus antecesores en la visión novelística del mundo de los trabajadores. Jamás cae en el pietismo sentimental tan caro a los boedistas (Castelnuovo, Barletta), ni en la "macchietta" del discurso propagandístico, ni en el didactismo burdo o en la moralina comunista. Su familiaridad con ese mundo y una elogiable prudencia de narrador han salvado a Rivera de cometer estos errores comunes. Así entrega una visión de esas existencias que posee objetividad y dinamismo: las conocemos siempre a través de sus actos y sus palabras concretas. En general la pintura es convincente, coherente, consecuente. Y cuando quiere conmover al lector con un mensaje, lo hace siempre por medio de situaciones dramáticas que se "presentan" y no se describen. Otro aspecto en el que Rivera da buenos pasos adelante (por encima de Varela, o de Manauta) es en las escenas colectivas de luchas obreras (como por ejemplo la huelga de págs. 205-221). Narra con brevedad, sin énfasis, y sabe en muchas ocasiones alcanzar el lirismo de lo primario y lo tierno. En un pasaje un grupo de asesinos, diri-

gentes venales y dueños de fábrica, intentan convencer a Juan
Quintana de no proseguir en la lucha. Este les explica qué ha
querido toda su vida, con una sencillez llena de poesía y furia:

Yo sé que ustedes no me van a entender, no me pueden entender...
Cuando me vine a Buenos Aires, le prometí a una muchacha que iba
a regresar, trayéndole muy pocas cosas: un poco de tierra y semillas,
unos eucaliptos—a ella le gustaban los eucaliptos—, un huerto con
rosas y lechugas, un poco de leche fresca y un camino hasta el
arroyo... No era mucho lo que queríamos, pero lo queríamos como a
la vida misma: ésa iba a ser nuestra vida... Poder sentarnos a la puerta
de nuestra casa, y mirar las estrellas, y oír palpitar la tierra y el
descanso de nuestros hijos; sentirnos gente entre la gente... Ustedes
no pueden entender que yo deseara levantarme cuando la madrugada tiene ese color azul y pálido, y nada se mueve, ni la brisa y tiene
uno miedo de moverse porque el aire es de cristal, y decirme: la tierra
y la vaca que pace en el potrero, y el despertar de los pájaros, y el
techo que me cubre, y la cama y la mujer que reposa en ella, y el pan
del horno, son míos... (págs. 153-54)

Hacia el final de la novela Juan se unirá—por necesidades
de la lucha—a los comunistas, representados en la obra por
Ponce, activista y dirigente obrero. Herido de un balazo va a la
casa de Ponce en busca de ayuda. La escena, que señala el fin de
la novela, está eficazmente resuelta por Rivera:

Abrió, manteniéndola entornada, la puerta. Allí, frente a ella, un
gigante barbudo y desaliñado, con una mancha de sangre en la
camisa, y unos ojos quietos, inmóviles, de indio, encerrando una
inmemorial espera, una paciencia de raíces oscuras y profundas.
—¿Está Ponce?
—¿De parte de quién?
—¿Está Ponce?
Ponce se acercó silenciosamente a la puerta, bajo, ancho de
hombros, casi calvo, el rostro inexpresivo, en camiseta y pantalones, y
una toalla echada negligentemente sobre los hombros.
Los dos, Quintana y Ponce, se estuvieron mirando, puerta por
medio. Una garúa fina, un rocío espeso venía del cielo.
—¿De parte de quién?—La madre trató de mantener serena la
voz. No había escuchado llegar a Manuel, y ella estaba allí para
protegerlo.
Ponce le puso, suavemente, la mano sobre el hombro:
—Déjelo entrar, mamá. No se asuste. Es un camarada. (pág.235)

En esta escena, como en varios otros pasajes de la obra, Rivera usa expresiva y significativamente las formas *compañero* (denominación peronista) y *camarada* (apelativo comunista), que llegaron a tener entonces, en la vida sindical (y todavía hoy) sentidos específicos, y casi siempre antagónicos. Un ejemplo del uso agresivamente irónico en la conversación entre Torres y Mendoza, en una huelga textil, cuando el funcionario sindical intenta convencer al delegado de base de que abandonen la fábrica ocupada (p.108).

Otro tipo de la época perfectamente descripto, pero en el cual lo típico por momentos se sobrepone a la caracterización singular del personaje, es Bruno Cuevas, específico representante de ciertos dirigentes obreros peronistas (págs. 155-162). O Braun Gazcón, en quien Rivera ha cargado las tintas, pero que corresponde a un espécimen repetido en la estructura gremial del régimen.

Lo testimonial histórico está muy bien mostrado en las palabras que durante una entrevista con patrones textiles, expresa un jefe sindical, enfrentado a la difícil tarea de conciliar intereses que para Rivera eran irreconciliables:

Entiéndanos, señor de la Vega. No se trata de favorecer a los comunistas. Usted conoce perfectamente la posición del Presidente respecto a esa secta internacional. De lo que se trata es del momento político que vivimos. Fíjese usted; la ocupación, por parte de los obreros textiles, de las fábricas, se extiende... Sí, de acuerdo, la crisis, pero ellos no razonan como nosotros: eso es lo concreto, desgraciadamente... Bien, le decía que se extiende... Recuerde, además, que la huelga ferroviaria no está muy lejana, que hay inquietud en el gremio metalúrgico; que los rojos, con sus publicaciones, agitan al pueblo... la carestía de la vida... Corea... aumentos de salarios... en fin... Si sumamos a ello la cáscara que levanta la ocupación de las fábricas, la gente que se entera, que les lleva cosas, los rumores, las reflexiones que, necesariamente, se producen entre los obreros, llegamos a la conclusión que le estamos haciendo el juego a los extremistas... No, mi estimado amigo, no se trata de estimularlos... Al contrario, se trata de frenar estos movimientos antes de que se nos escapen de las manos. La dirección de la C.G.T ha comunicado a Su Excelencia, el señor Presidente, que le resultará harto difícil prevenir el estallido de violencia... Dése cuenta... Entonces, si solucionamos nosotros estos conflictos, quitamos de las manos de los rojos un elemento de propaganda impresionante, consolidamos la posición gubernamental, y nos damos un respiro que permitirá ajustar las clavijas a los que sabotean el plan de productividad. Confidencialmente puedo adelantarle que los estudios del plan están muy avanzados, e irán acompañados de una serie de medidas represivas contra cualquier intento de paro, huelga, o atentados a la libertad de trabajo... Un cafecito, eh... ¡Dos cafecitos!... Razones políticas: el gobierno debe conservar su prestigio en el seno de la clase trabajadora, y no desea irritarla, ¿me entiende, mi amigo? Ese prestigio es la única barrera que se opone al comunismo. Y usted no puede negarme su efectividad... Aconsejaré un prudente aumento en los precios de los artículos textiles... No se preocupe: con los dirigentes del Sindicato y los organismos policiales correspondientes nos encargamos de los elementos perturbadores. Facilítenos los nombres. A su debido tiempo caeremos sobre ellos. Confíe en nosotros... (págs. 106-107).

Estas palabras de un dirigente sindical de la época explican con claridad meridiana la política paternalista y pendular del peronismo, en cuanto a las relaciones entre capital y trabajo. Y constituyen—probablemente—el aspecto más combatido y denunciado por todos los novelistas de este grupo con respecto a la política de Perón. Un ejemplo acabado puede verse en la novela de Murillo citada más arriba, que se sitúa también en la huelga metalúrgica de 1954.

Uno de los tipos mejor delineados es Lev ("lobo"), inmigrante judío centro-europeo enriquecido, quien a costa de una vida de dura tarea ha levantado una fábrica y amasado una enorme fortuna (págs. 29-35 y 128-133). Personaje ricamente facetado, Rivera da de él una imagen comprensiva y lograda. Este mismo tipo humano y social reaparece en el Weldman de uno de los cuentos de *Sol de sábado*: "Los libertadores." En el relato, junto al poderoso burgués de origen inmigratorio, aparece otro ejemplar reiterado entre nosotros: su hijo, débil y fatigado, que parece haber perdido la sostenida energía paterna dirigida a la consecución del poder económico. Convertido en gorila del 1955, actúa en los comandos civiles que se oponen armados a Perón.

Por boca de Weldman oímos estas palabras que dan una imagen concreta de cómo miraban ellos lo que entonces sucedía. Son los años felices de 1945-1948:

Nosotros levantamos calles, máquinas, industrias. Nunca hice tanto dinero, ni alcancé tanta influencia como a partir del 24 de febrero de 1946. Un peso bien invertido rendía tres. Cuando un teniente coronel Noailles venía a verme me hablaba de la U.E.S., yo le firmaba un cheque por doscientos mil pesos, y se lo entregaba bastante contento: "Para las chicas." que se diviertan. No, nada de papeles; no me firme nada. Acuérdese... Hasta que me di cuenta de que nosotros crecíamos, pero los negros también. Era difícil de entender: *ellos* y nosotros subiendo... (*Sol de sábado*, pág. 81)

Algo parecido, pero con una mirada de preocupación, es lo que piensa Lev en un pasaje de *El precio*:

Antes él creía que este era un país de tangos, de vagos y revolucionarios de café. Ahora veía que fuera de eso, de las cuñas, de los funcionarios venales y el mercado negro, había seis millones de tipos dispuestos a cambiar algo, a poner el país patas arriba. Eso veía él, y si los demás estaban ciegos, allá ellos (págs. 130-131).

Y en otro pasaje:

De Díaz y los viejos obreros—los que desdeñaron la oportunidad de independizarse—había que cuidarse. Y de los cabecitas, también. Traían, en sí, como un viento. Querían vivir mejor ¿se explica? 1945. Y con ellos en movimiento, el país sería un infierno sin nombre. De esto se derivaba, insoslayable, el carácter de las luchas futuras. Lucha, *su* lucha, sí. Pero una lucha—él lo sabía—sin objetivo, una lucha desesperada y sin más allá, sin nada que conquistar. Simplemente preservar, frenar, mantener (p.34).

Este trozo muestra el temor de la burguesía frente al evidente progreso de la clase obrera y a su visible poder social en ascenso; y la conciencia de que el progreso de los proletarios redundaba—a la vez—en el de su propia clase.

En el texto puesto en boca de Weldman, Rivera destaca un tema que reaparecerá en Peyrou: el de la corrupción que se extendió por muchas esferas del régimen, desde los dirigentes sindicales venales, hasta funcionarios de las más distintas clases. Y por fin, la visión clasista del autor, que ve a la burguesía como una clase destinada a impedir el ascenso político del proletariado y cuya única tarea consistirá en mantener lo conquistado; pero sin objetivos futuros concretos.

Los dos sectores que mayores rechazos provocan en Rivera son el de la alta burguesía, y el de los que entonces se denominaron "trabajadores independientes." De estos últimos ("traidores de su clase" según la visión ortodoxa del marxismo) Rivera destaca repetidamente la falta de sentido de sus vidas. Adolfo, que comienza como obrero textil, se independiza, y su biografía funciona como ejemplar en la obra: de opositor a las huelgas de sus compañeros pasará a convertirse en denunciante de los mismos, y será más tarde patrón. Políticamente vota a los radicales y terminará siendo socialista de centro. Es una de las ovejas negras de la novela. En Adolfo el autor ha querido mostrar la falta de sentido de un hombre que ha abandonado su destino concreto y se ha pasado al enemigo (véase págs. 1-35, 48-54, 140-143 y 148). Esta existencia está mostrada como una verdadera tragedia, oscura y despreciable. Adolfo se siente fracasado, tanto a nivel personal (enfermo, envejecido, atemorizado, solitario, envidioso, vigilado y vigilante, casado con una mujer que no lo ama y lo desprecia, a la que descubre vieja y a la que no quiere más), como desde el punto de vista de sus intereses: no ha logrado ser rico, se siente odiado por los que trabajan para él, que son sus antiguos compañeros de trabajo. Ve su propia vida como una pasión inútil y sin alegría. Es natural que un comunista no pueda comprender este hecho—tantas veces repetido en la Argentina de entonces, de antes y de después—de trabajadores convertidos en patrones. Ese proceso echa por tierra todo el esquema con el que intentan entender y ordenar la realidad social y económica.

La clase media intelectual, los adolescentes y jóvenes veinteañeros del 45, que pocos años más tarde compondrían la "intelligentsia" desorientada del 50, así como los profesores opositores del mismo período, están notablemente bien descriptos en un breve pasaje de la obra (págs. 45-46 y 54-59). A través de las páginas del diario de un alumno de la Escuela Industrial, y de algunos monólogos, Rivera ha dejado una hermosa visión lírica de lo que para ciertos adolescentes de la clase media fue el 45, año crucial que parece haber marcado a tantos argentinos como un ácido indeleble. La desorientación, el descubrimiento de la muerte, la impunidad, la violencia, la transformación de un mundo que cambiaba velozmente, todo ello está mostrado con un magnífico poder expresivo, como un nostálgico recordar lírico donde a la crisis de la edad se sumaba la crítica situación política del país. Tal vez aquí estén—escondidas y como sumadas con cierto desorden característico de una novela primeriza—algunas de las más hermosas páginas de la obra. El que recuerda es Marcos, adolescente que deja su casa, se afilia al partido y se hace tejedor en una fábrica textil; en este personaje creemos ver numerosos rasgos autobiográficos y aquí parece confesarse y retratarse el autor:

Podía hablarle de ese no muy lejano año 45, en que muchos de nosotros—oh ilusos jovencitos—creímos ser dueños de nuestras vidas, impulso de un salto adelante. (Oh, las bellas declaraciones: "el año 45 pasará a la etcétera; la generación del 45, etcétera; la juventud del 45, etcétera; los estudiantes del 45 escriben una página de gloria y etc. etc....").

En ese año creímos que se rompía la rutina de los días, las calificaciones y las reprimendas paternales, y el temor al Jefe de Celadores y las amonestaciones, ¡al diablo! El heroísmo estaba en nosotros. Y en ellos, en los muchachos de enfrente, los de alpargatas, sí; libros, no. Queríamos un cambio. Necesitábamos un cambio. Necesitábamos que algo cambiase. Algo: la vida.

Y, en nosotros, cruzaban sus extrañas raíces el hastío y el heroísmo.

¿Es que no se daban cuenta que descubríamos el cigarrillo, la mujer, la generala, el revólver, la muerte, el amor, la poesía? ¿Es que no advertían que no temíamos matar; que 1945 había doblado el freno de la ley y la moral con un chasquido irrecusable? En eso consistía nuestra gloria: caer o matar. Muchachitos de frágiles espaldas, melenudos, con dos o tres meses de pantalón largo y unos pelillos insolentes bajo la nariz, y granitos, se disponían a matar, matar sin que la imagen del crimen asalte la conciencia antes de matar (págs. 54-55).

¿Y si sacaban las pistolas? Los matábamos, nada más que eso. Los matábamos. Queríamos un cambio. No, únicamente poder fumar cigarrillos a la vista de todos, del director del Colegio, inclusive. Se nos había prometido el cielo; la vida iba a cambiar. Y creímos. Nos prometieron demasiado. Y creímos. Es que éramos jóvenes y confiados. Y creímos. Creímos en las palabras. Y hubo que pagar esa ingenuidad, hubo que pagar el duro aprendizaje de la adolescencia, el paso hacia la hombría, la irrisoria incoherencia de nuestra juventud (págs. 58-59).

Ahora lo sé: cuando 1945 —que pudo ser algo más que un número— no fue más que un número, una cifra que quedaba atrás, pisoteada, envuelta en polvo, la soledad comenzó a ajustarse a nuestra estatura, nos forjó el espejismo de una ilusoria, falseada libertad. Solo, me creía invencible. No amaba a nadie; ni a mis viejos, ni a una muchacha, ni a un sueño. Era libre, poderoso, el gran Dios solo. Yo cursaba quinto año de Química y leía a Dostoievsky, y me jodían la paciencia el butano y el metano, y la teoría atómica; y Bardán dibujaba desnudos, Lage jugaba a los submarinos, y en el bolsillo de Gómez la cachiporra y la libreta: "Hoy le toqué los wombs (según él, senos en inglés) a Felisa;" Vitagli, compañero de mi rabona 25, sentados los dos en un banco del Parque Centenario, frente al Museo de Ciencias Naturales, me confesaba, mordiéndose los labios: "Huelo hembras por todos lados...¿Esta va a ser nuestra vida?... ¿Esta va a ser nuestra vida...?" Yo le contesté a Vitagli: "Puede ser. ¿Quién nos va a dar un motivo, una bandera, una antorcha para sostener: los profesores, el mundo que habitamos, los que nos reprochan nuestra juventud? ¿Toda esa mierda?" (¿Dónde estaban, entonces, mis hermanos, mis amigos? ¿Quizás en *La Prensa*, en los telegramas cuerpo seis?) ¿Eran mis hermanos los chinos; ellos morían por mí? ¿Y los bolivianos, y los españoles que marchaban al paredón, y los negros? ¿Eran mis hermanos, mis amigos? (págs. 62-63)

Esta veracidad—donde a la autenticidad testimonial histórica se suma la confesión magníficamente lograda desde el punto de vista literario—muestra algo que Rivera, y la mayoría de los escritores del P.C., no pueden dejar de lado: que hablan desde una conciencia formada en las actitudes y los valores burgueses. Ese hecho explica que en muchos pasajes, junto a los dictados internacionalistas típicos de las consignas del partido (las numerosas referencias inmotivadas a los triunfos bélicos de la Rusia soviética, por ejemplo, que nada tienen que ver con la novela), asomen—a veces sin quererlo el autor—muchas de las condenas que los liberales y católicos llevaron contra el peronismo. Y eso explica que la Unión Democrática estuviera inte-

grada por sectores tan disímiles como los conservadores, socialistas, comunistas, radicales, etc. etc.

Breves pantallazos, como ya hemos señalado, insertan en la
época crítica del 1953-1954 los acontecimientos de 1945. Esto, si
por un lado infunde a la novela una amplitud temporal y un
alcance histórico mucho más ricos, por otra escamotea el
período más exitoso de Perón, aquel durante el cual la situación
económica de los obreros (y la distribución mucho más equitativa del producto nacional), y la presencia de Eva Perón,
delineaba un cuadro en el que era inevitable mencionarlo.
Rivera, como buen intérprete de las posturas del P.C., se niega a
reconocer la importancia capital de Perón en el momento histórico. Porque el objetivo fundamental de su visión de los hechos
es describir—desde una conciencia revolucionaria—el *paternalismo* peronista, su actitud típicamente bonapartista, su
negación a una auténtica transformación marxista de la sociedad argentina. En el contraste entre la actualidad dramática y
crítica del 53, con los recuerdos y "raccontos" del optimismo
fácil de la posguerra, Rivera elude la mención (y la obligada
descripción) de los años triunfales del 46 al 50. Al no des-
cribirlos, al silenciarlos, los hunde en lo mecánico-histórico:
esos años de mejoramiento económico y de bienestar pasan a la
conciencia del lector como productos de un mero proceso histórico cumplido sin la intervención activa de ninguna voluntad
política concreta. Son el fruto de las ganancias de la posguerra
que se irán derrochando y, al acabarse, comenzarán nuevamente
las dificultades.

A su vez, el autor muestra una de las notas características
del período: la conversión de los sindicatos en aparatos de
sostén político del estado y de la figura central del régimen. Es
evidente que Perón intentó apenas una revolución burguesa, que
jamás persiguió cambiar las estructuras sociales del país o
entregar la totalidad del poder a los obreros. Las fuerzas
obreras fueron la plataforma para alcanzar el poder. Cuando la
situación económica dependiente de la Argentina no admitió
más un reparto generoso y dadivoso, Perón debió levantar frenos
a los grupos sindicales de la C.G.T. y comenzó la organización

de un Estado paternal y fuerte, y para equilibrar el poder sindical puso frente a éste otras organizaciones de sentido semejante: la Confederación General de Empresarios (C.G.E.), la de Profesionales (C.G.P.), la de Universitarios, y el Ejército, del cual jamás se apartó y al cual finalmente entregó el poder (y hasta la decisión última sobre su permanencia en el poder) en 1955. Y que fue el que decidió, el que permitió, el que autorizó su caída, sin defenderlo.

Lo que la mayoría de los escritores del grupo comunista (y un ejemplo característico puede leerse en *Los traidores*, (1968), de José Murillo) no puede admitir, es que a pesar de todos esos defectos (y otros muchos que podríamos señalarle al régimen) la experiencia peronista dejó en el mundo obrero, en la mentalidad obrera argentina, un conjunto de aspectos positivos: una conciencia activa y combativa del derecho a una vida mejor, una estructura sindical poderosa y capacitada para tratar mano a mano con el poder concreto sus problemas y sus demandas (ya fuera con los partidos políticos o las fuerzas armadas), una legislación protectora de esos derechos. La supervivencia de esas estructuras sindicales se ha probado a través de los duros años que van de 1955 a 1973, y de 1975 a1983: siguen en pie, poseen efectiva resonancia y poder suficiente para exigir y decidir. Y un hecho concreto que no debe ser jamás olvidado: la gran mayoría de esos dirigentes sindicales siguen siendo anti-marxistas y anti-comunistas. Es evidente que hoy como entonces, existieron y existen dirigentes venales, lanzados a lograr ventajas personales en detrimento—a veces—de las reclamaciones de sus representados. Pero casi ninguno de los aspectos positivos de la legislación obrera de los años 1944-1955 ha sido derogado: el aguinaldo, las vacaciones pagas, el derecho al despido, la protección a la maternidad, etc.

Lo que los comunistas no podrán perdonarle a Perón (y lo mismo ocurre con casi todos los sectores de extrema izquierda) es que demostró que pueden iniciarse y ponerse en marcha una sucesión de cambios sustanciales en un país, sin apelar a una ideología que rechazan la mayoría de los obreros argentinos. Que pueden realizarse múltiples cambios sin excesiva violencia, sin paredones, sin pobreza generalizada, sin cambiar totalmente la estructura política, social y jurídica. En otras palabras: un cambio es posible dentro de los límites burgueses de una sociedad dada. Puede transformarse un país sin pasar por el marxismo.

Por eso, como Perón defendió y acrecentó entre los obreros una conciencia burguesa, un deseo de acceder al goce de los valores y bienes de la burguesía, atrasó y pulverizó, de modo eficacísimo, uno de los supuestos fundamentales del P.C. Esta es la causa por la cual las jerarquías del Partido han mantenido siempre una actitud negativa frente a Perón, aunque hayan apoyado su candidatura (1973, 1974, 1983) en alguna elección por razones circunstanciales.

Literariamente, *El precio* presenta algunos defectos típicos de toda obra primeriza: demasiados asuntos y variados puntos de vista, a veces no totalmente bien aprovechados, algunas fallas en la distribución del rico material narrativo, contradicciones en el manejo del diálogo (e inexperiencias visibles), caídas en lo didáctico y lo ingenuo, un cierto maniqueísmo romántico en los personajes, inserción de lo prosaico y lo cronístico no siempre bien digerido en el contexto. Todo ello, sin embargo, no impide que la novela muestre la mano de un escritor con buena pasta de narrador, con momentos muy bien logrados y con una habilidad infrecuente para expresar ciertos sentimientos colectivos pocas veces descriptos con felicidad entre nuestros novelistas. En primer lugar *la solidaridad* entre los hombres; el compartir empresas sociales en busca de un bien común; *la camaradería*, la amistad. Una implícita y emocionante fe esperanzada mueve la pluma de Rivera, fe en los de abajo, en los más pobres y menos poderosos.

En sus cuentos posteriores es visible, además, un evidente afinamiento de sus medios expresivos. Rivera deja de lado las consignas partidarias y se va convirtiendo en un hábil testigo de los avatares últimos, personales, de esos personajes golpeados por la desgracia, la injusticia, la desesperación.

Populista y también insertada dentro de este grupo, *Uno, el país*, (1960), de Pablo Rivas, constituye una novela en la cual las consignas ideológicas no alcanzan a oscurecer una visión de algunos momentos fundamentales de la época. La obra abarca en saltos cronológicos un amplio espacio temporal: desde antes del período que nos interesa (¿1938?) hasta el 16 de junio de 1955. Centrada en la descripción de grupos obreros, sobre todo los del cinturón industrial de Buenos Aires (Barracas, Avellaneda), Rivas dedica especial atención a las existencias de los empleados y trabajadores que desde el interior viajaron a la capital en busca de trabajo. Así muestra obreros que venían desde Santiago del Estero, Tucumán, Córdoba, Corrientes, y describe sus primeros pasos en la gran ciudad, su instalación en las Villas Miserias y barrios pobres de extramuros, dejando una buena pintura de cómo viajaron, trabajaron y vivieron los llamados "cabecitas negras" de los años 1946-1950.

Atractivo resulta comprobar las identidades circunstanciales que encontramos entre la versión que Rivas da de los días 16 y 17 de octubre del 45 (págs. 107-112), y la que trae Velázquez en *El juramento*. ¿Recurrieron a la misma fuente oral, o se inspiró Rivas en el escritor nacionalista? Rivas cierra su obra con la pintura del abortado golpe del 16 de junio, con los bombardeos de Plaza de Mayo (págs. 167-172). Debe decirse en rigor de verdad que una cierta ingenuidad ideológica y una visible inexperiencia narrativa parecen atentar contra la verosimilitud de algunos pasajes de esta novela menor.

Entre las novelas que describieron las clases más desposeídas debemos contar varias que podrían ser colocadas en un tipo particular, el de las llamadas del *populismo socialista*. Dos pueden ser ejemplos característicos de las bondades y defectos de dicha orientación: *Villa Miseria también es América* (1957) de Bernardo Verbitsky, y *Ladrones de luz* (1959) de Rubén Benítez. Ambas describen una zona de la realidad urbana argentina que no ha tenido demasiados novelistas: las poblaciones marginales compuestas por millones de personas que desde las provincias norteñas y desde los países vecinos, se trasladaron a Buenos Aires en busca de trabajo cuando se produjo la gran emigración interna que no se ha detenido todavía, y que comenzó hacia 1947-1950.

Las dos novelas describen sendas "villas miserias" en los alrededores de Buenos Aires, con los instrumentos del realismo. La vida cruel, difícil, angustiosa y por momentos miserable de esos grupos humanos, es descripta allí con visible intención testimonial y de mejora social. Ambos autores, Benítez y Verbitsky, declarados socialistas cuando escribieron sus respectivas novelas, se igualan no sólo por sus ideas y sentimientos, también por su negativo rechazo del peronismo. Una fe en el Hombre, fe que recuerda la de ciertos boedistas, se une en ellos a la afirmación de la solidaridad, la esperanza y la bondad humanas. Ambos rechazaron, a través de sus personajes y sus situaciones, la corrupción del sindicalismo peronista, del bonapartismo peronista y del populismo del movimiento. Debe reconocerse, sin embargo, que ambos tocan—por momentos—la inverosimilitud al retratar ciertos tipos obreros que fueron muy infrecuentes en la época: el obrero interesado en el progreso intelectual, tipos que recordaban otros muy característicos de cierta literatura utópica y pietista de los años 20 (Mariani, Castelnuovo).

Dentro de este subgrupo debemos colocar a una novela casi ignorada en la Argentina y que pertenecería al "socialismo liberal" o "socialismo no revolucionario." Es obra que posee valores y características dignas de ser destacadas y muy por encima de casi todo lo que se ha escrito hasta hoy sobre el período, con la excepción de la saga de Manuel Peyrou. Nos referimos a la reciente y singular obra de Jorge Andrade, *Proyección en 8mm y blanco y negro, durante una reunión de familia, un sábado a la tarde* (1987) cuya riqueza de enfoques, calidad literaria, complejidad humana y estilística, deben ser aquí señaladas.[1] Por razones de espacio no podemos detenernos a analizar una novela que requeriría un estudio cuidadoso, por eso nos limitaremos a dar una brevísima síntesis de sus características más notables y a señalar cómo lo político irrumpe en la suma de recuerdos que es la obra (pintura honda y valiosa de una clase social y un momento histórico específico de la historia argentina del siglo XX).

Centrada en el recordar de Zeleste, el niño-adolescente-
hombre, que se vuelve al pasado para desde esa perspectiva
cambiante reconstruír su mundo familiar y amical, la obra va
convirtiéndose en un amplio friso de época que describe el
período 1940-1955. Rica en detalles y en perspectivas, el
recordar poético y autobiográfico está claramente determinado
por lo familiar y lo social, y ello ha permitido al autor
entregarnos tal vez el más logrado testimonio sobre una clase
social argentina: la pequeña burguesía urbana de entreguerras,
aquella que hizo gran parte de la riqueza y estabilidad del
país y cuyos valores, costumbres, temores, odios, limitaciones y
grandezas aparecen aquí descriptos con encomiable hondura,
comprensión y piedad. Las cosas y los objetos cotidianos, las
bebidas y ropas, los personajes y mitos colectivos, todo tiene en
esta obra de desusada extensión su correspondiente lugar. En ese
recordar cargado de poesía y emotividad, nostálgico a veces y
otras humorísticos, que por momentos confunde la rememoración
del adulto con los sueños y los juegos infantiles, hay páginas y
pasajes que merecerían el calificativo de antológicas, por su
riqueza y su hondura al describir las pequeñas y dulces cosas de
la vida de todos los días (desde los tranvías del Anglo, los
radioteatros, las comidas, hasta las ropas, las modas, las
formas de relación y tratamiento, las frases hechas, las costumbres).

Debe acotarse además, sin que este sea el lugar apropiado
para un estudio de esos aspectos, que aunque el narrador fundamental es el niño-adulto que ocupa gran espacio de la obra, hay
momentos en que quien habla expresa los recuerdos del padre y
aún sus experiencias pretéritas; y por momentos un "narrador
objetivo" ocupa el espacio del que narra en el libro. Por tanto
hay una compleja variedad de voces en la novela y ese narrar,
que es siempre recordar y reconstruír un pretérito, posee dimensiones cambiantes que a veces se confunden con los sueños y otras
suponen un examen (un autoexamen) del acto mismo de volverse
al pasado. O sea, la distancia temporal que separa el momento
del recordar del tiempo rememorado es cambiante y por
momentos la realidad anterior se carga de poesía e ima-

ginación. El recordar, por tanto, no es siempre idéntico en profundidad ni en detalles. Se despliega en una infrecuente riqueza de enfoques. Compárese, por ejemplo, la suma poética de detalles descriptivos en las antológicas páginas sobre las "facturas" (págs. 73-75), con los sueños y juegos infantiles (pág. 59), la suma riquísima de percepciones del pasado, recordado proustianamente (pág. 68-69), con la conciencia inasible de no poder saber qué es lo que el narrador recuerda, qué de ese pretérito a cuya búsqueda ha partido el narrador es el que resta en su memoria (pág. 79 o pág. 335, donde se señalan las confusiones y oscuridades de la memoria).

La novela describe con singular agudeza cómo vivió la pequeña burguesía la aparición de la figura de Perón, sus aprensiones primeras, su desconfianza y temor frente a un movimiento político que no se parecía en nada al viejo partido Socialista del padre de Zeleste, partido de empleados y obreros calificados donde una constante racionalidad y una estructura interna democrática, contrastaban marcadamente con las grandes frases primarias y el caudillismo irracional del peronismo. La novela testimonia cómo en esa clase media, atemorizada y confundida por el visible desprecio del peronismo con respecto a los valores y las costumbres heredadas (ahorro, respeto de las formas y las ropas, mantenimiento del lugar social que le tocaba a cada uno ocupar, etc.), se contaron muchos de los más enconados enemigos del peronismo y numerosos de sus más convencidos partidarios, deslumbrados frente a los eficaces aumentos de sueldo que Perón concedió de manera casi paternal durante esos años de oro de 1943 a 1948.

Andrade hace un exacto dibujo de los valores e ideas de esa clase, educada en la escuela sarmientina, todavía fuertemente influída por el positivismo y el laicismo (escuela que ya desde 1930 debió enfrentar una sorda lucha de desgaste y descomposición de sus bases ideológicas y pedagógicas—proceso acentuado después de 1943—y cuya agresión se cumplió con la entrega del control de la educación pública a la jerarquía eclesiástica argentina, la más reaccionaria y conservadora de América Latina). El padre de Zeleste, contador socialista y ateo, inculca en su hijo los valores de libertad, igualdad, fraternidad que caracterizaron esa educación laica. Es a partir de esos valores—que se sintieron amenazados—que dicha clase reaccionó frente a la aparición del nuevo grupo político que fue recibido con la sensación de que era una amenaza, algo que ponía en peligro la totalidad del mundo en torno:

Era una intranquilidad, un extraño desasiego lo que sentía Zeleste, lo que le transmitían sus expresiones, las palabras, los gestos de sus padres, de Mary, de Pedro y Vera. El peronismo estaba en la calle, era algo que se respiraba en el aire, era una especie de amenaza, más inquietante porque era desconocida (281).

Las formas, las palabras y los gestos comienzan a cambiar; la almidonada superficie de las formas de relación de la época, marcada por la mesura, las grandes palabras (*honra, honestidad, moderación, respeto, buenas maneras, buenas costumbres*), que no siempre correspondían a una realidad efectiva, y ciertos grandes gestos todavía decimonónicos, fueron dejados de lado por el peronismo que trajo una visible despreocupación en lo exterior y un aflojamiento de las costumbres sociales, sexuales y en las formas de relación. Es este cambio uno de los que produjo reacciones más negativas entre la pequeña burguesía, siempre uncida a la conservación de lo externo como representativo de lo interior (= trajes oscuros, gestos mesurados, palabras sin aristas, actitudes afinadas). Zeleste recuerda las formas de antes, y las compara con lo que ahora ocurre:

Se decían cosas fuertes, a veces, pero había una moderación, un límite, una contención...
    Y cuando pasaba algo de verdad, como con el asunto de las tierras de El Palomar, alguien importante se suicidaba, la honra quedaba a salvo... (281-281)

El peronismo se sintió como una invasión, una marea invasora que negaba las buenas maneras de otrora y traía un específico mal gusto, una agresividad, un deseo de cambio, de transformación peligroso, que ponía en crisis las relaciones entre las clases y el lugar que cada una había ocupado hasta ese momento en el entramado social; todo comenzaba de pronto a ser distinto:

De repente todo empezaba a cambiar, producía sorpresa y aprensión, no se sabía exactamente qué era... Vinieron las voces. Eran voces chillonas de mujeres, frases que cortaban como cuchillos de unos hombres que de pronto hablaban en falsete, voces no educadas para conversar en los entreactos del Colón, no para decir discursos que llenaran el recinto del Congreso... Ropas de mal gusto, puestas fuera de tiempo y unas risas destempladas que estallaban sin causa, que escandalizaban. Cada vez eran más, iban en grupo, cobraban valor... Miraban con descaro... ¿Dónde estaban esos nativos callados, indolentes, taciturnos, pero respetuosos... que siempre miraban el suelo. Ahora eran ellos los que miraban para otro lado cuando se los cruzaban en grupo. (282)

La pequeña burguesía, viviendo siempre en un nivel económico que rozaba el del proletariado, se sintió amenazada cuando descubrió que las mejoras salariales concedidas a los obreros habían elevado muchos de esos salarios por encima de los magros sueldos que ella recibía. De pronto se dio cuenta de que un buen técnico o un obrero especializado estaba ganando ostensiblemente más que un empleado de oficina de camisa planchada y corbata, y que ese mejoramiento podía significar su desplazamiento desde una situación más o menos segura y envidiable, al del más bajo nivel de ingresos; esto está bien acotado por el narrador, que expresa la sensación de cambio y desplazamiento social que Zeleste percibe viven sus padres y amigos:

...comprendía que ése era un mundo, todo un mundo cerrado que estaba tratando de imponerse desplazando al otro mundo, el mundo al que pertenecían sus padres... Un mundo nuevo, desconocido, anárquico y receloso que no dejaba escapatoria a nadie y que si lograba desplazar definitivamente al otro mundo no iba a tolerar que ninguno de ellos se evadiera. Había peligro en ese mundo nuevo que avanzaba como una ola turbulenta, como unas nubes de tormenta amenazándolos y al que su padre trataba de poner una barrera con el artículo... (57)

La actividad política se manifiesta también como agresión clasista, como expresión abierta de formas y modos que las "buenas maneras" de la vida social desconocían y que el recato pequeño-burgués de la clase a la que pertenece Zeleste jamás admitió como posible. Al mal gusto en el vestir se suma la agresión descubierta, el insulto y una liberalización en las costumbres y el habla que la pequeña burguesía de entonces percibió como algo intolerable:

Venían por Montes de Oca... Gritaban: "La vida por Perón. La vida por Perón." Y las mujeres por su cuenta a coro: "Sin corpiño y sin calzón, somos todas de Perón." "Una vergüenza" decían Mary y su madre... "Obreras, dicen que son obreras, vos bien sabés lo que son... Qué van a ser obreras... esas lo que son, son p." decía y se mordía la lengua... decían a la gente, "Soy fabriquera." "Yo también trabajé en fábricas y nosotras no teníamos ese vocabulario." "Esas son las del Bajo" insistía su padre, "vienen de donde viene la otra" agregaba socarronamente y su madre y Mary se ruborizaban...sabían a quién se refería (283).

La burguesía atacó duramente a Eva y Juan Perón acusándolos de inmoralidad, pública y privada. Muchos de estos aspectos pueden leerse en las biografías de Page y en Barnes. A Eva se la calificó de ser hija natural, de poseer un pasado liviano de actriz barata de radioteatro y de teatrillos sin importancia, de haber regalado millones logrados con amenazas a numerosos empresarios para donarlos a través de su Fundación, de haber poseído incontables amantes. Perón fue acusado de pedofilia, de impotencia, de haber hecho una fortuna vendiendo pasaportes argentinos a ex-jefes nazis, de haber ordenado el asesinato de Juan Duarte (hermano de Evita), etc. La moral ha sido siempre un recurso poderoso para denostar políticamente y ambas figuras fueron acusadas numerosas veces de delitos de esa clase. En la novela, por boca de su protagonista-testigo y de otros personajes, escuchamos numerosos de esos calificativos éticos.[2]

El recordar no es sólo detenido y realista, o poético y ensoñador; también supone momentos de peculiar y honda ironía, cuando dicho recordar se hace objetivo y es capaz de sumar a la ternura una aguda conciencia crítica. Andrade muestra el racismo de esa clase media que usaba la denominación *negros* o *cabecita negra* como una forma de agresión social y como una manera de establecer una distancia y una diferencia frente a esa amenaza que parecía poner en crisis los valores y el lugar de esa clase en la sociedad de la época. La estabilidad, la permanencia de un mundo que parecía en 1940 y en la Argentina inconmovible e incambiable, había de pronto desaparecido. Ahora nada parecía seguro (compárese con lo que aquel pequeño propietario que se llamó Martínez Estrada declaraba en algunas de sus cartas):

Incluso dejaron de mencionarla por su nombre, la llamaban "la negra," de una manera despectiva. Zeleste sentía que era algo reprochable eso del color y que tenía que ver con la invasión que avanzaba por las calles de Buenos Aires, cada día más visiblemente, extendiéndose como una epidemia. "Hoy el centro está plagado de negros," decía Mary, o "El tranvía venía así de negros," comentaba su padre juntando los dedos de la mano y haciendo un gesto de desagrado con la boca. Hasta Walter que al principio los defendía porque eran provincianos como él, un día vino diciendo... "Puf, che, esos negros... qué insoportables..." (255).

Obsérvese cómo la idea de *invasión* se expresa aquí como la de ocupación de un espacio civilizado, en este caso la ciudad, por una masa amenazadora; lo cual reitera una constante política e ideológica con una extensa historia en la literatura y la política argentinas (desde *Amalia* de Mármol hasta el peronismo). La pequeña burguesía, que había adoptado los valores y los mitos de la alta clase oligárquica, también se sentía copartícipe de sus temores y odios. Así como los escritores liberales habían adoptado en sus símbolos los modos de caracterizar a esta clase en ascenso que se apoderaba del poder político (y de su ámbito específico: la ciudad), calificándola negativamente, así también la pequeña burguesía, al sentirse desplazada por la clase obrera, la atacó de la misma manera (otra vez, *la barbarie invadía los ámbitos de la civilización*).

En la burguesía argentina se enfrentaron—y siguen enfrentándose hasta hoy—dos criterios opuestos que sintetizan en gran parte los argumentos favorables y contrarios al peronismo en el seno de dicha clase. Unos defendieron y defienden las libertades públicas, la estructura constitucional, la división de poderes, la escuela sarmientina y laica, la tradición republicana. Otros—opuestamente—sostuvieron que lo esencial y primero era y es, lograr una distribución más equitativa de la renta nacional, que todos deben tener derecho a una vida digna y a oportunidades concretas de progreso, y que las masas deben participar del poder político influyendo en sus decisiones. Estos criterios enfrentados se reflejan en la novela, tanto en el nivel de adultos como en las discusiones que separan a Zeleste de sus compañeros de escuela primaria (lo cual muestra de qué manera en la época hubo una marcada politización de todos los niveles de la sociedad). Zeleste se enfrenta a sus camaradas infantiles, él calificando negativamente a Evita, y sus compañeros defendiéndola (págs. 285-287). Hay dos pasajes de la novela que muestran este tipo de enfrentamientos con meridiana claridad. En el primero, un personaje responde a la argumentación del padre de Zeleste contraria a los aumentos de sueldo decretados por Perón:

"Demagogo," decía su padre, "quince por ciento de aumento de sueldos, así como así. ¡Con qué descaro compra los votos! Los resultados se van a ver luego, pero mientras tanto más papeles en el bolsillo y euforia." Y cuando más enojado estaba, añadía: "¿Total, para qué? Para que los negros se lo vayan a chupar al boliche"...Carvallo afirmaba: "Perón es bárbaro, lo dice mi viejo. Nunca había ganado tanto como desde que Perón está en la Secretaría." Y Zeleste se afanaba por demostrar que no...que era apenas una ilusión...y... Carvallo le contestaba "Ma qué precios ni precios Zeleste...¿me querés decir cuándo mi hermano el mayor olió un tren a cuerda?... (pág. 286).

En otro pasaje, por boca de Zeleste y su padre oímos la defensa de los ideales y valores que esa clase había recibido de la escuela pública:

Zeleste llegó diciéndolo al mediodía, lo habían echado al director de un colegio vecino al suyo. A la noche su padre movía la cabeza, "Viste, viste " decía..."Hay que pararlos, hay que pararlos, hay que ganarles, si no estamos listos, adiós democracia, adiós libertad" (pág. 294).

Y un poco más adelante, comentando el padre el discurso del nuevo director que aconsejaba aceptar y obedecer las órdenes y disposiciones del gobierno, agregaba con amargura:

"¡Te das cuenta si tenemos razón!...¡Te das cuenta!," repetía... "¡Le tienen miedo a los hombres íntegros! quieren que todos sean genuflexos...Intimidan a la gente, fíjate... Pero como si todo eso no les bastara quieren corromper lo más sagrado: la mente de los niños. Decirle a unas criaturas que hay que adaptarse, que es peligroso nadar contra la corriente... ¡Pero qué atorrantes!... ¡Los quieren convertir en borregos desde chicos!, si no tienen ideales a esta edad ¿qué van ser cuando grandes?" (págs. 296-297).

Otro aspecto que está bien documentado en la novela es la intervención de la Iglesia en la enseñanza primaria, en la que el peronismo (siguiendo lo que ya había decretado el reaccionario gobierno de la Revolución de 1943) estableció como obligatoria la enseñanza de la religión católica. Aquellos que no asistían a las clases de Religión debieron tomar clases de Moral. Todas maneras de obligar a los independientes, indiferentes o ateos a manifestar públicamente sus ideas y a dirigir sobre ellos la atención de los demás ciudadanos. Una burda forma de presión pública que si dio puestos y poderes a la Iglesia, la obligó en otros sentidos y fue una de las causas de las disensiones que más tarde enfrentaron a estos dos poderosos adversarios. Zeleste, educado como su progenitor en un constante anti-clericalismo, reacciona negativamente ante las actitudes propagandísticas y agresivas del cura párroco de su barrio. En una significativa escena en que su padre deja en manos del adolescente decidir si tomará o no clases de Religión, éste elige asistir—con tres judíos y un compañero declaradamente ateo—a las clases de Moral. La novela muestra con claridad la crisis ética que sufrió la enseñanza durante el período y la serie de presiones que deterioraron la relación maestro-educando (págs. 117-118 y 130-135).

En el nivel social, la novela dibuja un fino retrato de las aspiraciones de progreso y las formas de ascensión vertical en el entramado de la sociedad que caracterizaron a la pequeña-burguesía. Dejar de ser obreros era un primer paso indispensable para lograr la independencia económica básica (págs. 268 y 329); la meta era ser patrones. La constante admiración por la tarea intelectual, que suponía (y supone aún hoy) una forma de distinción altamente valorada (pág. 277). Respeto a los valores establecidos, a las formas, a los mitos que alimentaron la imagen del propio país que esa clase recibió de la alta burguesía agropecuaria, aquella compuesta por terratenientes que tradicionalmente han pertenecido en la Argentina a lo que se ha denominado *la oligarquía*. Una de las más logradas páginas de la novela es aquella en la que un personaje que sale de la adolescencia evoca la imagen mítica que durante años esa clase media de empleados y obreros calificados tuvieron de su propio país al que consideraban como "el granero del mundo." Este mito colectivo difundido por la escuela, la prensa y algunos escritores (pensemos en Lugones, Rubén Darío, Larreta), se expresa en un monólogo que suma ingenuidad e ironía:

De repente se había empequeñecido. Miraba las puertas cerradas de los departamentos y tras ellas suponía las fastuosas viviendas de los directores de las empresas de exportación—bolsas de trigo llenadas y cerradas en los campos, allá en General Belgrano, en Monte, en Las Flores, en Rauch y luego los vagones junto a los muelles y los altos guinches levantando las pailas cargadas y depositándolas delicadamente en las profundidades umbrías y frescas de las bodegas de los buques, grandeza de la patria, campo argentino, oro de la tierra recorriendo los surcos del mar por todos los rumbos del viento, pañuelito blanco, sol del mayo creciendo sobre la ubérrima pampa, al oeste la pared de la cordillera elevándose al cielo con las testas de los colosos perennemente coronadas de nieve, al norte el altiplano histórico de las primeras batallas de la nacionalidad y la selva insondable, al sur las llanuras casi sin explorar, liberadas de las hordas salvajes en las gloriosas campañas, ganadas para la civilización y el futuro grandioso del país, hasta donde están los hielos eternos, al este el mar inmenso por donde los barcos de todas las banderas llevaban al mundo la riqueza de la Patria y traían a cambio los más avanzados productos de la técnica: Argentina, tierra rica como ninguna, vertiendo sobre el orbe el generoso fruto de sus campos y asimilando en su corta vida todos los progresos de la civilización que colocaban a su pueblo entre los primeros... (págs. 86-76).

Esta concepción del país como exportador de materias primas y productos agropecuarios e importador de técnicas y productos industrializados fue una imagen que el peronismo puso en crisis. En la realidad, la guerra del 39 al 45 interrumpió dicho proceso: durante ocho años muy pocos productos y maquinaria pudieron importarse y el país se vio obligado a fabricarlos por razones obvias. Por otro lado la propaganda peronista atacó verbalmente dicha imagen y a la clase que la había creado hablando negativamente de la "oligarquía vacuna" y de los "cipayos" que habían entregado el país al imperialismo anglosajón (todos "slogans" creado por el nacionalismo y el radicalismo entre 1928 y 1940 que Perón adoptó con sabia eficacia). El peronismo además hizo suyas ideas que el nacionalismo había proclamado ya desde la época de Lugones, como la necesidad de industrializar el país y de producir acero. Los intelectuales nacionalistas-peronistas condenaron (como sus predecesores rosistas) a la clase liberal-oligárquica culpándola de todos los males argentinos, desde la inmoralidad política y la deformación de la auténtica tradición nacional (que era para ellos hispánica, católica y conservadora), hasta de la "entrega" de los bienes y territorios del país.

Los ataques contra la oligarquía fueron, en general, más verbales que reales. Tal vez el balance final del accionar de los discursos de Perón y de los escritos de sus voceros "intelectuales" (uno, trotskista, Jorge A. Ramos, otro nacionalista-radical, A. Jauretche), haya sido que lograron poner en crisis, deslustrar, desprestigiar la imagen impoluta que de dicha oligarquía poseían los intelectuales liberales y difundieron en ciertos niveles populares esa misma imagen oscurecida y deslustrada de la tradición liberal. Uno de los aspectos que resultó oscurecido fue este del país como "granero del mundo." La realidad se ocupó, de modo contundente, de terminar con esa figura simbólica: las sucesivas sequías de los años 1949-1952 así como la caída de la producción de granos y carnes entre 1948 y 1955 también contribuyeron, de modo decisivo, a deslustrar dicha imagen.[3]

El control del comercio exterior por el Estado y el mejoramiento visible de la situación de los obreros campesinos,
parecieron dos medidas que iban encaminadas a poner en crisis
la fuente concreta de la riqueza de la oligarquía (poseedora de
los mejores campos del país). Debe decirse, sin embargo, que
Perón buscó, ya desde 1952, una forma de acuerdo con esa clase y
aunque no lo logró, estableció con ella una relación estable y
pacífica que nunca puso en peligro el poder real de la misma. A
pesar de algunas expropiaciones ilegales de campos y propiedades que realizó Perón, en ningún momento se tomaron medidas
eficaces para lograr una redistribución de la propiedad de la
tierra en la pampa húmeda (provincia de Buenos Aires y zonas
agropecuarias de La Pampa, Santa Fe, Entre Ríos, Córdoba).
Jamás pensó Perón en nada parecido a una "reforma agraria,"
créditos a largo plazo para permitir a los arrendatarios la
compra de sus campos, medios a los pequeños propietarios para
organizarse en cooperativas, eliminación de las enormes
ganancias de los intermediarios en el comercio de los productos
alimenticios, control real de las cooperativas sobre el comercio
exterior, etc., medidas algunas de las cuales fueron puestas en
marcha en el corto intermedio 1973-1974 del camporismo, y que
fueron de inmediato dejadas de lado cuando asumió el gobierno
el General Perón, ya viejo y fatigado.[4]

En cuanto a la tantas veces proclamada "industrialización"
del país que el peronismo ejemplificaba con una locomotora, un
avión y un tanque de guerra, esta se limitó a la importación de
autos, al armado de los mismos en el país y a la fabricación de
artículos livianos para uso doméstico. Perón no construyó un solo
alto horno y no fundió un solo kilo de acero (los comienzos de la
industria pesada fueron obra de Frondizi), tampoco puso
atención alguna en la petroquímica, ni en la producción de energía, que siempre fue deficitaria, lo mismo que la producción de
gas, petróleo, o cemento; ningún paso importante se dio en el
establecimiento de fundamentos reales para una industrialización verdadera. Todo consistió en una propaganda desmesurada
que a la caída del régimen, en 1955, mostró un país sin teléfonos,
sin autopistas, sin acero, sin transportes modernos, sin energía

eléctrica suficiente, sin industria química ni inversiones básicas.

NOTAS

1 Jorge Andrade, *Proyección en 8mm y blanco y negro, durante una reunión de familia un sábado a la tarde* (Barcelona: Muchnik editores, 1987), 375 págs. El número entre paréntesis después de cada cita, remite a páginas en esta edición.

2 "Es una vergüenza...¿Se enteraron de la novedad?" y contó que el coronel de la Secretaría de Trabajo y Previsión se casaba con la actriz de varieté, casi una bataclana, que si ahora trabajaba en la radio era gracias a la amistad con el coronel...de él podía esperar eso y mucho más y de ella, por supuesto ni hablar, era una arribista inescrupulosa," págs. 56-57. "Perón era un atorrante, no había dudas, era un tipo capaz de cualquier cosa. 'De ése se puede esperar cualquier cosa' había dicho su padre... Eva era una degenerada, tal vez ser linda era su culpa... ese hombre... impecablemente vestido de civil... era un demagogo y un tirano con un afán desmedido de poder y de dinero," págs. 287-288, y en muchos otros pasajes de la novela. Ver sobre todos estos aspectos Page y Barnes. La biografía mejor documentada de Eva es la de N. Fraser y M. Navarro, *Eva Perón* (New York: W.W. Norton & Co., 1981). Sobre las biografías de ambas figuras véase el análisis crítico de Alberto Ciria, "Flesh and Fantasy: The Many Faces of Evita (and Juan Perón)," *Latin American Research Review*, 18, 2 (1983), págs. 150-165 con numerosas referencias bibliográficas.

3 Un balance bastante ajustado del retroceso económico sufrido por el país lo da Rouquié II, págs. 99-107, ver la bibliografía allí citada. En pág. 100 leemos: "Durante el gobierno de Perón, la Argentina dejó de ser el granero del mundo. Antes de la guerra, la República Argentina exportaba 6,5 millones de toneladas de maíz (un 64% de la demanda mundial); en 1950-1954, ya no vendía más que un millón de toneladas. Mientras que el mercado mundial de trigo se expandió, la participación de la Argentina pasó del 20% (3,3 millones de toneladas) al 9% (2,2 millones de toneladas). Y lo mismo sucedió con las carnes..." Los rendimientos productivos disminuyeron de modo incomprensible; la falta de inversiones y de modernización técnica hicieron que mientras los Estados Unidos, entre 1950 y 1954 aumentaron la producción por hectárea

un 73,3%, en la Argentina disminuyó un 18,4% en el mismo período, ibidem. Rouquié muestra además cómo involucionó la economía: "...el consumo de hierro y acero cayó de unos 117kg por habitante en 1929, a 55kg por habitante en 1950-1954; el número de automóviles, que en 1929 ubicaba a la Argentina en los primeros puestos a nivel mundial con 27,8 vehículos cada mil habitantes, se redujo a 18,1 por cada mil habitantes en 1954," pág. 102. Y destaca la marcada inflación sufrida por el país, que entre 1949 y 1952 alcanzó el 39%; además, el Indice del costo de vida prosiguió subiendo sin detenerse entre 1943 = 100, y 1955 = 682,3, ibidem.

4   R. Sidicaro, "Poder y crisis de la gran burguesía agraria argentina," en A. Rouquié (comp.), *Argentina Hoy* (México: Siglo XXI, 1982), págs. 51-104.

VI. LOS LIBERALES. DE BORGES A MURENA

Dos tiranías hubo aquí. Durante la primera, unos hombres, desde el pescante de un carro que salía del mercado del Plata, pregonaron duraznos blancos y amarillos; un chico levantó una punta de la lona que los cubría y vio cabezas unitarias con la barba sangrienta. La segunda fue para muchos cárcel y muerte; para todos un malestar, un sabor de oprobio en los actos de cada día, una humillación constante. (J.L. Borges, en "Martín Fierro")

La muchedumbre cantaba las canciones patrióticas *Giovinezza* y *Uber Alles*... Los feldmariscales iban a pie y los sacerdotes los asperjaban con hisopos de plata. El padre Filippo Castañeda hacía cortes de manga. A esto siguió el candombe, baile nacional de las grandes fiestas de etiqueta, dirigido por el mariscal Eusebio. Hereñú habló en nombre del pueblo. Después pegaron fuego a las iglesias. (E. Martínez Estrada, en "Sábado de gloria")

Hasta ahora hemos examinado siempre textos narrativos cuya divisa general es el "realismo" o, por lo menos, una intención visible de reflejar la realidad, ya describiendo episodios que ocurrieron, ya haciendo participar en la acción junto a personajes ficticios a otros que, bajo seudónimos o no, remitían a personas que actuaron y existieron en la época que nos interesa. Y siempre, de alguna manera, los distintos textos reflejan claramente la actitud que el grupo político o ideológico al que pertenecían sus autores adoptó frente a esos hechos durante esos años. En todos los casos, además, hemos indicado ciertas diferencias, ciertos matices que separan a algunos autores del grupo al que pertenecen; así hemos acotado cómo dos nacionalistas, uno populista y el otro conservador (Perrone y Gálvez) dan dos visiones muy distintas de un acontecimiento histórico: el 17 de octubre de 1945. Y en cada caso hemos explicado por qué sucede así. Lo mismo haremos con los autores que hemos englobado bajo el rótulo tal vez demasiado amplio de "liberales." Ya veremos que entre ellos se dan también diferencias—a veces marcadas—

en el tratamiento narrativo del período. Siempre trataremos de señalarlas y explicarlas.

Pero lo que debe acotarse ahora es que en este capítulo abordaremos textos que escapan al realismo. Unas veces son satíricos o caricaturescos (Borges, Cortázar), en otras apelan a una esencial ironía (Bioy Casares), otras entran sin problemas en la llamada literatura fantástica, enigmática o alegórica (Cortázar, Murena). Muchos sin embargo pertenecen por derecho propio al realismo y aun al costumbrismo (en especial la bien lograda saga de Manuel Peyrou), pero su último sentido—como veremos—es ético y otras veces marcadamente político.

De entre los narradores que describieron esta época, los liberales componen el sector más importante. No sólo por su cantidad sino y fundamentalmente por la variedad de sus enfoques, por la extensión de sus intentos y por el valor literario de sus páginas. Como su número es muy grande, aquí examinaremos solamente aquellos que consideramos ineludibles ya por su valor, ya por su originalidad.[1]

Jorge Luis Borges y Adolfo Bioy Casares, usando su conocido seudónimo H. Bustos Domecq, escribieron en 1947 un relato titulado "La fiesta del monstruo." Narración puesta en boca de un "grasa" (que es a la vez fervoroso partidario peronista), describe a una tal Nelly los preparativos y el viaje en camión de un grupo de manifestantes hasta la Plaza de Mayo, para asistir a la que el narrador llama "fiesta del monstruo." La manifestación encuentra a un estudiante judío; lo insultan, lapidan y matan. Esta descripción de una de las tantas manifestaciones multitudinarias (típicas de esa época) por boca de uno de sus integrantes podría ser vista como la visión borgiana del 17 de octubre de 1945.[2] El relato, que fue reproducido más tarde en una revista "para hombres," ha sido sistemáticamente no editado por sus autores. De cualquier manera el habla utilizada por el narrador es una suma de formas artificiosas e inventadas, que jamás existieron en la realidad; los rasgos que se atribuyen a los manifestantes peronistas son de una ferocidad desusada y caricaturesca; la negrura humana del relato, casi goyesca. Evidentemente la intención fue satírica. Lo que sí debe señalarse es que allí están presentes (pero exagerados hasta la hipérbole) muchos de los rasgos que los hombres de la burguesía anti-peronista atribuyeron a estas manifestaciones de centenares de miles de personas que, en numerosas oportunidades, fueron a la Plaza de Mayo a dar vivas a Perón. También debe señalarse que muchos de los intelectuales liberales vieron a esas ruidosas reuniones de la misma manera.[3]

En "L'Illusion comique" (*Sur*, n. 237, 1956), Borges apuntó uno de los aspectos negativos del peronismo: "era una farsa en la que nadie creía," observación que puede confirmarse a través de algún ensayo.[4] Pero el volumen que reúne mayor cantidad de referencias a esos años es *El Hacedor* (1960). En "El Simulacro" se narra cómo, en numerosas ciudades del interior de la Argen-tina, se realizaron decenas de velatorios simultáneos con motivo de la muerte de Eva Perón (hecho que ocurrió real-mente). De ello nuestro escritor extrae una conclusión: los sucesos de entonces fueron tan asombrosos que superaron la imaginación y los situaron en una esfera fuera de toda credibilidad. Perte-necen a una baja mitología, a un mundo imaginario indigno y miserable. En esos velorios, escribe Borges, reside "...la cifra perfecta de una época irreal..."[5]

En la breve pieza titulada "Martín Fierro" leemos:

Dos tiranías hubo aquí. Durante la primera, unos hombres, desde el pescante de un carro que salía del mercado del Plata, pregonaron duraznos blancos y amarillos; un chico levantó una punta de la lona que los cubría y vió cabezas unitarias con la barba sangrienta. La segunda fue para muchos cárcel y muerte; para todos un malestar, un sabor de oprobio en los actos de cada día, una humillación incesante.

En el mismo volumen hay una extraña composición titulada "Ragnaröck" que describe un sueño del narrador: la invasión de Buenos Aires por los antiguos reyes paganos, ahora degenerados después de tantos siglos de persecución por la Media Luna y la Cruz (los musulmanes y los cristianos), que son recibidos triunfalmente por la turba. En medio de vivas y aclamaciones, ocupan los sitiales más importantes del aula magna de la Facultad de Filosofía y Letras. El narrador está entre los que se disponen a escuchar sus palabras. Cuando hablan sólo pueden articular agrios cloqueos y sonidos ferales. Los espectadores resuelven—en el sueño—matarlos con pesados revólveres. La descripción del rostro de los otrora hermosos dioses, convertidos en monstruos del arrabal, las circunstancias concretas del acto y otros aspectos, pueden prestarse a verlo como una versión fabulada del episodio peronista. La calificación de "monstruos" recuerda, inmediatamente, la que usará Cortázar en uno de sus relatos. Y la descripción de los mismos parece casi calcada de la del autor de *Los premios*: "Frentes muy bajas, dentaduras amarillas, bigotes ralos de mulato o de chino, belfos bestiales publicaban la degeneración de la estirpe olímpica."

Mucho más rico como literatura resulta un relato de Adolfo Bioy Casares: "Homenaje a Francisco Almeyra" (*Sur*, n. 229, 1954), escrito en 1952. A través de la biografía de un joven romántico argentino exilado en Montevideo, en 1839, que al final resuelve volver a la Argentina para luchar contra el tirano Rosas y muere degollado, Bioy Casares evoca la barbarie rosista. Algunos pellizcos irónicos le permiten dirigir sus dardos a la actualidad concreta del peronismo de entonces. Muy poco bastaba en 1954 para que el lector se diera cuenta de cuál era el destino final de sus trazos irónicos: "fuera de las tertulias literarias, no se hablaba de otra cosa en aquella época infausta y, por fortuna para mí y para ti, querido lector, pretérita." La habilidad de Bioy es ir lentamente, casi con desgano e inocencia, señalando las numerosas y asombrosas similitudes entre este período histórico y la actualidad que rodeaba al autor y sus lectores (no se olvide que el relato estaba fechado en 1952, el año de la muerte de Eva Perón):

El país entero lleva luto por doña Encarnación y Rosas está más fuerte que nunca... Mientras no falte pueblo argentino habrá Rosas— declaró el comandante... El pueblo comprende mejor la situación que esos doctores... Comprende que Rosas representa genuinamente esta tierra de Dios... Yo digo siempre... que el unitario es bicho egotista, que no colabora con el gobierno...

Para aumentar el poder de sugestión Bioy Casares apela tanto a la realidad histórica de la infausta época de Rosas como al eco muy bien utilizado de la literatura antirrosista. A las referencias a figuras históricas reales (Mitre, Florencio Varela, Juan Cruz Varela) suma las alusiones a héroes fictivos como Daniel Bello, o a algunos de los pasajes más sangrientos de Ascasubi y Echeverría. Hace literatura, y de la buena, a partir del entorno creado por la historia y la mitificación novelesca del hecho rosista. Aquí y allá inserta Bioy consideraciones que parecen eternamente repetidas en la historia hispanoamericana: "Almeyra pensó que ese énfasis de encono puesto en la palabra *extranjeros* traslucía una de las pasiones que siempre flamean al lado de los déspotas... En literatura todos patrocinamos ideas que en política engendran horrores..." (p. 124).[6]

Del mismo autor es otro relato, abierto y sin final explícito, titulado "Paradigma" (*El lado de las sombras*, (1962)). Con un tono zumbón y hasta sardónico, Bioy describe el eco en un pueblo de la provincia de Buenos Aires de la fracasada revolución antiperonista de 1951. Una pareja debe salvar su vida y sus amores huyendo al Uruguay, que fue en esos años el refugio de numerosos opositores al gobierno.

Aunque las manifestaciones públicas de sus ideas políticas muestran hoy un Julio Cortázar bastante alejado del que escribió los relatos que mencionaremos, varios cuentos suyos son excelentes testimonios de la actitud de los liberales frente al peronismo. Entre ellos debemos contar: "Las puertas del cielo," "Omnibus", "La banda," y "Casa tomada."[7] "Las puertas del cielo" trae no sólo la pintura racista y denigrativa de aquellos centenares de miles de argentinos cetrinos que abandonaron sus provincias norteñas para buscar nuevas oportunidades de trabajo en el cinturón industrial de Buenos Aires durante los años 1945-1950, también documenta cuál fue la forma en que frente a ellos reaccionaron los intelectuales liberales de esos años. Repetidamente el narrador de este primer cuento los denomina "los monstruos" y sus descripciones dejan pocas dudas sobre el desapego, el distanciamiento en que el personaje se sitúa frente a los otros (Celina y Mauro), a los que ve y contempla como un espectáculo del que lo separa no sólo la natural frontera que va de un hombre a otros hombres, sino también las diferencias de clase, de cultura y de raza:

Me parece bueno decir aquí que yo iba a esa milonga por los monstruos... Asoman con las once de la noche... las mujeres casi enanas y achinadas, los tipos como javaneses o mocovíes, apretados en trajes a cuadros o negros, el pelo duro peinado con fatiga, brillantina en gotitas contra los reflejos azules y rosa, las mujeres con enormes peinados altos que las hacen más enanas... Además está el olor, no se concibe a los monstruos sin ese olor a talco mojado contra la piel, a fruta pasada, uno sospecha los lavajes presurosos, el trapo húmedo por la cara y los sobacos, después lo importante, lociones, rimmel, el polvo en la cara de todas ellas...[8]

Racismo, "voyeurismo" distanciado, un interés de entomólogo o de zoólogo que describe una especie no humana a la que, en el fondo, desprecia profundamente. "Las puertas del cielo" muestra además algo que no ha sido señalado suficientemente: la importante cantidad de elementos costumbristas, realistas en el más amplio sentido del término, que hay en la primera etapa creadora de Cortázar. Muchas de las observaciones sobre sus "ficheros" que hace el narrador (un abogado llamado Hardoy) muestran todas las notas típicas del "dossier" realista de finales del siglo XIX, un sostenido interés en documentarse sobre la realidad concreta y cotidiana del mundo en que vivía. Y cuya mejor manifestación expresiva está en los distintos niveles lingüísticos de *Los premios*, admirable descripción del habla porteña en sus diferentes estratos sociales y culturales, que constituye una verdadera cantera muy completa de cómo era esa habla en los años de 1940 a 1950.

"Omnibus" describe, con la peculiar ambigüedad cortaziana, una situación de evidente violencia y agresividad social en el Buenos Aires de entonces. Una mujer y un muchacho—separadamente y sin conocerse—suben a un autobús para ir hasta Retiro. Poco a poco descubren que son los únicos que no llevan ramos de flores en sus manos y los únicos que no descienden en la Chacarita (el cementerio más grande y popular de la ciudad). Tanto el conductor como el guarda intentan agredirlos y manifiestan hacia ellos una ferocidad cargada de odio. Ambos se salvan huyendo del vehículo en una de sus paradas. El relato ha merecido distintas interpretaciones.[9] Unos creen ver en el mismo una alusión a la muerte de Eva Perón; otros niegan absolutamente toda referencia política. Lo concreto es que el relato destaca algo fundamental: de qué manera el sólo hecho de ser distinto de los demás, la mínima circunstancia de no hacer lo que todos hacen, desencadena una visible actitud de agresividad colectiva que llega a ser opresiva y terrible. Lo que Cortázar no explica en ningún momento es cuál es la causa real que hace de esa diferencia algo insultante para los otros. Pero sin forzar demasiado las cosas, el fondo al que apunta el relato es social: una comunidad en la que ser distinto no está permitido. Una acusación implícita contra una sociedad donde la individualidad, el ser diferente, constituye un delito. ¿Y cómo se sentían los que no compartían las ideas políticas de la mayoría durante el período peronista? Este, creemos, es el sentido profundo del enigmático cuento cortaziano.

"La banda" relata un hecho nimio y hasta risible en el Buenos Aires de 1947. El protagonista (un tal Lucio Medina), va a una función de cine. En la sala nota que el público es distinto del habitual. Antes de la exhibición del filme se ve obligado a presenciar el desfile (satíricamente descrito) de una banda de música de un sindicato, compuesta por mujeres. Después de contemplar el espectáculo, Medina decide irse del país. Lo importante no está en el testimonio irónico de un hecho que realmente pudo haber ocurrido en esa época, sino en las reflexiones que llevan al protagonista a tomar una resolución (que Cortázar haría suya en 1951):

De pronto le pareció entender aquello en términos que lo excedían infinitamente. Sintió como si le hubiera sido dado ver al fin la realidad. Un momento de la realidad que le había parecido falsa porque era la verdadera, la que ahora ya no estaba viendo. Lo que acababa de presenciar era lo cierto, es decir lo falso. Dejó de sentir el escándalo de hallarse rodeado de elementos que no estaban en su sitio, porque en la misma conciencia de un mundo otro, comprendió que esa visión podía prolongarse a la calle, al Galeón, a su traje azul, a su programa de la noche, a su oficina de mañana, a su plan de ahorro, a su veraneo de marzo, a su amiga, a su madurez, al día de su muerte.

Por suerte ya no seguía viendo así, por suerte era otra vez Lucio
Medina. Pero sólo por suerte.[10]

Como este texto ha sido interpretado de distintas maneras,
será útil acotar aquí algunas de esas lecturas. Malva Filer
identifica al protagonista con el propio Cortázar; MacAdam
dice que la banda representa la invasión y agresión concreta del
peronismo. Lo importante está, creemos, en la justificación final
que Lucio Medina hace, y que hemos transcripto. Cuando dice:
"Lo que acababa de presenciar era lo cierto, es decir lo falso."
Para el protagonista, (como para Cortázar, acotamos nosotros)
la realidad del régimen estaba inundada de una falsedad
esencial y esa falsedad se extendía a toda cosa existente, a su
vida misma, al mundo en el que vivía. Esa falsedad metafísica
era tan poderosa ya que comenzaba a carcomer, éticamente, el
hecho mismo de vivir en ella. Habitarla era caer en la
inmoralidad. Y la única manera de no participar en esa
deshonestidad absoluta era huír de ella; irse del país. Aquí
aparece la misma idea reiterada por Borges: el mundo de
entonces era tan falso, tan pleno de mentiras, de representación
constante, de hipocresía, que era capaz de afectar (y envolver
en su atmósfera) a todos los que participaban del mismo. Un
mundo donde la sinceridad, la verdad, la moralidad, estaban
borradas. Y era tan grande su poder, que inficionaba—por su
sola presencia—aun la existencia de los que intentaban
rechazarlo.

De todos los textos cortazianos que se refieren a esta época,
ninguno parece más digno de una interpretación política o
ideológica que "Casa tomada." Dos hermanos, Irene y el
narrador, mayores de cuarenta años, habitan una cómoda casa
heredada de los abuelos. Viven una existencia vegetativa, sos-
tenidos por las rentas de los campos de la familia. Ella teje; él
vagabundea por Buenos Aires buscando novedades de literatura
francesa, toma mate y lee. En esta existencia congelada y
tranquila, que espera un futuro sin cambios ni aventuras, se
produce un día un hecho trascendental. Un ruido violento en una
parte de la casa lleva al narrador a decirse a sí mismo que esa

parte de la casa "ha sido tomada," y a cerrar la puerta de comunicación con esa zona desde entonces vedada para ellos:

> Lo recordaré siempre con claridad porque fue simple y sin circunstancias inútiles. Irene estaba tejiendo en su dormitorio, eran las ocho de la noche y de repente se me ocurrió poner al fuego la pavita del mate. Fui por el pasillo hasta enfrentar la entornada puerta de roble, y daba la vuelta al codo que llevaba a la cocina cuando escuché algo en el comedor o en la biblioteca. El sonido venía imperioso y sordo, como un volcarse de silla sobre la alfombra o un ahogado susurro de conversación. También lo oí, al mismo tiempo o un segundo después, en el fondo del pasillo que traía desde aquellas piezas hasta la puerta. Me tiré contra la puerta antes de que fuera demasiado tarde, la cerré de golpe apoyando el cuerpo; felizmente la llave estaba puesta de nuestro lado y además corrí el gran cerrojo para más seguridad. (*Bestiario*, 1966, p. 13)

Irene acepta el hecho como algo irremediable. Así, poco a poco, terminan abandonando la casa "tomada" y tirando la llave a la alcantarilla. Abandonan su hogar al invasor. Su mundo ha sido dominado por un enemigo indescripto que los expulsa y condena a dejar, con la casa, sus recuerdos, sus objetos y dineros, sus vidas. El pierde sus libros; ella, sus tejidos, sus muebles y ropas: sus existencias.

Una primera lectura podría ver este relato como la transcripción literaria de una circunstancia biográfica: Cortázar, como tantos otros intelectuales argentinos, sintió su vida "invadida" por un fenómeno político que destruyó su tranquilidad, su marginalidad, su disponibilidad vital y su libertad. El cuento, como en tantas otras ocasiones, lleva hasta el límite de lo absurdo y lo insoportable, hasta el último grado, esa circunstancia concreta. La casa es lo heredado, la fortaleza de lo recibido de los antecesores (las rentas de los campos, los objetos, el buen pasar, la tranquilidad y la libertad). Pero a la vez una forma de vida aceptada y querida. Esa casa es invadida, ocupada, arrebatada. Y con ella se les arranca de esa vida, de todo lo que se creía seguro e inconmovible.

¿Qué elementos centrales componen este texto a primera vista tan desasido de referencias concretas, de realidades tangibles? Una posible lectura sería psicoanalítica. En el relato hay una cosa básica, eso que se denomina *la casa*. Casa es el pasado (los bisabuelos, los abuelos, los padres), el pasado propio (la infancia, los juegos, la adolescencia, el entorno en el que todo ha tenido su lugar). Pero también el pasado de los antecesores, la familia, como alvéolo temporal y físico, la sangre, los hacedores del presente. Pero además de este contenido en historia (propia y de los que nos engendraron) es también el refugio donde todo eso ha sido posible. La casa es el techo, la fortaleza que nos defiende, que nos ampara del viento, de la lluvia, del frío. De los enemigos físicos y también de los peligros espirituales, del odio, de la envidia, del dolor ajenos (que los hermanos no han conocido), del mundo, en fin. La casa es, entonces, la continuación del seno materno, la matriz que nos ha formado y protegido: alimento y refugio, calor y vida.

Si bien se observa, los dos protagonistas se han negado a abandonar la casa; se han negado a la vida. El no se ha casado, que es romper con la casa de los padres, iniciar una existencia distinta y nueva. Ella no se ha aventurado a la peligrosa y difícil aventura de iniciar una vida nueva con otra persona de distinto sexo. Ambos han dicho no, ambos se han refugiado en la cueva materna. Componen "un matrimonio de hermanos" como dice el texto mismo, lo que ha dado origen a la teoría de una relación incestuosa, que nos parece absolutamente indemostrada.[11] Este quedarse en la casa ha sido posible por las rentas familiares, por la herencia de unos campos que los alimentan sin trabajo, sin esfuerzo, sin responsabilidad ni problemas. Ambos son, claramente, meros consumidores. Dependen del ahorro y el esfuerzo de los antecesores que los precedieron. Nada han agregado a lo recibido, nada han producido. A la edad del trabajo viven como jubilados. A los cuarenta años continúan con una especie de disponibilidad adolescente, que poco a poco va a carecer también de esa carga de futuro que tenían a los veinte. A medida que envejecemos, debemos elegir, preferir y decidir a cada instante qué haremos en el siguiente. Ellos, él vagabundear y leer, ella tejer y destejer, han cerrado toda posibilidad futura concreta de ser algo, de dar sentido a sus existencias, de dirigirlas en una dirección posible. Están muertos por decisión propia. Y en esa muerte decidida, elegida, en esas existencias congeladas, de pronto, se introduce lo inesperado. Y eso inesperado los va a desposeer, los va a dejar a la intemperie. El tema central es la desposesión, pérdida de un lugar en el mundo. Y, por compensación, la iniciación de una nueva vida. Todo el relato, si lo contemplamos desde el punto de vista de la crítica arquetípica, es una muerte y un nacimiento, un tránsito, un pasaje. Uno de los típicos ritos de pasaje de la obra cortaziana. Los hombres han perdido el pasado, la existencia anterior. Y ahora, en la intemperie, expuestos a todo, se lanzan a la conquista de su tiempo futuro, sin heredades, sin protección, sin pasado.

Si aceptamos una relación incestuosa, podemos leer el texto así: Los dos hermanos, sin saberlo, sin haber llegado esa tendencia al plano conciente, se aman. Una dulce e indomeñable atracción los lleva a vivir juntos, sin alcanzar a ser racionalmente asertivos de una pasión incestuosa que es más poderosa todavía que sus posibilidades de analizar con la razón dicha atracción. Pero como el tabú heredado de los padres es más poderoso que lo inconciente que los empuja, es ese inconciente el que desencadena la represión de lo prohibido. Los golpes, los ruidos, que no pueden ser identificados (no alcanzan a expresarse de manera conciente, racional, objetiva) vienen de la parte de la casa donde están los dormitorios, las habitaciones usadas por los padres y los abuelos, los dueños de las normas y de las prohibiciones. Y van a ser ellos, los mayores ancestrales (padres, abuelos, madres, abuelas: las Normas antiguas, la Ley heredada) los que erigen estos golpes que los obligan a abandonar la Casa que han manchado con esa pasión inexpresada. Deben abandonar la Mansión mancillada, y al dejarla atrás vuelven al primitivismo y la pobreza de Eva y Adán al abandonar (al ser echados) del Paraíso: ellos también han sido expulsados porque han comido del árbol de la sabiduría. Obsérvese que los dos hermanos no han alcanzado a gozar, no han cometido el gran pecado prohibido. Pero se autocastigan, se autocondenan, se inflingen a sí mismos, con dolor, el castigo por el delito no cometido...

En otra dimensión, ésta social, el relato puede ser leído como la dramatización de un hecho que fue vivido de modo traumático, por importantes sectores de la sociedad argentina. El peronismo significó para la burguesía terrateniente una amenaza constante, un peligro que asumió distintas facetas. Perón proclamó repetidas veces la necesidad de abandonar el campo como productor fundamental de bienes, e insistió en realizar una industrialización que se hizo a costa de un visible desmejoramiento de la producción agropecuaria. Perón además puso en crisis la idea misma de la propiedad privada en la Argentina (no se olvide que declaró el "sentido social" de la propiedad). Y con una serie de expropiaciones (casi todas ilegales) hizo que el estado tomara posesión de tierras, fábricas, propiedades inmuebles, edificios, que pertenecían por derecho propio a numerosos particulares. Atacó además públicamente, y en repetidas oportunidades, a la que llamó "oligarquía vacuna." El cuento podría ser visto como la transcripción, en un plano psicológico y mítico, de esta seguridad amenazada, de esta vida que parecía sólida e inamovible, que se vió conmocionada por el movimiento político. En su interioridad el cuento describe la sensación de crisis, de amenaza constante y destructora, de incomodidad, de invasión y violación a este mundo sólido de una clase social que se creía intocable e inalcanzable.[12]

La más honda y valiosa pintura novelística de la época está en la compleja saga que Manuel Peyrou dio a luz a través de tres novelas: *Las leyes del juego*, (1959); *Acto y ceniza*, (1963) y *Se vuelven contra nosotros*, (1966). La primera tiene lugar durante el período que nos interesa; la última, aunque ocurre durante la presidencia de Frondizi (1958-1963), contiene numerosas referencias a la época peronista. Detendremos nuestra atención en *Acto y ceniza* porque ella está centrada en el momento más poderoso del régimen (1950-1953), y porque constituye una como síntesis tanto de las ideas políticas, morales y sociales de Peyrou, como de sus características de narrador certero.

Las tres novelas muestran el manejo inteligente de los métodos narrativos del realismo balzaciano: diálogo concreto y veraz, descripciones testimoniales tanto de ambientes como de personajes, cuidada mostración de ciertos niveles sociales, pintura exacta de costumbres, paisajes urbanos, modas, interiores. Con excelente conocimiento de la técnica realista, Peyrou hace aparecer en las tres novelas a un mismo personaje, Horacio Vergara, ejemplar típico de cierto intelectual argentino de la época, en el que creemos ver rasgos autobiográficos del autor. Vergara aparece lateralmente, unas veces; otras se erige en personaje central; otras sirve de testigo o juez o comentarista de situaciones, seres o hechos concretos. Esto da, a acontecimientos y acciones, una presencia, una realidad concreta, que se imponen al lector como coherentes y veraces. Y que refluyen sobre todo el entorno ficticio en el que actúan, enriqueciéndolo de modo muy peculiar.

En *Acto y ceniza*, a partir de un episodio inspirado en un suceso que realmente ocurrió en la Argentina de entonces, Peyrou intentó un análisis de un momento de nuestra historia y, como veremos, una caracterización de algunos de los peores defectos de la sociedad argentina. Samuel Liberman es dueño de una importante fábrica de dulces y golosinas. Rico, cercano a la cincuentena, casado con una mujer atractiva, tiene dos hijas que estudian en un colegio católico, algunos amigos y un optimista futuro por delante. Durante años ha aceptado sin problemas pequeños sobornos de los inspectores municipales. Acostumbrado a que todo se compra con dinero, se niega a un sorpresivo pedido de dos millones de pesos por parte de la Fundación. En veinticuatro horas su fábrica es clausurada y se ve atacado por los diarios que lo acusan de ser un envenenador público. En un día solamente, pasa de la tranquilidad optimista a la inseguridad y al temor.

Afirmado en esta sencilla estructura dramática Peyrou compone una obra rica en análisis psicológicos, en muy logrados cuadros costumbristas y en agudas observaciones críticas sobre la realidad argentina de la época. Dos aspectos de esa realidad atrajeron especialmente a nuestro escritor: la descripción íntima de los personajes, y el clima moral de la sociedad en la que se mueven y actúan. Además de excelente buceador de almas. Peyrou fue, sobre todo, un moralista, pero un moralista de lo social. Lo que le interesaban eran las *mores*: el comportamiento ético de sus personajes funciona en sus novelas como indicador concreto de la sociedad en la que ellos cumplen funciones. Y la imagen que el autor da de esa sociedad es la de una comunidad que parece haber olvidado sus fundamentos éticos, que parece haber perdido el rumbo y la capacidad para distinguir el bien del mal. Un rasgo que define a casi todos los personajes de un cierto nivel intelectual y social, es su indiferencia moral, la facilidad con que cometen actos que una estricta actitud ética condenaría como reprobables. A esa inmoralidad general—indicadora de una crisis de honda raigambre—agrega Peyrou otro rasgo también deleznable: el olvido de lo heredado, la facilidad con que se ignoran valores recibidos de las generaciones anteriores, que debían ser cuidados y acrecentados. Liberman, nacido en un hogar judío, ha dejado de lado la fe de sus mayores casándose con una cristiana, y ha llenado su indiferencia religiosa educando a sus hijas en la fe católica. Su actitud ante la religión es la de una fría indiferencia. Sus amigos y el mundo en el que vive están separados de su comunidad racial y religiosa. Pedro Gazotti, su ex-compañero de estudios y abogado defensor, apela a todas las peores argucias para defender aquello que cree justo (el soborno, la mentira, la ocultación y aún el robo de documentos públicos). La mujer de Liberman, Ermelinda, va a ver al juez encargado del asunto, Juan Carlos Bonfanti Lastra, para solicitarle interceda juzgando correctamente el caso. Pero termina convirtiéndose en su amante. El juez, que proclama su integridad ética (y la demuestra renunciando a su cargo cuando el gobierno intenta obligarlo a fallar en contra de la justicia), se declara católico y defensor del matrimonio, pero comete adulterio con bastante alegría. Los personajes de alto coturno (desde el Presidente de la República y los Ministros de Estado, Subsecretarios y funcionarios de la administración pública), los profesionales y empleados, aceptan casi con indiferencia esta situación de clara deshonestidad generalizada.

Lo que Peyrou quiso mostrar fue de qué manera esta inmoralidad colectiva era un rasgo característico de la sociedad de la Argentina de las décadas del cuarenta y del cincuenta. Pero en su última novela, *Se vuelven contra nosotros*, señalaba con pesar que esa inmoralidad se había convertido en un hecho permanente. Y los mayores culpables eran los que ocupaban los niveles más altos de esa sociedad desquiciada.

Hay un sólo personaje en la obra que vive de acuerdo con los valores en que cree, y a los que defiende y proclama como verdaderos: Jacobo, el judío amigo de Liberman que pone en peligro su vida para defender la prueba de la inocencia del acusado.

A través del peronismo Peyrou realiza un balance siempre negativo de la vida argentina de los últimos treinta años. Sus personajes han abandonado la seriedad de una vocación elegida y servida responsablemente a través de toda una vida. La mayoría de ellos aparecen como empujados, como arrastrados por la casualidad, las circunstancias, la suerte y las facilidades de un mundo sin dirección racional ni frenos morales. Peyrou denuncia el abandono del esfuerzo sostenido y constructivo, de la seriedad, de la responsabilidad. Un aura festival e irresponsable, un deseo de goce y triunfo a cualquier precio, una facilitación de la existencia fueron—para nuestro autor—los signos típicos de una época infausta. Casi todos sus personajes aparecen como los dilapidadores de una herencia valiosa y respetable recibida sin esfuerzo, y no defendida ni acrecentada. Tanto en bienes materiales como en normas morales, en deberes para consigo mismo y para con la nación. Todos parecen haber abandonado esa dura faena cotidiana sostenida durante años que caracterizó la existencia de quienes hicieron el país en el siglo pasado. Las acciones de los personajes muestran un fatalismo pesimista, una inacción culpable, que pareciera haberse convertido en el rasgo más común de la sociedad argentina (y en especial, de sus dirigentes). Con ejemplos concretos, estas novelas muestran la provisoriedad, la superficialidad, la falta de responsabilidad y el escapismo culpable de muchos argentinos. Su trilogía bien puede ser considerada como una gran requisitoria, irónica y a veces compasiva, contra la falta de moralidad colectiva. Su visión no cae jamás en lo didáctico ni en la admonición magistral, pero no deja de ser por

ello dura y sin concesiones. Y, lamentablemente, Peyrou tenía
una gran parte de razón.

Tal vez el rasgo más visible del período (como ya hemos
señalado) fue el de un visible aflojamiento de las normas
sociales, el de una corrupción generalizada y el de una inci-
tación—desde las esferas del poder mismo—a una forma de
vida cómoda y derrochona, en la que lo ético no tenía ninguna
importancia. No importa ahora si en grupos políticos anteriores a Perón se cometieron hechos delictivos. Lo que importa
señalar aquí es que en todos los gobiernos argentinos que lo
precedieron, hubo siempre niveles de la vida nacional en los
que esas normas eran respetadas, y públicamente señaladas
como modelos comunitarios a imitar. El peronismo creó el mito
de que éramos tan ricos que cada uno podía recibir los bienes de
una vida cómoda, sin los esfuerzos reales para lograrlos, de que
cualquiera podía ocupar una posición destacada en la escala
social (en la administración pública o privada, en la enseñanza
y las Fuerzas Armadas, etc.), sin capacidades ya técnicas, ya
de moralidad, para desempeñarla. Negó que hubiera una
relación entre lo que se recibe (en bienes, en honores, en
dignidades) y lo que se merece. Destruyó la idea de que
alcanzar algo, supone un esfuerzo previo para lograrlo. Este
vacío, esta falta de continuidad ética, es lo que Peyrou denunció
en sus novelas.

En varios pasajes el autor señaló cómo se abría un hiato, una
falta de solución de continuidad entre las costumbres y la
moralidad públicas anteriores a 1945, y lo que ocurrió más
tarde. Es evidente en Peyrou una conformidad con el pasado (con
la visión que él poseyó de ese pasado anterior al peronismo) que
podría discutirse. Así como es visible una actitud de dura
crítica con respecto a la década que comentamos y que quiso
documentar novelísticamente. En lo que Peyrou tenía razón es en
señalar que si antes de Perón la inmoralidad de la vida
política argentina fue evidente (como ocurre y ha ocurrido en
todas partes, desde los griegos hasta Estados Unidos), en ninguna época se dio como ideal colectivo esta forma juguetona y no
ética de considerar los asuntos públicos. Si en la época de Justo

(1932-1938)—para señalar un ejemplo—se cometieron numerosos actos inmorales, nadie proclamó públicamente esos actos como modelos a imitar de la existencia y la vida políticas del país, como ocurrió en numerosos casos en la época de Perón.

Peyrou, como Borges, Martínez Estrada, Anderson Imbert, Murena, señaló la inmoralidad social como una de las características de la década. También mostró—probablemente como nadie lo hizo antes—que esa inmoralidad había invadido todas las esferas sociales. Que se daba como un hecho regular, como una "normalidad" aceptada sin críticas tanto por los que mandaban como por los que obedecían. Y mostró cómo aun aquellos que se resistieron, que se opusieron, terminaron por caer en ella para sobrevivir, para no ser arrastrados por la corriente. Para luchar contra ella debieron recurrir a las mismas armas ilegales que dijeron combatir.

La otra nota que Peyrou señaló con sabia eficiencia fue de qué manera esa concepción hedónica e inmoral de la vida colectiva e individual tocó resortes y niveles de la vida nacional que hasta ese momento habían parecido indemnes. Así el de los jueces, el de los intelectuales, el de la enseñanza y el de cierta clase media que había sido hasta entonces la depositaria y la defensora de esa moralidad.

Pero en esta novela, tanto o más que la descripción lúcida del ambiente de la época, de sus valores corrompidos, de su tensión, de su violencia tragicómica, de su atmósfera de mascarada trágica, importan los aspectos psicológicos y narrativos. Hasta Peyrou, por ejemplo, nadie había logrado una pintura más exacta, más detenida de la vida del centro financiero y económico de Buenos Aires, ese rectángulo enmarcado por las calles Santa Fe, Avenida de Mayo, Callao y el Bajo que se ha denominado la City. Esa zona queda retratada con fidelidad extraña y sorprendente. Sus costumbres, sus hábitos cotidianos de vida, sus gustos por las comidas y bebidas, sus preferencias por ciertos tipos de mujeres, su lenguaje y sus tipos.

Desde el punto de vista narrativo nuestro escritor apeló a un estilo moroso, lento, eficazmente mostrativo. A partir de una tercera persona omnisciente, Peyrou logró erigir un mundo propio que posee forzosidad y autenticidad. Tal vez el secreto de su éxito haya sido—entre otros tantos recursos muy bien utilizados por nuestro escritor—el mostrar indirectamente los efectos de un poder político sin frenos legales ni morales sobre un conjunto de personajes. En ningún momento vemos en escena a algún personaje importante del régimen, pero contemplamos sus poderes en acción. Este distanciamiento, esta lejanía es la que ha permitido al escritor describir con admirable eficacia su ambiente y su clima. Porque, como ya dijimos, lo que le interesaban eran las *mores*, las costumbres y comportamientos, cuidadosamente descriptos en un estilo que suma lentitud y fineza.

Apelando a los métodos decimonónicos de la descripción detenida de personajes y acciones, con sus hablas respectivas, sus tics, sus actitudes cotidianas, sus hábitos y conciencias, Peyrou ha creado un mundo que posee coherencia, densidad, verosimilitud. En ese aparente realismo, sin embargo, Peyrou ha introducido un factor distorsionante, un elemento nuevo, que sí pertenece a su visión del mundo. Una apenas mostrada ironía atraviesa toda la obra. Y varios de sus pasajes más logrados provocan la risa indetenible del lector. Casi siempre en las descripciones, aparentemente neutras y que parecen apelar al retrato detenido, asoma una leve ironía, una como conciencia crítica y lúcida, que suma a la impersonal descripción de un rostro, de una mano, de ropas y gestos, una medida indulgencia crítica que alcanza muchas veces la sonrisa, la observación compasiva y comprensiva, la sátira o la crítica desembozada. Por detrás de la descripción de una tarde de otoño, por entre las líneas que anotan la forma de un bigote, el gesto de unas manos gordas o ávidas, la frase venenosa de una mujer resentida o vengativa, la sintética narración de una biografía individual, asoma, casi inescuchada (y, a veces, inesperada) la sonrisa, la mesurada ironía del autor. Es una ironía que puebla de notas cómicas un universo degradado, un mundo inmoral, una sociedad enferma. Esta comicidad muy pocas veces llega a ser jocunda, a la alegría. Más bien se mantiene en el nivel de la medida sonrisa, que oculta un dolor irreprimible, una como la sentida pena de quien abre con el escalpelo el cuerpo de un ser querido. Es una sonrisa triste, asordinada. En otras ocasiones Peyrou logra la situación cómica, que empuja al lector a la risotada (véase por ejemplo el humorístico episodio del primer encuentro amoroso entre "la dulcera" y el Dr. Bonfati Lastra, pp. 117-131; o la descripción del grupo de intelectuales que creían oponerse al gobierno, pp. 79-92 y 179-195; o la pintura de ciertos sectores peronistas a través de Procopio y su mujer, pp. 39-48, 68-79, etc. etc.). Pocas veces ha reaparecido en la novela de los últimos veinte años esta peculiar forma de humor que denominaríamos "humor porteño," una extraña mezcla de lucidez, de sátira irónica, de medido sentido del ridículo. Peyrou se ríe de las situaciones, de las tonterías de sus personajes, de sí mismo y de sus ideales. Y su sátira toca a todos los estratos (aspecto éste que la mayoría de sus críticos no ha alcanzado a notar): a los partidarios y a los enemigos del peronismo. Y es que, como ya hemos acotado, el autor veía todo ese mundo como enfermo. Esto explica las notas de "roman comique" que imperan por toda la obra: es la manera en que Peyrou escapa del aspecto siniestro de ese universo iluminándolo con las luces del humor.

Otro factor fundamental en la atracción que la novela posee sobre el lector es su constante tensión. El hecho inicial, de carácter entre político y policial, plantea un enigma y una situación dramática, un suspenso que va aumentando a manera que la obra avanza, con multitud de detalles que van complicando la trama inicial y que le permiten ejercer sobre el lector un efecto hipnótico. Peyrou maneja con suma destreza las situaciones y resuelve limpiamente (a veces con excelente recursos sorpresivos) los enredos de carácter dramático y policial. Ha sabido mostrar las tensiones, los peligros de un poder político que no tenía límites legales y que a veces bordeaba la tiranía. Varios episodios muestran esta fuerza casi dictatorial que se ejercía sobre los opositores con una ferocidad a veces terrible.[13]

Ezequiel Martínez Estrada

La obra de Martínez Estrada parece permitir su división en distintos géneros; hasta la cronología—a veces—favorece esta ordenación. En primer lugar estarían los libros de poemas, que abarcan desde los años iniciales de *Oro y piedra* (1918) hasta *Humoresca* (1929), con un extraño epílogo en las *Coplas de ciego* (1959).

La segunda zona de su obra es la de los ensayos, los libros que dieron a nuestro escritor el mayor prestigio. Esa labor abarca un período sostenido y va desde *Radiografía de la pampa* (1933) hasta los volúmenes que escribió en México y Cuba y que aparecieron en la década del 60, como *Análisis funcional de la cultura* (1960) y los estudios sobre Martí, en los que trabajó hasta su muerte en 1964.

Un lugar muy especial lo ocupa su tarea de narrador, que corresponde a los veinte años entre 1940 y 1960, y que es la que en verdad nos interesa ahora analizar. Pero antes de analizar el impacto que la época peronista dejó en sus relatos, es importante hacer algunas observaciones en torno a las muy distintas actitudes que la crítica ha adoptado frente a su obra. Ya se verá que esa consideración totalitaria de sus ideas propone al estudioso un punto de partida indispensable para comprender su obra narrativa.

Para unos (y los escritos de Martin Stabb son representativos de esta tendencia) la obra de Martínez Estrada nació de una muy especial actitud personal ante la realidad: un nihilismo, una negación desesperanzada del mundo y el futuro, una concepción esencialista y derrotista de la historia y de la Naturaleza, que ya aparece en sus poemas y en textos coetáneos en prosa. Allí se hacen presentes ideas que en las grandes obras ensayísticas de entre 1930 y 1950 sólo se acentuarían. Para Stabb, "su pesimismo y su culto del fracaso... marcan firmemente su entera visión del mundo."[14] Para otros (Juan J. Sebreli, Adolfo Prieto), la obra de M. Estrada solo puede ser comprendida como la reacción circunstancial de un intelectual de la clase media argentina que presenciaba la dramática y crítica situación vivida por la burguesía (de la que se sentía integrante) frente a las circunstancias históricas del país, y que reaccionó ante hechos concretos (la crisis económica y política del 30, el proceso peronista) expresando en su angustia y desazón la que embargaba a sus iguales.[15] Para Stabb hay una constante de ideas y sentimientos que vertebra toda la vida y la obra de Martínez Estrada. Para los otros, nuestro escritor sólo puede ser comprendido dentro del entramado histórico, político e ideológico de la clase media cuyas preocupaciones expresó en los ensayos y las obras narrativas. No es éste lugar para resolver esa aparente polémica. Una respuesta coherente obligaría—en primer lugar—a un detenido rastreo biográfico de este autor: hogar, padres, lecturas, experiencias formativas, datos externos de su existencia. Y después, sería necesario hacer un examen cuidadoso de toda su extensa obra (sin olvidar los artículos no incluidos en libros), para ver cómo se fue formando su cuerpo de ideas y cuáles fueron las reacciones del escritor frente a los hechos de la realidad nacional de esos años.

Otro problema que debe ser aquí mencionado es el del cambio de género: ¿por qué pasa Martínez Estrada del ensayo—en el que había mostrado una singular capacidad conceptual y estilística—a la narrativa? La respuesta más fácil sería postular que, debido a la censura peronista, no escrita pero bastante efectiva, nuestro escritor prefirió esconder su visión—y sus opiniones—sobre la realidad bajo el entramado de la ficción. Esta es una explicación que apela a lo externo, y que deja sin aclarar el hecho mismo. Lo más que puede explicar es por qué los libros de relatos aparecieron en 1956 y no antes. Una carta a Gregorio Scheines, del 2 de junio de 1945, permite comprender por qué Martínez Estrada apeló a esta nueva vía creadora: cierto tipo de relatos permiten expresar los aspectos íntimos de la realidad de una manera que el pensamiento racional, la pura conceptuación objetiva, es incapaz de iluminar por sí misma. Escribe nuestro autor:

...estoy absolutamente seguro, ya sin ningún género de dudas, de que bajo la apariencia de las cosas y del orden de sus relaciones convencionales y pragmáticas, hay una red y un dibujo de urdimbre mucho más complicado y mucho más interesante... El gran enemigo de la sabiduría, el interruptor, el muro infranqueable es el ojo... Jamás pensaré que la literatura realista, la humana, la buena, sea un error; pero creo que es una limitación, no la real, ni la humana, ni la buena de verdad... si quiero comprender, sentir y saber, no puedo conformarme con la crónica periodística, con el relato policíaco, con aquello que me cuenta el espectador ocasional. Yo sé que hay algo mucho más serio, terrible y complicado. Sé que el cronista, como el juez, el médico, el sacerdote se conforma con datos inexpresivos, superficiales, y que el hecho, el crimen, la enfermedad y el pecado no están en la anécdota, en lo que ha captado el ojo. Un cuentista realista recortaba, abstraía, podaba. Kafka es el primero que disuelve, amasa, mezcla. Pone la sombra, pone el sueño, pone el no, deja al hombre sin que lo sostengan las píldoras, las leyes, las piernas ortopédicas, la cama, los amigos, la mujer. Lo deja solo.

Este texto, que razones de espacio impiden reproducir por entero, permite explicar dos aspectos que aquí nos interesan. El primero es que Martínez Estrada apeló al relato porque sentía que dentro de esa forma genérica de describir la realidad, podía ver de ella aspectos que escapaban al puro análisis objetivo. Por otro lado, explica por qué nuestro escritor utilizó en muchos de ellos, cierta "escenografía" kafkiana (que explicamos más adelante) y reiteró un argumento común en el autor de Praga: él o los personajes de sus relatos anhelan o esperan algo que casi nunca se cumple.

Cronológicamente, los cuentos de Martínez Estrada abarcan desde 1943 (*La Inundación*, una de sus obras maestras) hasta 1957 (*La tos y otros entretenimientos*). A excepción del primero, los otros fueron compuestos casi coetáneamente con el período histórico que nos interesa. Varios, además, describen muy concretamente circunstancias y fenómenos sociales que realmente ocurrieron en la época. Esto ha sido ya señalado por varios críticos.[16] Esos textos intentan dar una visión a primera vista realista y—a la vez—simbólica, de la Argentina de aquellos años. Entre los cuentos que muestran marcada intención testimonial, creemos que deben indicarse tres: "Sábado de gloria", "La cosecha" y "Examen sin conciencia." Según Juan Carlos Ghiano (en el artículo antes citado), sus fechas de redacción fueron respectivamente 1944, 1948 y 1949. Habrá que suponer, sin embargo, que Martínez Estrada debió hacer algunos agregados al primero de esos cuentos, porque hay en el mismo claras referencias a sucesos históricos que tuvieron lugar en 1955.[17]

En sus contenidos, los relatos se asemejan. El hospital de "Examen sin conciencia" es, de alguna manera, una réplica de la oficina pública que aparece en "Sábado de gloria" y las humillaciones de Cireneo, el protagonista, así como el clima de temor, de vigilancia mutua, de corrupción festival y generalizada, de falta de confianza y agresividad, son muy parecidos. La atmósfera humana de los tres es idéntica: indiferencia y apatía emocional, ausencia de amor, insatisfacción y variabilidad en los roles sociales de los personajes, soledad, incomunicación, opresión física y falta de espacio, existencias sujetas a poderes azarosos y desconocidos, hechos que suceden sin ilación lógica o que restan inexplicados o inmotivados para el lector. Todas notas que, como han señalado ya algunos estudiosos, coinciden con la narrativa de Kafka.

En "La cosecha" Martínez Estrada fabuló un suceso que él, como muchos otros chacareros de las provincias cerealeras del litoral, vivieron de manera traumática: la nueva situación legal y social que alcanzaron en esos años los peones de campo en la Argentina. Si se lee detenidamente el relato, se descubrirá la reiterada suma de alusiones (y de reacciones) que documentan la altivez, la agresividad, la actitud negativa y hasta insultante con que los peones tratan al protagonista, don Aparicio, dueño de un campo en la provincia de Buenos Aires. Nuestro escritor se limitó a llevar a la ficción, exagerándolo, el clima de trámites burocráticos con que la legislación peronista "ordenó" las labores agrarias: la recolección de la cosecha, el traslado de los cereales, el conchabo de peones para esos trabajos. El autor, que poseyó una chacra en la zona, vivió experiencias semejantes a las de don Aparicio. Hasta lo ha contado en una de sus cartas a su amigo Orfila Reynal:

Estamos en plena cosecha... ¿quiere usted creer que el gobierno todavía no ha entregado las bolsas para trigo—solamente a razón de

tres por hectárea y se necesitan veinticinco—? Esto es inconcebible...
De todo esto saco unas lindas observaciones para el cuento "La
cosecha," que había escrito el año pasado, pero se me enriquece con
episodios fabulosos. ¡Esto es tocar con las manos la verdadera
realidad! Peones, no hay. Por el transporte cobran "a piacere." Para
conseguir un repuesto hay que esperar cinco días. (Carta del 26 de
diciembre de 1946, en C. Adam, p. 146)

En otra misiva, ésta de 1949, vuelve sobre lo mismo de las
dificultades para levantar la cosecha (C. Adam, p. 154), y
agrega estas observaciones:

Luchando con mil dificultades logramos levantar la cosecha y para
este año tendré que acomodarme a lo que venga, no sé qué. Esto no
debiera influir hasta agobiarme, pues es cierto que mi vida se mueve
con cierta independencia; pero en un terremoto, ¿quién está seguro?

Lo que interesa señalar aquí no es el material que inspiró el
relato, sino mostrar cuál fue la actitud del autor con respecto a
esos peones de campo, mal tratados, mal pagados, siempre
alojados en galpones, durmiendo sobre jergones en el suelo y que
hasta esos años habían carecido de un estatuto jurídico que
defendiera sus derechos. Materialmente les estaba prohibido
tener familia (mujer, hijos), porque en ese caso no eran
"tomados" para las tareas estacionales que se les encomendaba
de manera discrecional. Martínez Estrada, el "apóstol" tols-
toiano que admiraba la bondad de Hudson frente a los pájaros y
la naturaleza, que hablaba de la necesidad de piedad para con
su pueblo, reaccionaba ante ese hecho con la misma violencia
incomprensiva con que los grandes terratenientes de la Sociedad
Rural se opusieron al Estatuto del Peón.

En "Sábado de gloria" el ambiente recuerda a otros del
autor: el mundo monótono de la burocracia y su absurdo regla-
mentado, la humillación gratuita, las amenazas veladas, los
celos y envidias que el poder absoluto desencadena entre
quienes sufren sus vaivenes, el papeleo minucioso, las largas y
laberínticas escaleras, las oficinas abarrotadas de empleados,
muebles y papeles, etc. etc. El argumento desarrolla un motivo
parecido: el de la infinita postergación de algo que se espera y
se desea y que, casi siempre, no se alcanza. En el primero es la

recolección de la cosecha; en "Examen sin conciencia" la operación quirúrgica de Cireneo, y en "Sábado de gloria" la autorización burocrática para iniciar unas vacaciones. Julio Nievas, empleado público, ha logrado se le otorgue una licencia que aprovechará para tomar un descanso con su mujer y su hija en una playa. Va a su oficina el sábado citado y aquí comienza para él un largo proceso que poco a poco se va convirtiendo en una verdadera ordalía. Entre el otorgamiento de su licencia y el momento en que Nievas va a su oficina para cumplir con su último día de tareas, ha tenido lugar la revolución de 1943, que derrocó a Castillo. Ese sábado, al llegar a su puesto de trabajo, descubre que su licencia está suspendida y que el cambio de gobierno ha trastornado el ambiente de la oficina. Numerosas experiencias humillantes, demoras, trámites interminables, amenazas veladas, encuentros fortuitos con antiguos conocidos, hacen que el cuento termine en un final abierto. Le ha sido concedida la licencia, pero ignoramos si Nievas está enloqueciendo (ve, o cree ver, hechos que no parecen reales), si alcanzará el tren en el que se iba de vacaciones, y si logrará reordenar racionalmente su vida. El absurdo parece haberse apoderado de su existencia.

En el texto del cuento, que abarca las páginas 29 a 93 del volumen de Alianza citado, deben destacarse dos partes muy distintas: el relato de las desventuras y sufrimientos angustiosos de Nievas en esa mañana infinita y terrible, y un largo apartado (siete páginas en esta edición: 50-56) situado casi en el medio del relato. Este pasaje extraño está intercalado en el momento en que Nievas debe hacer unas gestiones en uno de los bancos que rodean la Plaza de Mayo. Sin solución de continuidad el pasaje se une al resto del relato y a las desventuras del protagonista que prosiguen hasta el final. Mediante la técnica del "collage" el autor une distintos fragmentos propios con otros de tres historiadores del siglo pasado: Vicente Fidel López, Bartolomé Mitre y Saldías, que mezclan de modo—a primera vista irracional y de pesadilla—hechos del siglo XIX con episodios de los años 1930, 1943, 1945 y 1946-1955. Un marcado—pero medido—acento irónico asoma en muchos de sus pasajes. Y a los textos de los tres historiadores citados y los de su pluma, agrega Martínez Estrada uno de un novelista español: Valle-Inclán en *Tirano Banderas*. No disponemos aquí de espacio para el análisis detenido del pasaje, que exigiría un estudio monográfico muy extenso. Sí importa acotar algunos aspectos del mismo, que permitirán relacionar su sentido con las ideas que Martínez Estrada escribió sobre la realidad argentina y sobre el período peronista.

Si leemos los pasajes de los historiadores decimonónicos veremos que don Ezequiel ha dejado en blanco los espacios que permitirían identificar con exactitud a qué hechos históricos se refieren los mismos. Lo importante—lo que le interesó mostrar con esos textos—es que todos describen episodios de violencia generalizada, de saqueos y agresiones contra la población civil, de avances e invasiones del núcleo urbano por grupos de tropas sublevadas que habían olvidado todos sus deberes para con aquellos a quienes debían defender y respetar.

A estos textos, en los que las coordenadas temporales han sido voluntariamente omitidas (son referencias a acciones, no a hechos concretos), suma Martínez Estrada los de su propia pluma. Estos permiten ver con claridad cuál era su intención fundamental. La lectura de una breve sección de ellos permitirá arribar a una conclusión concreta:

I) La tarde anterior se había consumado el avance de las tropas sobre Buenos Aires... Llegaron con sus cabalgaduras, las ataron a las rejas que preservan la pirámide de la Libertad, e irrumpieron en la Casa de Gobierno, muchos de ellos sin descabalgar... Se consideró esa hazaña alegórica como un hecho escuetamente histórico, cosa que significaría que los ejércitos del interior, en su única forma regular de combate, habíanse echado sobre el poder central o ejecutivo para exigir, por la violencia, un cambio en la política del gobierno, hasta entonces marcadamente simpatizante con la monarquía y el hitlerismo. (pp. 50-51, ed. citada)

II) Se vio llegar desde diversas partes del horizonte, por el norte, como una manga de langostas, armados de ganchos y palos, en tropeles a galope, una avalancha interminable de jinetes de toda laya, desde el terrateniente y su coronel hasta el general, el coronel y sus asistentes y barraganas. Gauchos e indios, del Chaco, de

Corrientes, Patagonia y demás lugares de la reserva nacional. Entraron en la ciudad como si avanzaran desde los cuarteles para un golpe de Estado. Muchos salían de los frigoríficos y llevaban la cuchilla de matarifes en la cintura. Ostentaban carteles glorificando las alpargatas... (pág. 52)

III) Eran los ejércitos de las Provincias Unidas, muchos con batallones integrados con soldados de la independencia económica, la fuerza armada victoriosa de los federales que arrojaba al abismo a los unitarios. Querían más justicia, mejores leyes, más respeto para sus vidas y bienes. Pidieron la inmediata clausura del Congreso y la deposición de las autoridades. Las autoridades se resistieron; acudieron a la flota, a los aviones, a los juzgados y a las comisarías. Encontraron todos los buques y las puertas varados. Después de atar los caballos a los pies de la Libertad, recorrieron la ciudad que entonces era mucho más chica, más fea y más deshabitada en la parte que da a la Costanera. Además atravesaba una de las frecuentes epidemias de disentería, que arrasaba tanto como la fiebre amarilla y la bubónica con sectores de la población. Pasearon por las calles dando vítores y agitando pendones patrios y partidistas. Detenían los carruajes y en los tranvías y automóviles escribían malas palabras. Los ciudadanos los contemplaban desde los balcones, unos espantados y otros con júbilo. Cerraban las cancelas y las puertas de calle; las mujeres hervían aceite en calderas gigantescas, como si estuvieran por freír pasteles, de miedo que los pasaran a todos a degüello. Estaba anunciada una noche de holgorio en ese día de San Bartolomé. Pasaron frente a la casa de Mitre y arrojaron flores. Después frente a la casa de Yrigoyen y arrojaron más flores. Hacía muy poco que había terminado la Segunda Guerra Mundial y estaban sobreexitados los ánimos por la derrota infligida a nuestros aliados, Alemania, Italia y Japón. (pág. 53)

IV) Las turbas armadas y las tropas mancomunadas desfilaban como si se tratara de una ciudad invadida por el extranjero. Andaba suelto de acá para allá el generalito Banderas con sus tropas, y de allá para acá el coronel Pagola con las suyas. El otro coronel Del Monte se aprestaba también a invadir con sus colorados. A la mañana comenzaron a formarse grupos y manifestaciones, primero taciturnas y luego enardecidas. Cada cincuenta metros daban un grito estentóreo y proseguían arrastrando las chancletas con un ruido imponente. Fueron hasta el Hospital Muñiz donde estaba cautivo el Coronel. Hicieron vivaques en las plazas, se lavaban los pies en las fuentes, se secaban con las banderas y comían asado. La noche fue de apoteosis. Pasearon con antorchas de diarios encendidos. Llegaron a la Plaza de

Mayo donde aguardaban los caballos atados a la Pirámide. Se habían instalado micrófonos de la Red Azul y Blanca. Se lanzaron vivas a Bismark, San Benito y Pernales. Se abrieron las puertas de las cárceles y de los prostíbulos y largas caravanas vinieron a engrosar las filas. Cuarenta mil agentes del orden público, con gases lacrimógenos, a máuser, bayoneta y cachiporras, custodiaban el Cabildo. Además actuaba la oficialidad superior de la Gestapo Ltda. Todos disfrazados de mendigos, de croatas y yugoeslavos, con las ropas andrajosas, la barba sin afeitar, los sobacos untados con grasa de potro y salsa de tabaco. El desorden era general. Reinaba una general batahola. Se preparaban asado sobre el césped, bebían en las mismas fuentes en que se lavaban los pies y se orinaban en los zaguanes de los médicos. Consumían barrilitos y botellas de cerveza que cedió gentilmente para la hecatombe una fábrica de los quilmes y los ranqueles. Pusieron a secar al sol los pendones mojados. (págs. 54-55)

V) La multitud ocupaba las plazas y las calles adyacentes. La ciudad fue conmovida por lo inesperado del espectáculo. Habló el *gauleiter* y después el generalito Banderas y el coronel Pagola. La muchedumbre cantaba las canciones patrióticas *Giovinezza* y *Uber Alles*. Las gentes tendían los brazos en un saludo militar y los generalitos pasaban por debajo de esos arcos de triunfo. Los feldmariscales iban a pie y los sacerdotes los asperjaban con hisopos de plata. El padre Filippo Castañeda hacía cortes de manga. A esto siguió el candombe, baile nacional de las grandes fiestas de etiqueta, dirigido por el mariscal Eusebio. Hereñú habló en nombre del pueblo. Después pegaron fuego a las iglesias. Era justo, pues, que ese sábado se designara como Sábado de Gloria. (pág. 56)

El largo "collage" de textos se ordena así: 1. El I de E. Estrada; 2. Texto de Mitre; 3. Texto de V.F. López; 4. El II de M. Estrada; 5. Pasaje de *Tirano Banderas*; 6. El III de M. Estrada; 7. Texto de Saldías; 8. El IV de M. Estrada; 9. Texto de V.F. López; 10. Dos trozos de Saldías; 11. El V de M. Estrada.

Una lectura superficial muestra dos aspectos: a) gran cantidad de referencias concretas e irónicas a hechos verdaderos de la época que nos interesa; b) mezcla a-crónica (o u-crónica) de sucesos del siglo XIX con otros del período peronista. En cuanto a lo primero, al final de I, la referencia a la simpatía que el gobierno de Castillo (y el que los siguió) mostraron con respecto a los países del Eje durante los años 1941-1945. En II, in fine,

referencia al 17 de octubre de 1945, cuando los que prota-
gonizaron ese hecho histórico fueron integrantes del sindicato
de obreros de la carne, que encabezaba Cipriano Reyes, fundador del partido Laborista y primer gran apoyo sindical de
Perón. Lo de barraganas parece una alusión a Eva Duarte. Y el
final, "Ostentaban carteles glorificando las alpargatas,"
recuerda aquel estribillo que se convirtió en slogan famoso en
las elecciones de 1946 y que decía: "alpargatas sí, libros no." En
III, al comienzo, se alude irónicamente al slogan de Perón que
hablaba de "la independencia económica." Y al final se reitera
lo mismo del trozo I. En IV se recuerda el hecho de que el 17 de
octubre Perón estuvo internado en el Hospital de Clínicas de la
ciudad de Buenos Aires y de allí fue llevado a la Plaza de
Mayo (aquí se lo muestra internado en el Muñiz, hospital de
enfermedades altamente contagiosas). Y la circunstancia—
también histórica—de los manifestantes peronistas que ese día
se lavaron los pies en la fuente de la Plaza de Mayo, hecho
vituperado y ensalzado desde diversos puntos de vista. La
manifestación de diarios encendidos de la noche de ese día
(recuérdese la descripción de Gálvez) y la mención de croatas y
yugoeslavos que, según se dijo entonces, integraron la Alianza
Libertadora Nacionalista, fuerza de choque de extrema derecha, que se caracterizó por su violencia.

Martínez Estrada insiste en V en la acusación de nazi-
facismo, que fue frecuente entre los liberales y comunistas para
referirse al régimen el cual, efectivamente, asumió visos de tal
en varios aspectos de su accionar político. Y al final de este
apartado el famoso incendio de las iglesias, ya referido en el
capítulo sobre Gálvez, que tuvo lugar a mediados de 1955.

En cuanto a la cronología, nuestro escritor mezcla sin
problemas hechos de los años 1820, 1838 y 1852 con otros de este
siglo. En varios casos las tropas que avanzan sobre Buenos Aires
en 1943 y la "pueblada" de 1945 se comportan de la misma
manera que los caudillos federales (o las tropas sublevadas)
del siglo pasado. En I, no hay diferencias entre aquellos a
caballo y con espuelas, y éstos motorizados de nuestros días.
Esta identificación afecta tanto a las acciones y hechos como a

las personas. En IV las tropas, que suponemos actúan en 1943 o 1945, se untan los sobacos con grasa de potro, como hacían los indios pampas que lucharon con y a favor de Rosas. Y en V se confunden dos personajes distantes un siglo, el uno del otro: "El padre Filippo Castañeda hacía cortes de manga." En una sola persona ahistórica se unen el cura Castañeda, religioso ultramontano y pintoresco del siglo XIX (1776-1832), con el sacerdote Filippo, que apoyó al régimen y fue diputado peronista en el período 1946-1952, y que escribió ciertas publicaciones semejantes en tono y exageración a las del polémico y combativo clérigo de antaño.

Pero esta identificación de personas va más allá del plano puramente histórico. En un pasaje Martínez Estrada confunde en un mismo rasero de existencia (sitúa en un mismo plano de realidad concreta y fáctica) personajes de ficción y personajes reales: mitifica lo histórico y, a la vez, eleva un tipo literario a ejemplo insigne de una clase que políticamente ha dominado Hispanoamérica durante los últimos ciento sesenta años. En IV leemos: "Andaba suelto de acá para allá el generalito Banderas con sus tropas, y de allá para acá el coronel Pagola con las suyas. El otro coronel Del Monte se aprestaba a invadir también con sus colorados..." Banderas es personaje de Valle-Inclán en *Tirano Banderas*; Pagola intervino en las guerras civiles argentinas del siglo XIX; *Colorados del monte* fue el nombre de un regimiento de caballería que comandó Rosas en 1820.

En todos los casos se trata de un mismo accionar: la invasión de la ciudad (=la civilización, la cultura, Europa) por la barbarie primitiva del interior (tropas y gauchos y caudillos que destruyen, queman, aterran, violan, desafían y desprecian las personas, los bienes y la ley). ¿Qué perseguía Martínez Estrada con esta mezcla de situaciones y de acciones, con esta reiteración ahistórica de hechos a primera vista idénticos? En primer lugar borrar la sucesividad y la esencial individualidad de la Historia. Negar, en síntesis, las básicas diferencias que separan a Rosas, Hereñú y las tropas que vencen a Rosas, de las circunstancias de 1930, 1943, 1945, 1955. Esta técnica, que recuerda el montaje cinematográfico, rompe la irreversibilidad del tiempo y, por consiguiente, la sucesión temporal de los hechos históricos con sus innegables correlatos sociales, ideológicos, políticos. Este montaje cinematográfico acrónico, muestra, según Adolfo Pietro, que "el presente se inserta en una concepción cerrada del tiempo histórico. La Argentina de 1930 es la Argentina de 1945. Un punto fijo en un círculo que gira siempre sobre sí mismo" (*Literatura y subdesarrollo*, 180-181).

Martínez Estrada perseguía demostrar sobre todo la *identidad* en esos hechos. Y, en segundo término, veía a esos hechos como *una constante de la historia argentina*. Por eso los igualaba en su valor de signos y de símbolos de una historia en que todo, y en especial lo malo, se repite. Para nuestro escritor la historia argentina está detenida en un círculo cerrado, en *un eterno retorno* infernal en el que la barbarie, escondida durante un siglo detrás de la máscara de la civilización, ha seguido siendo lo que era. Y cuando las circunstancias empujan a la realidad a manifestarse tal como es, el rostro auténtico aparece a la luz. Y esto es lo que conceptualmente había escrito ya en *Radiografía de la pampa* (véase los apartados "Civilización y barbarie" y "Las fuerzas psíquicas"), y en *Los invariantes históricos en el Facundo* (1947). El cuento que analizamos corporiza, en este pasaje, esa concepción de la historia argentina. Por tanto, para M. Estrada el peronismo no es un fenómeno único, es apenas la reaparición, aumentada y más eficaz gracias a los instrumentos técnicos, de esta faz negativa de la historia argentina auténtica.

Hasta aquí lo que puede señalarse de este aspecto del relato "Sábado de gloria." Si ahora intentáramos examinarlo como una totalidad veríamos que allí, como nunca antes y, probablemente, como jamás después, Martínez Estrada logró conciliar su visión trágica de la historia argentina con una admirable descripción de la relación que siempre se ha dado en nuestro país entre el individuo solitario y las instituciones que se dice están a su servicio en la nación. El empleado Nievas, humillado, torturado por una estructura burocrática implacable, burlado por un poder estatal que se encarna en sus formas más elementales y corrompidas, es una representación simbó-

lica del ciudadano medio argentino, de los millones de
humillados que, a través de más de siglo y medio, han sido los
servidores silenciosos de un Moloch al que alimentaron y
alimentan con su propia sangre, con su obediencia ciega, con su
temor, con su callado desprecio, con su servilismo. Nievas es ese
pequeño hombre de todos los días, que acepta y debe obedecer a
un Poder que lo veja, lo ignora, lo usa como a un objeto y después
lo tira a un costado cuando ya no sirve más para seguir
entregándole sus fuerzas y su voluntad. Claro que, en última
instancia, el relato (como en Kafka) es la versión fabulada de
la desigual relación entre el individuo anónimo y el Estado,
entre el hombre y el Poder.

Y junto al drama del individuo, M. Estrada ha descripto el
rostro de todo un aspecto de la historia argentina en sus formas
más deleznables pero inevitablemente repetidas y reiteradas:
la violencia, la ferocidad, la falta de frenos legales, la
corrupción, la barbarie encarnada tanto en el campo como en la
vida urbana, la inestabilidad política y legal, el desprecio a
la persona como tal, el incumplimiento de las normas jurídicas,
el abuso del poder, el temor totalitario, el terror, el miedo como
una constante vital. En esa visión del individuo se conjuga la
del país mismo: una sucesión de golpes de estado, de hombres de
armas siempre en el poder, servilmente obedecidos y alimen-
tados por multitud de pequeños hombres para los que no hay
leyes, ni derechos, ni garantías. "Un país sin ciudadanos," como
escribió alguna vez Alberdi.[18]

NOTAS

1   Excluimos textos que son meras crónicas o que tocan lo
     panfletario, como el de Adela Grondona, *El grito sagrado*,
     (Buenos Aires, 1957); Juan Goyanarte, *Tres mujeres*, (Buenos
     Aires, 1958), etcétera.

2   El relato de Borges y Bioy Casares fue escrito en 1947 y circuló en
     copias mecanografiadas. Se publicó por primera vez en *Marcha*,
     Montevideo, 30 de setiembre de 1955; más tarde fue reproducido

por la sicalíptica (para la época...) revista *Adán*, (Buenos Aires, ¿1961?) y traducido al inglés, "Monsterfest," en *Fiction*, 5, 1, 1977, págs. 2-5. *Grasa* fue el apelativo descriptivo con que en el habla de Buenos Aires se designaba, y se designa aún, a una persona de bajo nivel cultural y social; *un grasa* es todavía un indivíduo basto, ineducado, ordinario, grosero, ignorante de las normas sociales. Eva Perón llamaba a sus partidarios "mis grasitas," pero en ella el término asumía un especial matiz cariñoso y concesivo. Sobre el relato, véase un comentario en *Contorno*, Buenos Aires, n. 7-8, 19, pág. 50.

3   La visión histórica que el liberalismo ha dejado del período ha sido siempre negativa. Ya en sus memorias, ya en obras exclusivamente históricas (José Luis Romero, Tulio Halperín Donghi, por ejemplo), la época es considerada como una tiranía, una sucesión de inmoralidades que dieron origen a la extinción de las libertades públicas, de la vida institucional y de la cultura. De cierta manera, ésta es la crítica (velada o explícita) que las obras narrativas liberales expresan. Las opiniones de Borges—absolutamente contrarias al peronismo—pueden verse en Emir Rodríguez Monegal, "Borges y la política," *Revista Iberoamericana*, n. 100-101, (1977), págs. 269-292. Una muy típica muestra de qué pensaban sobre el régimen los intelectuales y escritores del liberalismo argentino, puede leerse en el número que la revista fundada por Victoria Ocampo dedicó "A la Reconstrucción Nacional" y que apareció inmediatamente después de la caída del gobierno peronista; véase *Sur*, Buenos Aires, n. 237, (noviembre-diciembre de 1955).

4   En "Peronismo y neutralidad," A. Prieto ha señalado que ese componente de falsedad que caracterizaba el movimiento político peronista, es una constante de la historia argentina. Véase el número de *Contorno* citado en la nota 3 de la Introducción.

5   El texto borgiano termina así: "¿Qué suerte de hombre (me pregunto) ideó y ejecutó esa fúnebre farsa? ¿Un fanático, un triste, un alucinado o un impostor y un cínico?¿Creía ser Perón al representar su doliente papel de viudo macabro? La historia es increíble pero ocurrió y acaso no una vez sino muchas, con distintos actores y con diferencias locales... El enlutado no era Perón y la muñeca rubia no era la mujer Eva Duarte, pero tampoco Perón era Perón ni Eva era Eva sino desconocidos o anónimos (cuyo nombre secreto y cuyo rostro verdadero ignoramos) que figuraron, para el crédulo amor de los arrabales, una

crasa mitología." *Obras Completas*, (Buenos Aires, Emecé, 1974), pág. 789. Borges quita peso "real" a la historia, la sitúa en un horizonte mítico, la niega. Al colocar todo el episodio (y diríamos, todo el período) en un lugar fuera de lo fáctico concreto, fuera de lo histórico, le quita toda importancia concreta, toda posibilidad de influir sobre la realidad, de formar parte del proceso histórico. Y el futuro, por tanto, queda inalterado; el peronismo fue una mitología; pertenece a lo inexistente, carece de trascendencia posterior. El mundo sigue igual. Una vez más, Borges niega la realidad.

6   "Homenaje a Francisco Almeyra" fue reeditado en *Historia prodigiosa*, (México, 1956 y Buenos Aires, 1961). Nuestras citas están todas tomadas de la reedición aparecida en la antología de Bioy Casares, *Adversos milagros*, (Caracas: Monte Avila, 1969), págs. 113-136.

7   Tres de los cuentos pertenecen a *Bestiario*, (Buenos Aires: Sudamericana, 1951); "La banda" forma parte de *Final de juego*, (Buenos Aires: Sudamericana, 1956).

8   *Bestiario*, (Buenos Aires: Sudamericana, 1967), págs. 129-131. En una entrevista declaró Cortázar: "Un cuento al que guardo algún cariño, 'Las puertas del cielo,' donde se describen aquellos bailes populares... es un cuento reaccionario... hago allí la descripción de lo que llamaban los 'cabecitas negras' en esa época, que es en el fondo muy despectiva... Ese cuento está hecho sin ningún cariño, sin afecto; es una actitud realmente de antiperonista blanco, frente a la invasión de los cabecitas negras..." *Panorama*, Buenos Aires, n. 184, (1970), pág. 60.

9   Véase Jean L. Andreu e Ives R. Fouquerne, "*Bestiario* de J. Cortázar: essai d'interpretation systematique," *Caravelle*, n. 10 (1968), págs. 11-130. N. Jitrik, "Notas sobre la zona sagrada y el mundo de los otros en *Bestiario* de J. Cortázar," en *La vuelta a Cortázar en nueve ensayos*, (Buenos Aires: Carlos Pérez, 1969), págs. 13-30. La ambigüedad esencial de los cuentos de Cortázar ha sido señalada y muy bien justificada por Severo Sarduy, quien dice que de esa manera queda abierta al lector una variada posibilidad interpretativa, véase "Anamorphoses," *La Quinzaine Littéraire*, 50, (París, mayo de 1968). Véase además, Alfred MacAdam, en *El individuo y el otro. Crítica a los cuentos de Julio Cortázar*, (Buenos Aires, Nueva York: Ediciones La Librería, 1971), págs. 51-88; Mercedes Rein, *Julio Cortázar: el escritor y sus*

máscaras, (Montevideo: Diaco, 1969); Malva E. Filler, *Los mundos de Julio Cortázar,* (Nueva York: Las Américas, 1970).

10 J. Cortázar, *Ceremonias,* (Barcelona, 1968), pág. 89. No queremos dedicar demasiado espacio a los aspectos satíricos de la descripción, siempre cargada de resentimiento clasista; el público que asiste al espectáculo es visto así: "Había algo ahí que no andaba bien, algo no definible. Señoras preponderantemente obesas se diseminaban en la platea... varias de tales señoras tenían el cutis y el atuendo de respetables cocineras endomingadas, hablaban con abundancia de ademanes de neto corte italiano, y sometían a sus niños a un régimen de pellizcos e invocaciones..."

11 Antonio Planells, *Cortázar: metafísica y erotismo,* (Madrid: José Porrúa, 1979), págs. 184-186, da como seguro el incesto.

12 Jean L. Andreu, "Pour une lecture de *Casa tomada,*" *Caravelle,* n. 10, (1968,) pág. 74 señala que en este relato nos encontramos con una conjunción de circunstancias que se prestan a cualquier tipo de interpretación; el sentido último debe darlo el lector. O sea: se trata de un cuento sin sentido definido, cuya situación ofrece al que lo lee una abierta—y no específica—suma de posibilidades significativas.

13 Sobre Peyrou véase Victor Sáiz, "Peyrou y el Peronismo," *Ficción,* Buenos Aires, n. 45-57, (1969); A. Ruiz Díaz, "Tres novelas de Peyrou," *Revista de Literaturas Modernas,* Mendoza, Argentina, n. 8, (1969), págs. 9-34; Raúl Scarri, V. Battista y J.V. Santamaría, "Dos novelas sobre el peronismo y una sobre la burguesía," *El Escarabajo de Oro,* Buenos Aires, n. 28, (1965), págs. 10-13.

14 Martin S. Stabb, "Ezequiel Martínez Estrada: los trabajos formativos" (aparecido primero en *Hispania,* marzo de 1966), en Carlos Adam, *Bibliografía y documentos de E. Martínez Estrada,* (La Plata: Universidad Nacional, 1968), págs. 225-232. Citaremos esta recopilación documental como C. Adam.

15 Juan. J. Sebreli, *Martínez Estrada. Una rebelión inútil,* (Buenos Aires: Galerna, 1969), págs. 131-156. Adolfo Prieto, *Literatura y subdesarrollo,* (Rosario: Vigil, 1969).

16 Juan Carlos Ghiano, "Martínez Estrada narrador," *Ficción,* Buenos Aires, n. 4, (nov.-dic. de 1956); Mario Lancellotti, "Martínez Estrada cuentista," *Sur,* Buenos Aires, n. 295 (jul.-agosto de 1965). Ghiano escribe "Placas radiográficas de la Argentina en uno de los más torpes períodos de su historia... En la ficción ha interpretado una sociedad desorganizada y confusa, donde

imperan el interés y la injusticia... ha escrito la obra narrativa que representa, para los años inmediatos, el equivalente de lo que fue *El Matadero* en el período rosista." Págs. 146-147.

17 Los libros de cuentos se editaron con estos títulos, todos en 1956: *Sábado de gloria. Juan Florido, padre e hijo, minervistas; Marta Riquelme. Examen sin conciencia*, y "La cosecha" que es uno de los *Tres cuentos sin amor*. Las citas de este estudio remiten siempre a Martínez Estrada, *Cuentos completos* (Madrid: Alianza, 1975).

18 Además de los textos señalados, en *Sarmiento*, (Buenos Aires: Argos, 1946), pág. 154 leemos: "Por eso es que la realidad de 1945 era la misma de 1845 y que *Facundo* es la obra de mayor actualidad. Sólo requiere una lectura actualizada." Y como postdata de una carta de 1955, que dirigió a Albarracín Sarmiento, escribía: "¿Sabe Usted qué libro trata del peronismo?, *Facundo*...," en C. Adam, pág. 174.

VII. MURENA, SABATO, B. GUIDO

Frente al edificio del Congreso, en el estanque de la plaza, vio a la noche a varios manifestantes que se lavaban los pies... Sin saber por qué, Elsa permaneció como subyugada ante los que metían los pies en el estanque. Uno—un hombre joven y robusto, de piel oscura y pelo renegrido y grasiento—le sonrió. Era una sonrisa de placer y complicidad. Pero Elsa sintió que no estaba dirigida a ella. El hombre se sonreía a sí mismo. Como si satisficiera un deseo refrenado durante años cada vez que desde su suburbio debía venir a la humillante ciudad. Y ese deseo parecía haber sido el de violarla, vejarla de cualquier modo. (H.A. Murena, *Las leyes de la noche*)

—Yo estoy con el gobierno.
Elsa perdió el dominio sobre sí. Exclamó:
—¿Cómo podés estar?
—¿No ves? ¿No comprendés nada? preguntó Clara, conservando aún en la voz esa contención mezclada con desafío.
Entonces Clara preguntó a su vez con frialdad:
—¿Qué tengo que comprender?

. . .

—¿Pero no ves desgraciada, que ahora podemos hablar? Podemos decir lo que se nos ocurra.
—Yo siempre pude hablar.
—Vos. Yo no. ¿Sabés? Sentía que estaba sola y que tenía que callarme. Agachar siempre la cabeza. Porque me daba miedo. Y ahora puedo hablar. ¿Sabés? No tengo más miedo. Y siento como si me escucharan. Sí. Me quejo y me escuchan... ¿Sabés qué pasa?... Que nunca fuiste pobre. Eso pasa. (H.A. Murena, *ibídem*)

El primero que habló fue el dirigente Arévalo:
—A mi hijo lo fueron a buscar el 4 de setiembre de 1951, a las tres de la tarde. Se lo llevaron a la 17ª, dicen, y no lo hemos vuelto a ver.
Sin delatar emoción en su voz, continúa:
—Lo llevaron a la 17ª: no necesito decirles nada más. Ustedes ya saben, la 17ª tiene su especialidad, los aparatos más modernos.
Uno de ellos lo interrumpe sin piedad:
—Alguien del barrio nos dijo que se escuchaban los gritos, en la noche.
—Todos gritan —dijo otra voz— y eso hace bien.

—Después —continuó el hombre—, nos dijeron que estaba en "Las Heras." Pero fue inútil. La historia es la misma, más o menos parecida en los otros veinte desaparecidos; casi todos de La Fraternidad. Decían que teníamos contactos con militares, con comunistas, ¿con quién no?, y nuestro contacto eran solamente los estudiantes y pocas cabezas.

Pablo descubre en las paredes, las fotografías del diario *La Razón*. Los ferroviarios del 51, y entre ellos, un estudiante como él.

Alguien propone la esperanza: en Montevideo, la policía uruguaya esconde a un gran número de exilados sin documentos; averiguar sus nombres, verificar; hombres sin nombres o sin memoria el miedo los hace morir a cada instante. Muertos están quizá para el pasado; una revisión es suficiente para entregarlos indefensos a la delación. Pero la esperanza se desvanece, veinte hombres no pueden reaccionar de idéntica manera y ocultarse en vida, morir, desaparecer en esta o en la otra orilla.

. . .

Atan a su meñique y pulgar los dos polos. Por primera vez la electricidad entra en su cuerpo. Sabrá después que lo que más importa es la entrada y salida de la electricidad. Es entonces cuando se ruega por la presencia de la muerte. Pero allí está el médico para demorar su llegada. La cosquilla, el temblor intermitente crecía en el término de segundos. Había leído en algún libro sobre la resistencia francesa, que a los guerrilleros los iniciaban en el yoguismo: el primer principio era fijar el pensamiento en algún recuerdo agradable. Inés, Inés Pradere entre el temblor y los gritos, entre el estertor de la muerte, entre los insultos y la risa soez.

—¿Te gustan las cosquillitas?

—¿Quiénes?, decí quiénes te mandaron, puto.

—¿A qué Centro pertenecés? ¿Quién es, carajo, el cabrón de tu jefe? ¿Cuántos son? ¿Cuántos?

. . .

Los sigue a través del hall del segundo piso y con un gesto rápido, uno de ellos arranca, de un golpe, el gobelino del siglo XIII. Alejandro ahoga un grito que pueda delatarlo. Otro de los jóvenes, con una risa nerviosa, sin orden ni mando respondiendo quién sabe a qué precisa consigna patea el biombo chino del siglo VII. Pradere corre para tratar de recogerlo ingenuamente, pero ellos ya han entrado en el salón Pellegrini; y como un autómata, para purgar mejor sus culpas, los sigue allí también; para presenciar de cerca cómo remueven sus entrañas.

Lo primero que hacen es levantar la copa de oro, donada por don Benito Villanueva y pasársela de mano a mano, con precisión de profesionales, ahora seguros de su misión. Comienzan a arrancar, de un solo golpe, las cortinas de damasco, los voiles de gasa y seda, y los extienden en la mesa, mantel, mortaja, como quien prepara un atado de mudanza. Adentro de ese vientre de sedas y damascos arrojan los cuadros de Fromentin y de Sorolla, que arrancan de las paredes. Uno de ellos llega con "La Boda" y "El Huracán," de Goya, y un Corot del salón de bridge.

                    . . .

La puerta principal, de cedro de Italia se abre, garganta colosal para vomitar doncellas. La vienen arrastrando a puntapiés desde el primer piso, desde su pedestal de reina. La "Diana," de Falguière — la bella, la de la piel tibia, la del mármol rosa—, rueda por la escalera y en su descenso pierde un brazo, pierde el arco; se quiebra, se deshace. Una fuerza poderosa la hace llegar a la calle, como si en ella fuera a encontrar a su poseedor, su señor, su dueño, para expirar.

Pradere, que ha visto ese descenso, desciende también por la escalera del hotel.

Allí está: boca abajo, con sus hermosas nalgas al aire, pateada, vejada. Pradere la toma en sus brazos y la cobija sobre su pecho. (Beatriz Guido, *El incendio y las vísperas*)

Héctor A. Murena

Antes de analizar una novela y un relato de Héctor A. Murena como ejemplos representativos de su visión del período, será conveniente hacer algunas consideraciones sobre la evolución del pensamiento de este escritor, porque ello se refleja claramente en sus textos narrativos (y en su teatro), y son las narraciones las que adelantan con bastante anticipación ideas que se manifestarán más tarde teóricamente en sus ensayos. Pero a diferencia de los escritos teóricos, jamás los cuentos y novelas logran ordenar de modo coherente ese contenido conceptual.

Un examen apresurado de los ensayos murenianos, desde *El pecado original de América* hasta *Ensayos de subversión*, muestra que la tendencia más visible de su pensamiento era encaminarse hacia una visión religiosa del mundo, de la existencia humana, y aun de la historia misma de la cultura. Esta aguda conciencia de la divinidad como fuerza y presencia negada y olvidada por el mundo moderno que estaba desde el Renacimiento preocupado por el poder, la riqueza y el saber científico, llevarán al último Murena a apelar a argumentos típicamente irracionales para analizar fenómenos como la identidad mexicana o los hábitos políticos argentinos.[1] Compartamos o no sus puntos de vista, esta visión metafísica, religiosa y a veces mágica de la realidad y aun de la existencia humana, rodeada de niebla y de poderes desconocidos, cargada de sentido de pecado, de búsquedas frustradas de la felicidad, de sueños oscuros y apetencias instintivas, de horror y de vacío, caracteriza muy bien a su narrativa, especialmente a sus dos primeras novelas. El amor como posesión y agresión, como humillación y dominio, es tal vez la nota temática más reiterada. La sexualidad es siempre o casi siempre enfermiza, anormal, sádica y/o masoquista; nunca jocunda y sana. La naturaleza permanece indiferente ante los sufrimientos de los hombres; si establece con ellos alguna forma de empatía, ésta corresponde casi siempre a lo tétrico, lo trágico o lo negativo. Los personajes protagónicos sienten su vida siempre como un gran fracaso y se ven a sí mismos como dignos de desprecio. Sentido de culpa, masoquismo, negatividad: ésta es la forma en que Elsa (la protagonista de *Las leyes de la noche* [1958]) juzga y analiza su propia vida y su persona.

Esas existencias tienen lugar en una Buenos Aires generalmente oscura y fea ("la ciudad doliente" la califica Elsa), habitada por multitudes que se comportan como insectos en una inmensa cueva que suma carencia de luz y vacío. La soledad, la agresión constante, la incomunicación se dan como nota típica de sus personajes.

Debe adelantarse que *Las leyes de la noche* no es una novela política. El tema central es la vida de Elsa, entre 1944 y 1958 (damos estas fechas como aproximadas porque es imposible deducir del texto—salvo excepciones—fechas exactas), pero a lo largo de la obra, como señales de luz, se indican ciertas referencias que permiten situar hechos concretos que sucedieron entonces: las manifestaciones pro-peronistas del 44, el 17 de octubre, el movimiento revolucionario abortado de 1951, etc. También, por personajes que la protagonista conoce a lo largo de su vida, nos enteramos del apoyo a Perón de ciertos sectores obreros, de la fe de los pobres, de la oposición de la "intelligentsia," de la tortura y la persecución a los anti-peronistas, de la oposición de cierta clase media.

Las descripciones de ciertas circunstancias políticas, de cierto opresivo clima urbano que Murena visiblemente pintó inspirándose en sucesos que realmente ocurrieron, funcionan en la obra como elementos del entorno ominoso y oscuro que rodea muchos momentos de la atormentada vida de la protagonista, y no persiguen una intención testimonial. En este sentido debe señalarse que varios críticos (Noé Jitrik, A. Avellaneda, etc.), que leyeron a Murena como si la intención del novelista hubiera sido documental, han equivocado su interpretación del escritor.[2]

Sí debe decirse que una lectura detenida de esta novela muestra que varias notas de la misma permiten situar a su autor entre los escritores liberales, pero con algunas salvedades que deben ser acotadas para comprender en profundidad el sentido de esta obra oscura y por momentos gris, fea y voluntariamente desagradable. Para nuestro novelista la existencia era ya una forma de sufrimiento, existir era sufrir y vivir suponía siempre soportar la agresión de los demás. Y agredirlos, atacarlos— a veces—sin quererlo. Existir era sufrir el mal y hacerlo a los demás. Esta visión tan negativa de la existencia se muestra con total claridad en la biografía del personaje central, que sufre una serie de dolorosas y terribles experiencias—la última muy cercana a su desaparición física—hasta el rito de pasaje con el que se cierra la obra, el cual representa para Elsa un renacimiento a una nueva vida.

Si se deja de lado la intención y el sentido totalitario de la novela, se verá que ciertas notas son claramente definitorias. En primer lugar todas las descripciones de acciones y movimientos de masas son negativas. Las manifestaciones, grupos colectivos, acciones multitudinarias son vistas como agresivas, innobles, destructivas. La inconsciencia y la impersonalidad de las masas, su irracionalidad reiterada, su desprecio de los matices, su violencia, son mostradas por Murena con el desprecio y el temor con que la mayoría de los intelectuales liberales han contemplado tales manifestaciones. Es justamente este aspecto

del peronismo el que Murena retrata siempre como sostenidamente negativo. Su visión de la presencia del peronismo como
violación, como agresión del espacio civilizado de la ciudad
(en donde se une a Martínez Estrada, Cortázar, Bioy Casares,
etc.), aparece muy bien señalada en el primero de los textos que
encabeza este apartado. Allí se ve con toda claridad que la
idea de la ciudad (el mundo de la cultura, Roma, Europa, la
ética, la estética, la fe, etc., todo lo que la *urbe* greco-romana
representaba frente a lo anterior asiático y lo posterior bárbaro) es violada reiteradamente por la violencia agresiva de
extramuros. Y esta violación suma resentimiento, venganza,
ignorancia e incomprensión. Obsérvese además que ella está
mostrada en un personaje de marcado rasgos negativos, en los
que no debe dejarse de lado una cierta carga racista:

...robusto, de piel oscura y pelo renegrido y grasiento... le sonrió. Era
una sonrisa de placer y complicidad... El hombre se sonreía a sí
mismo... deseo... de violarla, vejarla de cualquier modo...

La inocente acción de lavarse los pies en una fuente (eso que
los romanos hacen todos los veranos en las fontanas de la ciudad
eterna, sin asombro ni escándalo de nadie) asume aquí un valor
mítico, que fue—como se sabe—visto de modo muy distinto por
los enemigos y los partidarios del peronismo.[3]
    Si leemos el segundo de los textos que inician este apartado
veremos que la opinión antiperonista de Murena posee matices
que deben ser tenidos en cuenta. En la novela, por boca de Clara
(cocinera humilde a la que Elsa conoce en una casa en la que
trabaja circunstancialmente como sirvienta), se expresa una
muy concreta conciencia de su situación social; esa conciencia de
sí y de su lugar en la sociedad le permite fundamentar su apoyo
al gobierno. Para ella Perón aparece como "el padre de los
pobres...," el hombre que les ha dado el derecho de protestar y
ha hecho que ellos se sientan ahora escuchados, comprendidos
y defendidos en sus quejas. Murena señala, así, con bastante
claridad, un matiz importante en su visión del fenómeno peronista y de su significación social y política. Por un lado, el
sentido de que por vez primera en nuestra historia todo un sector

social se sintió representado y encarnado en el líder caris-
mático, que pareció defender sus demandas frente a otros
sectores que siempre poseyeron el poder y disfrutaron de una
porción sustancial de los bienes producidos en el país. Por otro,
la sensación—todavía visible en ciertos sectores—de que sus
quejas, sus dolores, sus necesidades, eran conocidas y solucio-
nadas por dicho gobierno.

Si ahora pasamos a un cuento de Murena veremos que allí
aparece otra nota típica de sus relatos: la alegoría, de marcado
sentido ético. El texto es "El coronel de caballería," contenido
en un volumen del mismo título (*El coronel de caballería y otros
relatos*, [1971]). Un oficial retirado del ejército argentino narra
en primera persona su encuentro, en el velatorio de un camarada, de un coronel cuya descripción coincide en muchos aspectos
con el Perón de 1945. Excelente estado físico, atractivo, sonriente, "brazos y cuello tal vez ligeramente cortos, movimientos
en extremo desenvueltos" (pág. 10). Se trata de un hombre que
posee una asombrosa facilidad para entablar relaciones con
todos los presentes, que llega a ejercer sobre ellos una especial
seducción entre simpatética y enérgica, que los entretiene
primero, los hace reír más tarde con una serie de juegos ajenos a
un velatorio, y que hasta logra provocar una sonrisa en la hija
del muerto. Mientras todos ríen por las acciones que el coronel
ha logrado hacerles hacer a algunos de los presentes (que el
narrador juzga desdorosas en un hombre y condenables en un
oficial del ejército), dicho coronel se acerca al narrador y le
señala con visible disgusto que está molesto porque él no ríe
como los demás.

Leamos algunas de las observaciones del narrador: "Pero lo
que sobre todo me impresionó... era la fascinación que ejercía, no
sólo sobre las mujeres, sino también sobre sus respectivos
maridos, quienes—con una sonrisa en las caras bobas—toleraban
casi complacidos cualquiera de los desdeñosos descomedi-
mientos que él se permitía" (pág. 13). El coronel los incita a
hacer ruidos con la boca cerrada, a mover las orejas, a jugar de
modo circense.

La situación le resulta al que narra intolerable y se pregunta a sí mismo: "¿Por qué me quedé yo? No sabría explicarlo. Todo aquello me repugnaba y, sin embargo, sentía una fuerte necesidad de observar los manejos del personaje, me atraía como supongo que a la mayoría de los hombres los atrae el placer de lo ilícito."

El narrador se va a su casa. A la salida lo acompaña el coronel quien comienza a reír de la tontería de los demás. A continuación se quita la chaqueta y la corbata, gesto que el narrador juzga incorrecto en una persona de su grado y condición. Cuando el hombre se queda en camisa llega hasta el narrador un olor fuerte, penetrante y desagradable. Al día siguiente asiste al sepelio; ninguno de los participantes del velorio parece recordar muy bien qué había ocurrido en la víspera. El coronel no se aparece en la ceremonia. Días después el oficial debe volver a la casa del camarada muerto. En ella percibe un marcado olor fétido y rancio; la hija del fallecido atribuye dicho tufo a las flores marchitas. Pero el narrador recuerda— de pronto—que es el mismo olor nauseabundo que desprendía el coronel.

El texto funciona, como muchos otros del mismo Murena, sobre dos niveles de significación; uno directamente referencial, y otro que podríamos denominar como indirecto o alegórico. Desde el título, el relato pone directamente ante el lector una serie de datos y circunstancias que coinciden con lo que en la realidad fue el personaje histórico (aspecto físico, histrionismo, seducción, dominio sobre los demás, etc.). Como se trata de un relato puesto en boca de un narrador-testigo, éste, al comunicarnos una suma de informaciones, nos entrega sus juicios sobre esos hechos y la voz del que habla permite identificarlo claramente: pertenece—sin duda—al grupo de los oficiales del viejo Ejército profesional argentino (obsérvese que se trata de un oficial formado *antes* de 1930). Los miembros de ese Ejército rechazaron su politización; se negaron, en general, a quebrar el orden constitucional y sus oficiales respetaron escrupulosamente principios morales que Perón desconoció y transgredió. Por eso, a cada paso, aparecen en el relato juicios siempre negativos con respecto a las actitudes y acciones del personaje. Es que esa fue—en general—una de las razones fundamentales por las que la mayoría de los miembros de ese cuerpo de oficiales se opusieron a la creciente influencia política de Perón y le exigieron primero su retiro del servicio activo y después forzaron su caída en 1955. Perón rechazó—tanto en su vida pública como en su vida privada—las estrictas normas castrenses que prohibían (y prohiben todavía hoy), entre muchas cosas, a un oficial en actividad casarse con cualquier mujer, recibir prebendas, participar de negocios ilegales, adoptar actitudes que pudieran desprestigiar a la institución, etc.

Perón, en su segundo casamiento (ya que era viudo), eligió como esposa a una ex-artista de segundo orden que había actuado en teatro, radio y cine: Eva Duarte. Evita era hija natural, persona de turbio pasado y de variados amoríos. Cuando Perón decidió casarse con ella debió pedir la baja de la institución. En 1951, cuando el partido gobernante quiso proponerla como candidata a la Vicepresidencia de la República, fue el Ejército el que se opuso enérgicamente a esa decisión y la obligó a renunciar a un honor que Evita habría considerado como el punto más alto de sus ambiciones políticas. Perón persistió en esos gustos "artísticos" con respecto a sus matrimonios. Después de su caída, conoció en Santo Domingo a Isabel Martínez, que formaba parte de una *troupe* de bailarinas de cuarto orden que actuaban en un cabaret de la isla, conjunto dirigido por un empresario cubano. Isabel, de bailarina en la pasarela, se convirtió primero en cocinera personal del exiliado político, después en su compañera y finalmente en su esposa (ver en la biografía de Page la narración documentada de este episodio que confirma—repetimos—los gustos artísticos del líder político).

Probablemente la fetidez que se desprende del coronel debe interpretarse en un sentido moral; Murena ha querido aludir aquí, de modo fabulado, a una de las notas más perversas del régimen peronista: su capacidad infinita para corromper, capacidad que afectó, muy en especial, a vastos sectores de la sociedad argentina y a instituciones que se creían exentas de dicho influjo o, por lo menos, lo suficientemente fuertes como para poder escapar a tal proceso.

Perón, a través de las famosas órdenes de coches, órdenes para importaciones, puestos en el extranjero, castigos indirectos a los que no se doblegaron a sus ofrecimientos, retiros obligatorios, destinos en zonas alejadas, etc., logró no solamente desmoralizar a los más altivos y castigar a los díscolos (recuérdense los años de prisión militar que sufrió Lanusse, por ejemplo, o lo que le ocurrió a una serie de oficiales que fueron remisos a plegarse a sus ofrecimientos indirectos de dádivas y prebendas). Por otra parte consiguió quebrar en algunos estamentos de las Fuerzas Armadas esta rígida herencia ética de los viejos oficiales de la Armada y el Ejército, que hasta entonces se habían mantenido como celosos custodios de una ética profesional que por una parte se negó a la politización del Ejército y por otra no quiso aceptar ninguna forma de corrupción indirecta a través de ventajas económicas desmesuradas. Las crisis sufridas por el Ejército argentino después de 1955, que fueron casi constantes desde entonces y que han continuado hasta hoy, tienen su origen en esta terrible purga de los que defendían los viejos principios de moralidad, austeridad, obediencia, no politización, no participación en el gobierno civil, no aceptación de ventajas y dádivas que significaban formas directas o indirectas de corrupción, etc. Debe reconocerse que el Ejército, la Marina y aun la Fuerza Aérea salieron del episodio 1943-1955 profundamente afectadas en su moral interna y con una serie de situaciones de tensión que se mostraron con absoluta claridad en las décadas posteriores. No es éste lugar para hacer una historia que no está escrita todavía. Pero es necesario insistir en que los enfrentamientos entre azules y colorados (que llegaron casi a combates frontales en la provincia de Buenos Aires), la ascensión al poder de Frondizi y su derrocamiento, el golpe de estado de Onganía y su posterior reemplazo por Lanusse, el golpe contra Isabel del 76, y todo lo que sucedió más tarde, con su desmesurada corrupción, sólo pudo ocurrir debido a esta década deletérea de 1943-1955, que destruyó estructuras morales e institucionales que hasta ese momento habían persistido con cierta rigidez, no solamente entre las Fuerzas Armadas, sino también en otras instituciones y niveles sociales. La fetidez que desprende el coronel de marras es una clarísima referencia a su infinito poder de corrupción, poder que—nos guste o no—se ejerció con asombrosa constancia, eficacia y extensión. Numerosas instituciones y personas (como el Ejército, el cual merecería un estudio detenido, el sistema educativo, la Justicia, la administración del Banco Central y de la moneda y el crédito, etc.) fueron sometidas a esta terrible operación de dominio a través del favoritismo, la amenaza, el triunfo de los peores y de los más capaces de adulación y corrupción, el destacarse de los sin ideas propias, ni carácter, ni moral, el triunfo casi seguro de los mediocres y de los más hábiles en obedecer sin discutir las órdenes menos éticas. Ingenuo sería pensar que en los gobiernos anteriores al 46 no hubo episodios inmorales (negociados, favoritismos, etc.); lo que debe señalarse es que nunca antes la corrupción y el favoritismo se habían erigido en un sistema eficaz y constante de ejercer el poder desde los más altos niveles de la dirigencia política del Estado.[4]

Varios otros escritores describieron el período o se refirieron a algunos de sus aspectos, desde una óptica que podríamos calificar como liberal. En general se trata de relatos en los que lo político no es sustancial y en cuyas páginas aparecen algunos episodios de la época, pero lo esencial es dejar testimonio de problemas, personajes, situaciones, que escapan a lo puramente histórico-político. Ernesto Sábato supo combinar con maestría lo histórico y lo ensayístico en *Sobre héroes y tumbas* (1961), vasta novela que por una parte examina muchos de los problemas argentinos y por otra relata una demencial historia de amor incestuoso y culpable. Un pasaje de esta obra tenebrosa, romántica y psicológica, lastrada tal vez por fines demasiado ambiciosos no siempre logrados, describe los acontecimientos dramáticos de junio a septiembre de 1955. El incendio de las iglesias, los nuevos ricos peronistas, los bombardeos de Plaza de Mayo, permiten a Sábato expresar sus ideas sobre el movimiento político y sobre sus fines y sentido. Para Sábato el

pueblo peronista, inocente y desamparado, encontró en Perón—
por primera vez en nuestra historia—un representante que
supuso lo defendía y encarnaba. Los que poseyeron el poder en
esos años, comenzando por el líder, fueron seres inmorales que
aprovecharon y usaron mal de esa fe en beneficio propio, y que
ejercieron tiránicamente un poder que debía ser dirigido hacia
el bien.

Pero debe dejarse bien en claro que el extenso y dramático
pasaje sobre el incendio de las iglesias y de la Curia, funciona
en la novela menos como un testimonio histórico (como ocurre con
Gálvez) que como un factor más en la oscura y ominosa atmósfera que rodea al protagonista, Martín, en su búsqueda de
Alejandra, la amada infernal, evasiva y culpable, cuyo drama
tiene la negrura de la húmeda y fría Buenos Aires invernal.
Véase cómo en la novela, después que Martín ha ayudado a una
mujer y a un obrero peronista a rescatar algunas imágenes de una
iglesia incendiada y saqueada por la turba, se pasa sin transi-
ción a destacar la atmósfera ominosamente oscura de la ciudad
grisácea en la que tiene lugar el drama de los enamorados:

> —¿Y vos?—le dijo la mujer—¿vos también sos peronista?
> Martín no respondió. Salió a la noche.
> El cielo tenebroso y frígido parecía un símbolo de su alma. Una
> llovizna impalpable caía arrastrada por ese viento del sudeste que
> ahonda la soledad y la tristeza del porteño, que a través de la ventana
> empapada de un café, mirando a la calle, murmura, *qué tiempo del*
> *carajo*, mientras alguien más profundo en su interior piensa, *qué*
> *tristeza infinita*. Y sintiendo la llovizna helada sobre su cara,
> caminando hacia ninguna parte, con el ceño apretado, mirando
> obsesionado hacia adelante, como concentrado en un vasto e
> intrincado enigma..." (ed. Mirasol, 1963, pág. 244).

Esta romántica preeminencia de lo subjetivo, que internaliza
lo externo y establece con el mundo natural una relación constante, caracteriza a toda la novela y la carga de una poderosa
calidad lírica e intimista. Junto a ello, la novela de Sábato
expresa una muy precisa crítica contraria a los valores burgueses que el régimen peronista encarnaba y defendía. Y ese es
un aspecto de la obra al que quisiéramos dedicar nuestra

atención, porque la actitud de este escritor ejemplifica la de muchos otros intelectuales anti-peronistas y pertenecientes a la clase media, que vivieron y viven todavía hoy, en una situación de asombrosa ambigüedad con respecto a los valores que debiera defender la clase a la que pertenecen. Esa situación conflictiva, que conciente o inconcientemente afirma los valores de la clase que siempre le ha disputado el poder a la burguesía (y casi siempre se lo ha arrebatado de muy diversos modos), se expresa con toda claridad en esta obra, y su análisis permitirá echar luz sobre uno de los aspectos más complejos de la situación, sentido e ideología de buena parte de los intelectuales argentinos.

Uno de los aspectos sorprendentes de *Sobre héroes y tumbas* son los numerosos pasajes que podríamos calificar de humorísticos. En un libro de atmósfera trágica, cargado de oscuridad, pleno de angustias y búsquedas metafísicas, de espantos reales e imaginados, de crímenes sin nombre, parece difícil que haya lugar para el humor. Lo hay, sin embargo, y es así como encontramos en la obra pasajes irónicos, sarcásticos y satíricos, que suponemos deben cumplir una función en el complejo universo narrativo. Ya veremos que el análisis de sus contenidos y la dirección significativa de los mismos no sólo permitirá comprender algunos aspectos de la obra y las ideas de Sábato; también permitirá echar luz sobre ciertos matices muy peculiares de la literatura sobre el peronismo y de la mentalidad de numerosos intelectuales de los últimos ochenta años en la Argentina.

En el capítulo VII de la segunda parte ("El dragón y la princesa") aparece súbitamente Quique, que entra de rondón en la perspectiva de Martín (uno de los protagonistas de la obra) y que reaparecerá más tarde, en el capítulo XX de este apartado.[5] Como indicó A. Dellepiane, "Irrumpe en el libro con el alemán del gracioso en la Commedia dell'Arte o del bufón en el teatro isabelino: con grotescos movimientos y cómica adulación."[6] Quique se autopresenta con palabras y gestos que crean en su torno una atmósfera humorística. Primero se describe físicamente, con una visión devaluadora e irónica de sí mismo:

—Como decía la Popesco en *L'habit vert: je me prostitu a vos pieds*.

En seguida se dirigió a Martín y lo examinó como a un mueble raro...

—Usted me mira con asombro y tiene toda la razón del mundo, joven amigo —dijo con naturalidad—. Le explicaré. Soy un conjunto de elementos inesperados. Por ejemplo, cuando me ven callado y no me conocen piensan que debo tener la voz de Chaliapin, y luego resulta que emito chillidos. Cuando estoy sentado, suponen que soy petizo, porque tengo el tronco cortísimo, y luego resulta que soy un gigante. Visto de frente, soy flaco. Pero observado de perfil, resulta que soy corpulentísimo.

Mientras hablaba demostraba prácticamente cada una de sus afirmaciones (pág. 191).

Este introito persigue instaurar una atmósfera irónica, devaluadora de su misma persona y, al permitirse hablar así de él mismo, por extensión y analogía, apuntan a dejarle libre el campo para devaluar a los demás... Este introito será seguido de una sarcástica crítica a una representación teatral de aficionados que Quique ha presenciado la noche anterior.

La segunda aparición de Quique, en el capítulo XX, reitera algo ya dicho por el mismo personaje, pero ahora acentuado: destacar el prestigio social de los apellidos franceses en la Argentina, frente a los de origen italiano (léase el pasaje anterior en la novela, y se verá que Quique se ha reído tanto de los apellidos italianos como de los de origen judío):

Si en este país vos te llamás Vignaux, aunque tu abuelo haya sido carnicero en Bayona o en Biarritz, sos bien. Pero si sobrellevás la desgracia de llamarte De Ruggiero, aunque tu viejo haya sido un profesor de filosofía en Nápoles, estás refundido, viejito: nunca dejarás de ser una especie de verdulero... (pág. 256).

A esto agrega Quique una teoría humorística (pero seriamente humorística, porque Quique siempre se mueve en una buscada ambigüedad que instala todas sus afirmaciones en esa zona nebulosa de lo serio y lo cómico, lo cual le permite degradar valores con cierta impunidad aparente), sobre los

peligros sociales de la inmigración y los casamientos indis-
criminados:

Porque con la cosa de las cruzas y la emigración el país esta
expuesto a Grandes Peligros. Ahí tenés el caso de Muzzio Echandía.
Un día María Luisa se vio obligada a decirle:
—¡Callate vos, que ni con dos apellidos hacés uno solo!
Imaginate que soportás la desgracia de llamarte Pedro Mastro-
nicola. Bueno, no, eso es demasiado, eso no tiene defensa, mismo en
la clase media... Les diré que en caso de apuro, nada mejor que
recurrir a las calles. En un tiempo, con el Grillo, lo enloquecíamos a
Sayús, que es un snob, diciéndole que le íbamos a presentar a Martita
Olleros, a la Beba Posadas... Los subtes, les doy el dato, son un
verdadero filón. Tomen, por ejemplo, la línea a Palermo, que no es de
las mejores. Sin embargo, funciona casi desde la salida: Chuchi
Pellegrini (medio sospechoso, pero así y todo da cierto golpe, porque
al fin el gringo fue presidente), Mecha Pueyrredón, Tota Agüero,
Enriqueta Bulnes. ¿Realizan? (págs. 256-258).

Vamos a señalar primero algunas fuentes: unas internas (de
la novela misma) y otras externas. En dos pasajes de la obra,
Alejandra, la protagonista trágica, amante incestuosa de su
padre, aparece con plena conciencia de que en las calles de la
ciudad todavía persisten esos apellidos patricios:

... sí, el de la calle: es lo único que nos va quedando, nombres de
calles..." (pág. 89).

"Papeles, nombres de calles. Es lo único que nos va quedando.
Hernandarias es antepasado de los Acevedo. En 1550 hizo la
expedición en busca de la Ciudad Encantada.

> *Ahí está Buenos Aires. El tiempo que a los hombres*
> *trae el amor o el oro, a mí apenas me deja*
> *esta rosa apagada, esta vana madeja*
> *de calles que repiten los pretéritos nombres*
> *de mi sangre: Laprida, Cabrera, Soler, Suárez...*
> *Nombres en que retumban ya secretas las dianas,*
> *las repúblicas, los caballos y las mañanas,*
> *las felices victorias, las muertes militares...*"[7]

Alejandra, Quique, Borges, los tres reiteran la conciencia de
pertenecer a una clase oligárquica cuyos nombres persisten en
los de ciertas calles de la ciudad. Quique, de modo irónico y

apelando a su conocida ambigüedad (que no por eso deja de
señalar esa conciencia de formar parte del grupo); Alejandra,
con cierta tristeza; Borges, con elocuencia de oda clásica y
orgullo de casta. Todos se sienten identificados en este sentimiento grupal y aristocrático. Esta insistencia en los nombres, y
en el problema de los nombres, debe llevarnos a pensar que
también el autor de la novela ha sentido este hecho como digno
de reflexión. Y debemos suponer que en él este problema se da
de modo conflictivo. Mientras en los tres personajes citados
encontramos la natural aceptación de una realidad vivida con
cierto orgullo y comodidad, en este último debemos pensar en
algo no resuelto, insoluble.[8] ¿Cómo interpretar esta constante
referencia a ese hecho que, a primera vista , parece mostrado
como una preocupación subalterna, inimportante? Si sólo en
boca de Quique apareciera esta referencia, deberíamos inter-
pretarla como una ironía del autor destinada a mostrar la
tontería—la falta de importancia—de tal hecho. La risa
provocada por las afirmaciones de Quique convertiría ese
asunto apenas en un motivo de ironía: "véase cómo esta clase en
decadencia se preocupa por cosas que son secundarias..." Esto es
lo que daría a entender nuestro novelista. Pero la reiteración
del tema, la utilización del poema de Borges (usado aquí con
evidente intención de argumento prestigioso), obligan a pensar
que se trata de algo positivo, de algo sentido como importante
por el autor. No es sólo la chistosa preocupación de un personaje
de segundo orden. Es algo vivido y sentido por quien escribe
como un conflicto íntimo, existencial y social. ¿Qué hay detrás
de todo esto?

La primera respuesta es la de decir, simplemente, que
Sábato quisiera pertenecer al grupo, y no forma parte del
mismo. Nuestro escritor pertenece a la clase media de origen
inmigratorio italiano. Como otros tantos millones de argentinos, este integrante de la burguesía profesional argentina
está preocupado—*siente como una minusvalía*—, el hecho de
no integrar esa clase. Y como tantos otros miembros de la
misma, en lugar de afirmar su presencia a través de la posesión
(o el ejercicio) del poder, defendiendo y viendo los valores de

su clase como positivos, asume una actitud devaluadora frente a los valores del nivel social al que pertenece. Quiere, quisiera como tantos otros miles de su mismo nivel social, poseer y afirmar los valores de la clase que le ha retaceado y negado ese poder. *Y son esos valores los que finalmente se afirman a través de la novela.* Y esa afirmación se da, se manifiesta de dos maneras: *a)* ¿qué es lo devaluado, ya por medio de la ironía, ya por medio de la sátira, ya a través del sarcasmo y el chiste? (como hemos visto en el caso de Quique); *b)* ¿qué es lo fundamental de la obra, a nivel de personajes, de actitudes y de valores mostrados y afirmados...? Como veremos, lo devaluado a través de la sonrisa o la risa son los valores burgueses de la clase media. Lo afirmado son los valores—a través de los personajes principales, de las acciones y omisiones de esas acciones, de la visión pasatista y conservadora—de la clase patricia.

Ya hemos visto qué se ataca a través de las palabras de Quique. Su humorismo es siempre devaluador, una forma de agresión axiológica, destructora de valores.

El "Informe sobre ciegos" permite escuchar en la obra la voz y las ideas desaforadas y vesánicas de ese personaje extraño y malvado llamado Fernando Vidal Olmos. Como el mismo Sábato declaró, se han puesto en boca de ese personaje ideas del autor.[9] Y lo que llama la atención es la dirección de muchas de esas ideas, su sentido. Esas ideas aparecen a veces copiadas de modo textual; otras, están veladas por un aura de absurdo humorismo negro y sarcasmo. Describiendo el barrio de Buenos Aires llamado la City, que es la zona de los bancos, cuando ha cesado la actividad diurna, escribe Fernando:

> Pero también por la soledad sagrada que reina en esos lugares cuando el Dinero descansa. Una vez que los últimos empleados y gerentes se han retirado, cuando se ha terminado con esa tarea agotadora y descabellada... en que verdaderas multitudes depositan con infinitas precauciones pedazos de papel con propiedades mágicas que otras multitudes retiran de otras ventanillas con precauciones inversas. Proceso todo fantasmal y mágico pues, aunque ellos, los creyentes, se creen personas realistas y prácticas, aceptan ese papelucho sucio donde, con mucha atención, se puede

descifrar una especie de promesa absurda, en virtud de la cual un señor que ni siquiera firma con su propia mano se compromete, en nombre del Estado, a dar no sé qué cosa al creyente a cambio del papelucho. Y lo curioso es que a este individuo le basta con la promesa, pues nadie, que yo sepa, jamás ha reclamado que se cumpla con el compromiso; y todavía más sorprendente, en lugar de esos papeles sucios se entrega generalmente otro papel más limpio pero todavía más alocado, donde otro señor promete que a cambio de ese papel se le entregará al creyente una cantidad de los mencionados papeluchos sucios: algo así como una locura al cuadrado. Y todo en representación de Algo que nadie ha visto jamás y que dicen yace depositado en Alguna Parte, sobre todo en los Estados Unidos, en grutas de acero. Y que toda esta historia es cosa de religión lo indican en primer término palabras como *créditos o fiduciario* (págs. 294-295).

A través de la locura lúcida de Fernando, Sábato reitera aquí ideas que ya habían aparecido en *Hombres y engranajes,* donde señalaba nuestro escritor que la abstracción renacentista llevará a la técnica, a las letras de cambio y a la ciencia: tres formas de dominar el mundo y la raíz de la deshumanización del hombre del siglo XX. En un apartado de ese libro, titulado "El universo abstracto," se lee:

...el imperio del hombre se multiplicó desde el momento en que comenzó a reemplazar las cachiporras por logaritmos, y los lingotes de oro por letras de cambio... Lo mismo con la economía: a medida que el capitalismo se desarrolla, sus instrumentos se hacen más pujantes, pero más abstractos...

No debe sorprendernos que el capitalismo esté vinculado a la abstracción, porque no nace de la industria sino del comercio; no del artesano, que es rutinario, realista y estático, sino del mercader aventurero, que es imaginativo y dinámico. La industria produce cosas concretas, pero el comercio intercambia esas cosas, y el intercambio tiene siempre en germen la abstracción, ya que es una especie de ejercicio metafórico que tiende a la identificación de entes distintos mediante el despojo de sus atributos concretos (*Ensayos,* págs. 174-175).

En varios pasajes, Fernando se ríe de la inocente fe en la Ciencia y en el Progreso que caracterizó al movimiento socialista argentino:

Pero el Progreso de las Ideas era incesante y tarde o temprano al Amanecer era inevitable. Mientras tanto, había que luchar contra las fuerzas organizadas del Estado, había que denunciar la Impostura Clerical, había que minar al Ejército y promover la Educación Popular. Se fundaban bibliotecas en que no sólo se encontraban las obras de Bakunin o Kropotkin, sino las novelas de Zola y volúmenes de Spencer y Darwin, ya que hasta la teoría de la evolución les parecía subversiva, y un extraño vínculo unía la historia de los Peces y Marsupiales con el Triunfo de las Nuevas Ideas. (*Ensayos*, págs. 312).

Casi exactamente lo mismo había escrito el joven Sábato en 1951:

Y aquellas bibliotecas en que se acumulaban libros de tapas blancas, con el retrato del autor en un óvalo: Reclus, Spencer, Zola o Darwin, ya que hasta la teoría de la evolución parecía subversiva y un extraño vínculo unía la historia de los peces y marsupiales con el Triunfo de los Nuevos Ideales.

A las ironías contra el progresismo y cientifismo de los socialistas, suma Fernando su desconfianza frente a la creencia argentina en la enseñanza primaria como la panacea que puede solucionar todos los problemas:

Con algunos libros de historia y con la sección policial de los diarios de la tarde en la mano me veía obligado a explicar (a una maestra socialista) el ABC de la condición humana a esta pobre diabla que se había educado bajo la dirección de distinguidas educadoras y que creía, más o menos, que el alfabetismo resolvería el problema general de la humanidad: momento en que yo le recordaba que el pueblo más alfabetizado del mundo era el que había instaurado los campos de concentración para la tortura en masa y la cremación de judíos y católicos. Con el resultado, casi siempre, de levantarse de la cama, indignada contra mí, en lugar de indignarse contra los alemanes: ya que los mitos son más fuertes que los hechos que intentan destruirlos, y el mito de la enseñanza primaria en la Argentina, por disparatado y cómico que parezca, ha resistido y resistirá el ataque de cualquier cantidad de sátiras y demostraciones (págs. 302-303).

En varios lugares el ensayista Sábato ha dicho esto mismo; elijo uno de ellos:

James Mill, en el buen tiempo viejo, imaginaba que cuando todos supieran leer y escribir estaría asegurado para siempre el reinado de la Razón y de la Democracia. ¡Pobre James Mill! Abrir escuelas, "educar al soberano," etcétera, etcétera. Pero ¿para enseñar qué? Bastaría recordar que el pueblo más instruido del mundo fue el alemán. Es extraño que todavía haya gente que siga creyendo en este mito (*Ensayos*, pág. 194) (13).

Fernando Vidal—además—comparte con Sábato una especial inquina contra Suiza, representativa del espíritu burgués. Y al hablar de ese país, Fernando apela—sin quererlo—al denostado mito de los caracteres nacionales:

Vacilé un momento con respecto a la nacionalidad de los anarquistas, pero me decidí al fin por Suiza a causa de la enorme magnitud del dislate, ya que para una persona normalmente constituida creer en anarquistas suizos es como aceptar la existencia de ratas en una caja fuerte. La primera vez que pasé por ese país tuve la sensación de que era barrido totalmente cada mañana por las amas de casa (echando, por supuesto, la tierra a Italia). Y fue tan poderosa la impresión que repensé la mitología nacional..., los mitos nacionales son fabricados a propósito para describir el alma de un país, y así se me ocurrió en aquella circunstancia que la leyenda de Guillermo Tell describía con fidelidad el alma suiza: cuando el arquero le dio con la flecha en la manzana, seguramente en el medio exacto de la manzana, se perdieron la única oportunidad histórica de tener una gran tragedia nacional. ¿Qué puede esperarse de un país semejante? Una raza de relojeros, en el mejor de los casos (pág. 313).

En dos pasajes de la novela, uno extenso, Quique y Fernando hacen alusión a la condición femenina. Fernando, que repite ideas del escritor, mantiene un largo y cortante diálogo con la maestra socialista Norma Pugliese y su amiga ("de género epiceno," dice Vidal Olmos), Inés Gonzáles Iturrat (cap. XI del "Informe sobre ciegos," pág. 327-334). Todo el pasaje es una sátira contra el feminismo y sus sostenedores. Para no alargar demasiado estas notas, nos limitaremos a dar una breve síntesis de las ideas principales:

a) Las mujeres son diferentes de los hombres; las diferencian sus caracteres primarios (sexo y aspecto físico) y secundarios (inteligencia y aptitudes).

b) A la mujer le está vedado el razonamiento filosófico (no ha habido nunca una filósofa), el aprendizaje de la filosofía la deja indiferente, no la afecta en absoluto... Tampoco le atrae el pensar teórico (matemática, física). La mujer está destinada a la maternidad y a las cosas, al pensamiento mágico y a lo real y concreto.

c) La señora Curie no fue un genio; solamente descubrió—por casualidad—un nuevo elemento.

Fernando, en esta actitud negativa y despreciativa, llega al sarcasmo y al mal gusto:

> Y que los únicos razonamientos que para la mujer tienen importancia son los que de alguna manera se vinculan con la posición horizontal. A la inversa de lo que pasa con el hombre. Motivo por el cual es difícil poner a un hombre y a una mujer en la misma posición geométrica en virtud de un razonamiento auténtico: hay que recurrir a paralogismos o al manoseo (pág. 338).

Líneas más adelante, leemos:

> Pero si el hombre tiene tan poco que ver con la lógica, ¿qué puede esperarse de la mujer?... (pág. 339).

En 1952 nuestro escritor mantuvo una extensa y ruidosa polémica sobre el sexo con Victoria Ocampo, que se publicó en la revista fundada por la ya entonces conocida escritora.[10] Allí están—desarrolladas a veces con buen humor y agudeza— muchas de las postulaciones de Fernando Vidal. Y, en *Hetero-doxia* encontramos numerosos apartados dedicados al tema. En "Hombre y mujer" (*Ensayos*, págs. 277-286), Sábato ironiza sobre la supuesta identidad de los sexos, que niega absoluta-mente. Sostiene además que en todo ser humano están en potencia los caracteres de ambos sexos, una especie de Ideal masculino y femenino, que se actualiza determinando el sexo de cada uno y los comportamientos respectivos; el Hombre persigue en su forma extrema (el científico, el filósofo), las ideas puras y abstractas; la Mujer rechaza la abstracción (no ha habido filósofas en toda la historia...), y está destinada a la maternidad; el Hombre va desde la realidad hacia las ideas generales y abstractas; la Mujer parte de lo descabellado a la

realidad, va hacia las cosas, a lo cotidiano y concreto; raciona-
lizar el Universo y a Dios es empresa masculina; la mujer confía
en la intuición, lo irracional y lo mágico; por eso la mujer es la
inventora de las artes útiles, e indirectamente de la industria;
el hombre crea el comercio y la gran industria, dos formas de
abstracción extremas.

La ironía devaluadora, el sarcasmo, el chiste, son recursos
que se suman a otros; veamos ahora la sátira. Martín está sin
trabajo. Por consejo y recomendación de Alejandra, va a ver a un
hombre de empresa llamado Molinari, con el que mantiene una
larga conversación (cap. II de la segunda parte, págs. 156-168).
Mientras se pregunta si tiene sentido hablar con el empresario,
Martín, distraído, ha entrado en el gran *hall* del edificio.
Tiene lugar ahora la más extensa y detallada descripción de un
interior y de la ropa de un personaje que aparece en toda la
novela. El pasaje crea en el lector la sensación de un narrador
ambiguo: por una parte refleja la creciente molestia y el
rechazo de Martín ante lo que ve, por otra entrega la sátira y el
desprecio del narrador omnisciente (¿habla aquí el autor?) A.
Dellepiane ha analizado con agudeza tanto al personaje como
al episodio:

> La descripción es de un tipo y responde a una visión estereotipada
> y sarcástica... Todo es falso y pedante en Molinari..., el hombre de
> negocios frío y calculador... que ha llegado muy alto en la escala
> económica y social... Sábato está poniendo en tela de juicio todo un
> estrato de la sociedad argentina, y el personaje (es) desagradable por
> su intrínseca falsía.

> Sábato ha colocado a Molinari en un ambiente que constituye el
> marco y fondo adecuados para que resulte aún más toda... su falacia,
> su artificialidad...(pág. 236-237).

El ataque—que termina con los vómitos que en Martín
produce el encuentro con tan deleznable tipo social—visiblemente va dirigido contra el burgués por excelencia: el nuevo rico
que ha hecho su fortuna gracias al peronismo... Y en Molinari,
el novelista ha destilado un extracto de los aspectos más negativos de esa burguesía. A lo ideológico se suma aquí lo político:

primero el rechazo de lo burgués, con su sentimiento de aquiescencia ante el dinero y sus poderes, a lo que se agrega el ataque a lo adventicio y basto del "nuevo rico." Por fin, el desprecio hacia estos nuevos ricos nacidos de un gobierno que se decía "obrerista" y que además era dictatorial (así, creo deben entenderse las satíricas referencias al *gigantismo* del edificio, la sala de espera, el despacho, los sillones, etc.). Y como aura general, el reproche moralizante: además de proburgués, el peronismo era dictatorial e inmoral.

Si ahora volvemos atrás y examinamos cuáles son las realidades criticadas en la novela a través de la ironía, el humor y la sátira, llegaremos a interesantes conclusiones. ¿Qué es lo devaluado, lo señalado como deleznable? Aunque parezca increíble, lo atacado son una suma de valores burgueses: aquellos en los que creyó (y cree, todavía hoy), la burguesía media argentina. Desprecio por el valor del dinero y sus formas más desarrolladas, el comercio y la industria. Ironía contra la creencia burguesa en el poder transformativo de la educación, desconfianza ante el poder de la ciencia, la razón y la técnica, y rechazo de la igualdad reclamada por el feminismo. Visión determinista de la mujer y de sus posibilidades futuras.

Pero si ahora considerráramos la novela como una totalidad, veríamos algunos hechos sorprendentes. ¿Cuáles son los personajes que realmente *actúan* en la novela, los personajes *dinámicos*, aquellos que a través de su voluntad y de sus acciones transforman las situaciones estables, *los actantes*? *Todos pertenecen a la clase alta.* Alejandra y Fernando son los que *actúan* ; Martín y Bruno funcionan en la obra como personajes-testigos, como testimoniantes. La acción real está en manos de Alejandra y de su padre. En los pasajes históricos el recuerdo va hacia Lavalle, otro miembro de esa clase (recuérdese sus nombres y antecesores, desde Pelayo a Cortés...). Aunque muerto, lo que se narra es una forma de continuación de su propia existencia y drama.

¿Qué valores burgueses aparecen encarnados en la obra? El del trabajo, el esencial de la burguesía, parece ser algo no practicado nada más que por Molinari y el camionero (pintoresco) con el que Martín se irá al Sur, a comenzar una nueva vida. Los personajes de la obra no trabajan; nadie tiene un empleo, ni un negocio, ni una industria. Nadie produce nada válido a nivel de mercado. Ni Alejandra ni su padre, ni Martín ni Bruno, producen lo que comen. Son todos consumidores puros, típicos representantes de la clase ociosa. Y, como hemos visto, por debajo de lo irónico está siempre presente un rechazo de ideas y valores burgueses (el dinero, el capitalismo, la ciencia, la técnica, economía, cientificismo, progreso, igualdad de la mujer, educación, etc., son vistos como deleznables). ¿Por qué?

Sábato es un típico representante de la clase media culta argentina de origen inmigratorio. Clase tironeada entre el deseo de tomar el poder político y ejercerlo, y una permanente aquiescencia a los valores de la clase alta. Esta burguesía ha renegado de lo más característico y lo más positivo de sí misma: ha creído en, o ha sido encandilada por los valores de la clase alta. Es una clase obsesionada por el deseo de ser aceptada y de afirmar los valores de aquella que le disputa su derecho y su capacidad para ejercer el poder político al que tiene derecho. Ignorante de sus posibilidades concretas, ha intentado siempre imitar y asumir los aspectos menos valiosos de la clase que—directa o indirectamente—la domina. Este cuadro, que es evidentemente esquemático, y que merecería un examen mucho más detallado y meditado de asunto tan complejo, se complica extraordinariamente cuando de lo social o económico o político, se pasa a lo intelectual. Sábato, con muy buena información histórica, sabe bien que entre Molinari, típico representante de los nuevos ricos del peronismo, y los saladeristas, matarifes, fonderos, pulperos, contrabandistas, soldados o sargentos, que iniciaron las fortunas de la mayor parte de los "patricios" de la Argentina, hay sólo cien años de riqueza, nada más. Aquellos fueron tan inmorales, tan ambiciosos, tan agresivos y tan bastos en la consecución de la riqueza, como éstos. Ni los títulos de nobleza pueden ser aducidos ya que, como se sabe, no los hubo ni se compraron en el Río de la Plata. ¿Cómo explicarse la condena absoluta que a través del personaje Molinari se hace caer sobre esta clase en ascenso?

En nuestro novelista funcionan dos coordenadas simultáneas de autorrepresión ideológica. Una, política; otra, moral. Política e ideológicamente, Sábato viene de una juventud marxista y comunista (como lo ha declarado él mismo varias veces en sus *Ensayos*). Este origen es el que, cuando abandona el comunismo, lo impele a seguir viendo el capitalismo y la burguesía, y todos los procesos históricos que acompañan a esa clase y a ese proceso, como negativos. Así se explica la ironía contra Suiza, quintaesencia del espíritu burgués y la condena de la razón, el dinero y la técnica, productos del capitalismo y de la burguesía... Y el rechazo de muchas de sus creencias más constantes, desde la educación, el progreso, el cientificismo, hasta el feminismo y el dinero.

Lo ético ha sido uno de los argumentos más constantes de las clases altas argentinas, para oponerse a los gobiernos populistas y a los movimientos políticos que los encarnaron. No es necesario aquí citar los ejemplos del radicalismo (1916-1930 y 1958-1966) y del peronismo (1946-1955 y 1973-1976); en todos los casos, los golpes militares que derribaron gobiernos democráticamente elegidos, ya fueran Yrigoyen, Perón, Frondizi o Illia, lo hicieron para "terminar con la corrupción y el desorden...". Parte de esa corrupción, representante de esa inmoralidad en la novela, es el señor Molinari. En él se suman lo inmoral y lo burgués. Y, *last but not least*, el hecho de ser un advenedizo, el pecado de no pertenecer a la clase patricia. Condena de la burguesía, y de sus ideales y valores; condena de la clase media inmigratoria; elogio—indirecto—de los valores de la clase a la que pertenecen Alejandra, Fernando, Lavalle. Ese pasatismo está muy bien expresado a través de un personaje menor, Tito d'Arcángelo, cuando en su jerga le dice a Martín:

—Pero —dijo— todo eso pasó. A veces me pongo a pensar, pibe, que en este país todo ya pasó, todo lo bueno se fue pa no volver, como dice el tango... (pág. 119).

Estos aspectos de la obra son una manifestación clara de esa forma de suicidio de clase que explica el fracaso histórico de la burguesía argentina de origen inmigratorio, escindida entre la defensa de sus intereses y el ejercicio del poder, y el reconocimiento intelectual de los valores de la clase que no le ha permitido conservar ese poder.

El incendio y las vísperas (1964) de Beatriz Guido, cuyo sostenido éxito estuvo rodeado de escándalo y polémica, constituyó una de las más duras y explícitas denuncias novelescas contra el régimen peronista. El subtítulo de la obra: "17 de octubre de 1952. 15 de abril de 1953," señalaba con absoluta precisión los límites temporales dentro de los cuales transcurría la acción de la novela y adelantaba al lector que la misma estaba de modo voluntario ligada a los acontecimientos históricos que habían tenido lugar entre esas dos fechas. La primera remitía a la manifestación y al acto político con que cada año se recordaba entonces la liberación de Perón, en 1945, de su prisión en Martín García. La segunda correspondía a la del incendio del Jockey Club de Buenos Aires, cuando un grupo peronista con la anuencia del gobierno quemó y destruyó completamente el edificio del centro conservador situado en el corazón de la ciudad.[11]

Esta manifiesta intención de escribir una obra históricamente referida a hechos "reales" se observa en la forma en que Guido introdujo en la novela los sucesos de la época. La autora inundó su relato de referencias directas al mundo coetáneo que rodeaba la vida de los protagonistas y siempre o casi siempre las referencias a nombres, lugares, personajes, situaciones, instituciones, acciones, copiaban exactamente la realidad. A veces esa intención, como veremos más adelante, llega a la directa utilización de lo real introducido en la novela sin elaboración literaria alguna. La voluntad de testimonio histórico se sobrepone a toda consideración formal o estética. La obra, en algún momento, parece ser o una mera crónica política del período, o un relato periodístico de la época ejecutado usando materiales extraídos de los diarios coetáneos.

La novela relaciona dos tramas dramáticamente ligadas pero independientes. Por una parte, y esto ocupa la mayoría de las páginas del libro, se narra la vida de la familia Pradere, poseedora de una de las más extensas "estancias" de la provincia de Buenos Aires; decenas de miles de hectáreas que el fundador de la riqueza familiar, un militar que luchó en la batalla de Caseros (1852), recibió como regalo de parte de los vencedores de Rosas. Ya en el primer capítulo de la novela, por boca del jefe de la familia, Alejandro Pradere, colector de obras de arte europeas y amante de objetos y libros refinados y raros, nos enteramos de que los peronistas están interesados en la estancia y han solicitado visitarla. Para evitar que su adorada Bagatelle sea expropiada por el gobierno, Alejandro Pradere aceptará ser embajador "peronista" en Montevideo y hasta llegará a permitir que la representación diplomática sea usada por los servicios de seguridad para vigilar a los numerosos exilados políticos argentinos que entonces vivieron en el Uruguay, huyendo de la persecución policial argentina. Al final de la novela éste contempla con terror y asombro el incendio del Jockey Club, donde se guardan obras de arte que Pradere admiró y amó toda su vida y Alejandro se suicida. Poco más tarde se produce la expropiación por el gobierno del "casco" de la estancia y de sus objetos artísticos más valiosos.

El otro núcleo argumental describe las relaciones amorosas entre Inés Pradere, hija de Alejandro y el anarquista Pablo Alcobendas, joven estudiante ligado a grupos opositores que luchan contra el gobierno peronista y que después de rescatar de un establecimiento carcelario a dos dirigentes sindicales ferroviarios, caerá en manos de la policía y será ferozmente torturado. Arrojado en el sector de los locos y los homosexuales de una cárcel, Pablo será liberado poco mas tarde y el hermano de Inés lo llevará a un lugar seguro para su curación. Impotente después de las torturas sufridas, solo le quedará la voluntad de seguir oponiéndose a la dictadura; sus últimas palabras al final de la obra serán: "... quiero destruírlos, seguir luchando hasta el fin con lo que me han dejado...," pág. 172.

A excepción de los personajes protagónicos (la familia Pradere y sus sirvientes, los miembros de la familia Alcobendas) casi todos los restantes mencionados en la novela son reales y cumplieron las funciones que el relato les adjudica en el período citado. El episodio central parece haberse inspirado en

varias expropiaciones ilegales que realizó el gobierno peronista: la del diario *La Prensa*, que en 1951 fue entregado a la
CGT, y la de una famosa estancia de la familia Pereyra Iraola,
cuya parte más hermosa fue destinada a la creación de un
"Parque de los Derechos de la Ancianidad."[12] De la misma
manera que hizo Peyrou cuando escribió *Acto y ceniza* (inspirado en el episodio de la clausura de la fábrica de golosinas
Mu-Mu, que fue acusada de envenenar al pueblo después de
negarse a pagar una fuerte suma de dinero a la Fundación Eva
Perón), Beatriz Guido aprovechó estas exacciones ilegales del
período para escribir una novela que era, a la vez, una
descripción crítica de la clase alta terrateniente argentina y
una dura y concreta denuncia de las numerosas acciones
tiránicas que tuvieron lugar durante el régimen.

Desde el punto de vista histórico, la novela pone la
atención en un episodio muy poco tratado en la narrativa del
período: el de la violenta represión que se ejerció sobre ciertos
grupos sindicales y estudiantiles que se atrevieron a desafiar
al gobierno con huelgas que manifestaban un descontento con el
"paraíso" que la propaganda oficial quería presentar de la
realidad social de la época. Las huelgas de ferroviarios,
metalúrgicos y telefónicos de 1951 (a los que en la realidad
ayudaron algunos sectores de la universidad, unidos a políticos
opositores), fueron reprimidas con ferocidad y acalladas de tal
modo que aún hoy es muy difícil saber con exactitud qué ocurrió
en esos años.[13]

Lo que no puede negarse es que hubo un duro aparato
represivo que funcionó con precisión y éxito, y que la tortura (tal
como lo cuenta la autora en su novela) se ejerció contra muchos
de los opositores.[14] En ese sentido, como ya hemos escrito, todas
las referencias que aparecen en la novela, remiten siempre a
hechos reales. Y para no insistir en esto, tomaremos como ejemplo algunos personajes, nombres, hechos, que se mencionan en la
obra para que se vea cómo la autora mezcló (de la misma
manera que hizo Mármol en *Amalia*), sucesos y personas siempre reales con sus personajes protagónicos, siempre ficticios. Los
sucesos y los que actuaron en esos sucesos, están tomados de la

realidad de la época. Por eso no puede hablarse aquí de "novela en clave." Primero porque no se apela al uso de nombres ficiticios para denominar a personajes históricamente reconocibles (como hizo Speroni). Como el gobierno peronista había terminado, la novelista disfrutaba de una libertad que le permitia mentar directamente a personajes del período. Y después porque los sucesos están directamente aludidos en el relato. Así dos de los personajes hablan de un nuevo socio del Jockey Club, que va allí a tomar sol, y que es descripto y citado por su nombre: Juan Duarte, asesinado por orden de Perón en 1953 y que era hermano de Evita (pág. 29), y al que insultan, lo mismo que a la pareja gobernante. En dos lugares se compara lo que puede ocurrir con "Bagatelle" con lo que ha ocurrido ya con *La Prensa* y con los Pereyra Iraola (págs. 18 y 28).

Uno de los ejemplos más típicos de esta inserción de lo "real" en el destino de personajes "ficticios" lo da el ejemplo de Pablo Alcobendas, el anarquista sobrino de Di Giovanni (terrorista ácrata fusilado en 1932, tal como y en el lugar que se indica en la novela, pág. 38), que según se dice ha presenciado la muerte del estudiante Salmún Feijóo ocurrida durante la "toma" de la Facultad de Ingeniería, en 1945 (pág. 46 de la novela). El asesinato de Salmún Feijóo ocurrió en la fecha y circunstancias que se narran en la obra. Es más, la familia de dicho estudiante vivía en el lugar que se indica en la novela y su madre participó activamente en la oposición al gobierno de Perón (ver págs. 47-48 de la novela), tal como cuenta el libro que estudiamos.[15]

En su intención de convertir a la novela en un testimonio de valor casi documental, Guido no vacila en insertar en ella materiales copiados directamente de la realidad coetánea. En el capítulo X se lee:

Veinte ferroviarios han desaparecido después de la huelga del 51. El único parte oficial que se conoce, y entrega la policía, es el siguiente, que publica *La Razón*, el 28 de setiembre de 1951: (pág. 125).

A continuación se reproduce en la novela, completa, esa información periodística.

Esta inserción de lo real-coetáneo en el mundo-ficticio de lo novelesco tiene matices que deben ser aquí señalados. Hay una visible diferencia entre el relato más o menos complejo y matizado de la existencia de la familia Pradere, que intenta ser una recreación de la clase alta argentina, y el de la vida del anarquista-opositor Alcobendas. Este último está constantemente relacionado con lo político, la acción y el testimonio. El otro desplaza un volumen muy superior en páginas en lo que respecta a su existencia dentro de sí mismo, y al de las relaciones—complejas y a veces dramáticas—entre sus integrantes. Un ejemplo de esa densidad lo da por ejemplo la relación de Inés Pradere con su padre; o las de éste con su mujer; o las del dueño de Bagatelle con su hermano; o las de toda la familia con la vieja criada Antola, así como la constante tensión amenazadora que atraviesa toda la novela por la intención del gobierno de expropiar la estancia familiar. O sea: hay una visible falta de proporción entre el espacio dedicado a la familia del terrateniente y sus integrantes, y la parte política. Al final veremos que ambas historias se unen en una misma voluntad de luchar contra el gobierno autoritario de Perón, cosa que ocurrió en la realidad de la época cuando conservadores, radicales, socialistas, comunistas y aún anarquistas lucharon juntos oponiéndose al peronismo. De este modo la novela combina en su relato vidas individuales con la realidad política del período, cosa que parece haber sido uno de los objetivos de la autora. Y las relaciones personales se corresponden con las frágiles alianzas que de hecho concretaron los grupos políticos; uniones que entraron en crisis al día siguiente de la caída de Perón, como predice uno de los personajes de la novela (pág. 49).

La obra deja en el lector una visión duramente negativa del peronismo, que se describe como una amenaza totalizadora que afectaba los derechos, las libertades, la vida y hasta los aspectos más pequeños de la existencia de casi todos los argentinos. Es cierto que Guido da una visión recortada de la realidad social de la época; sólo describe un aspecto de la clase alta y cierta clase media. Los partidarios de Perón brillan por su ausencia... y los que aparecen están siempre descriptos de manera voluntariamente despreciativa.

Aquí es necesario acotar que aunque muchos críticos han leído la novela como un relato centrado en la decadencia o la muerte de una clase social (la oligarquía terrateniente argentina), la obra, de alguna manera, puede ser examinada con otra perspectiva. El suicidio de Alejandro Pradere es la acción de un hombre que no podía seguir viviendo después de ver destruídas cosas que él estimaba más que ningunas otras en su existencia. La inútil e insensata destrucción de libros, esculturas, objetos de arte, pinturas, mapas, grabados, gobelinos, el edificio mismo del Jockey Club que era de excepcional belleza arquitectónica y riqueza en materiales, que ardieron frente a la presencia inmóvil y casi indiferente de policías y bomberos (como ocurrió con los cientos de miles de volúmenes y documentos que se quemaron en la sede y Biblioteca del Partido Socialista, que contenían gran parte de la historia del movimiento obrero argentino desde 1870), conmovió profundamente a muchas personas. El testimonio concreto de Manuel Gálvez prueba que lo que le ocurrió a Pradere no fue un hecho único. Fue vivido por numerosas personas en esos mismos días como una terrible tragedia personal.[16] Se trató de una suma de actos vandálicos, una serie de ataques contra los partidos políticos opositores y contra los sectores que no estaban de acuerdo con el peronismo. Esa era la manera de amedrentar a los opositores que usó Perón durante gran parte de su gobierno: todos quedaban asustados y esperaban una represión aún peor que la que en realidad los amenazaba. Era el uso del *miedo* como arma de control y represión que tan lúcidamente había descripto Sarmiento en *Facundo*. Obsérvese bien esto: al día siguiente de los incendios y pillajes de la noche del 15 de abril de 1953, ningún diario de Buenos Aires, a excepción de uno que se editaba en inglés, *The Standard*, dio información sobre "este acto de barbarie."[17]

Lo que queremos indicar es que en contra de lo que se ha dicho, de que Guido describió la decadencia de una clase en su lucha contra un régimen político, la historia que se narra en esta novela—además de su claro sentido testimonial y de su

visión crítica de una clase—persiguió otros fines. La dedicatoria del libro, "A mi padre, que murió por delicadeza,"
indica con claridad que en el personaje Pradere, Guido dejó un
retrato de su propio padre, que aceptó ser Rector y funcionario
importante durante el período peronista, a cambio de conservar
y cuidar bienes artísticos que él consideró valiosos para el
país.[18] La derrota de la familia Pradere, en su lucha contra el
régimen peronista, fue una derrota momentánea. Todos los que
fueron expropiados ilegalmente durante el período peronista,
consiguieron la devolución de sus bienes (así ocurrió con *La
Prensa*, la estancia de los Pereyra Iraola, etc.). Lo que Guido
quiso testimoniar, además de los sucesos políticos concretos
(represión y asesinatos de dirigentes ferroviarios, torturas y
asesinatos de Salmún Feijóo, Ingalinella, etc., destrucción de
bienes y posesiones de los opositores, terror generalizado,
amenazas y privación ilegítima de la libertad, cierre de diarios, persecución de opositores aún fuera del país, como ocurrió
en Uruguay), fue el sufrimiento personal y el malestar, la sensación de oprobio con que muchos vivieron esos largos años de un
gobierno que no contento con la absoluta mayoría que tenía en
ambas Cámaras legislativas y en todos los gobiernos provin-
ciales, exigía continuamente un público acatamiento de parte
de aquellos (el 50% en la elección de 1946, y casi un 40% en la de
1952) que no estaban de acuerdo con sus postulaciones políticas.
El absolutismo voluntario del régimen, su intolerancia, fue una
de las causas básicas que lo llevó a su enfrentamiento con la
Iglesia, motivo esencial de su caída en 1955. Y es este aspecto, y
el de la justificación de aquellos muchos que pactaron para
sobrevivir o en defensa de lo que creyeron digno de defender, lo
que Guido quiso describir en su relato.

Como ya lo señalara con vitriólica ironía el ensayista
Jauretche, la novela adolece de visibles defectos que le restan
verosimilitud. Lo sexual, cuyas exageraciones tocan a veces la
cursilería y el mal gusto, las falsedades del diálogo y de
ciertas situaciones, la insistencia en lo tremendista, conspiran
contra sus valores testimoniales. Todo esto sin embargo no
impide que la novela deje algo en claro: que como en la época de

Rosas o durante la década del 30 al 43, la burguesía alta de
Buenos Aires, con tal de sobrevivir y conservar su poder intacto,
también pactó y colaboró efectivamente con el poder tiránico
del régimen al que aparentemente se oponía.

Otro aspecto del influjo que el poder político ha tenido
siempre sobre la clase media argentina, y de la reacción
positiva y negativa ante ese poder, es el que documenta de
modo indirecto la exitosa y por momentos excelente novela
psicológica de Marta Lynch, *La señora Ordóñez* (1967), retrato
intimista y doloroso de la llegada a la madurez de una mujer
apasionada y lúcida consigo misma, que se niega a la vejez y a
la rutina de la existencia. Blanca Maggi pertenece a esa
inmensa mayoría de los argentinos (clase media baja) que se
encontró deslumbrada ante la posibilidad de acceder al poder a
través de un gobierno que—en el fondo—estaba formado por
advenedizos igual a los Maggi, los Acchino, los Ordóñez
(personajes de la novela), y que les dió la oportunidad de
integrar ese gobierno. Lo que ocurre es que ese sector sintió su
seguridad amenazada porque quienes estaban en el poder
habían logrado sus puestos—en gran medida—gracias al voto
proletario, y, por otra parte, encarnaban valores, y los pro-
clamaban, que estaban aparentemente en contra de la clase a la
que un largo proceso histórico había convertido para ellos en
modelo digno de ser imitado: la oligarquía. En otras palabras:
la burguesía argentina, cuyos dos partidos típicos son el peronista y el radical, ha sido educada en la idea de que los valores
realmente importantes, realmente dignos de ser imitados y
alcanzados, no son los valores burgueses, sino los valores de la
pseudo aristocracia oligárquica, cuyos gestos, modas, ideas,
valores, la burguesía desea poseer e imitar. Esto está muy bien
mostrado en diversos pasajes de la extensa novela (en la que
aparecen circunstancialmente tanto Perón como Evita, en dos
momentos muy verosímilmente compuestos), cuya protagonista
y narradora principal señala la pasividad, el "no te metás," la
inmoralidad, la indiferencia y a la vez el temor con que un gran
sector de la burguesía argentina acompañó al gobierno peronista
aprovechando sus ventajas económicas y silenciando sus aspec-

tos negativos (o, por lo menos, a la vez que se aprovechaba de sus ventajas, lo hacía teniendo plena conciencia de lo que juzgó negativo y reprobable, pero como tantos, aceptó en silencio y sin muchos traumas éticos).

Desde el punto de vista de la cambiante y compleja actitud que la gran mayoría de la clase media argentina asumió frente al régimen peronista, la novela de Marta Lynch merecería ser analizada con un detenimiento que aquí es imposible. Pero ese libro describe con admirable acuidad, y a veces ironía marcada, esa mezcla de indiferencia y mesurado interés, de pasividad y sonrisas aprobativas, de admiración irreprimible por el poder del dinero y por el ilimitado poder político (esa admiración por la fuerza que siempre hemos preferido los argentinos al poder de las leyes, desde 1580 hasta hoy), que el gobierno despertó en dicha clase. Lo mismo, a través de la protagonista, contemplamos esa contradictoria forma de atracción-rechazo que la pareja gobernante ejerció sobre amplios sectores de tal grupo social, que jamás acabó de aceptar que Perón encarnaba en sí muchos de los peores y más constantes defectos de los mismos que con temor y admiración se sintieron siempre muy alejados de los "descamisados" y de los excesos grotescos y a veces peligrosos y agresivos del peronismo real. Este, nos guste o no, defendió y difundió formas de vida, valores e intereses marcadamente burgueses, como ya hemos señalado en el prólogo de este estudio. Todo esto está vivamente mostrado en esta novela, importante por razones estéticas y psicológicas además de las que rápidamente hemos querido indicar aquí.

NOTAS

1   Sobre los ensayos de Murena, hemos intentado una síntesis de sus ideas fundamentales y de la evolución de esas ideas en "El ensayo en la Argentina, 1969-1979," en *Los ensayistas*, 6-7, (1979), págs. 19-30.

2   Véase Noé Jitrik, *La nueva promoción*, (Mendoza: Biblioteca Pública San Martin, 1959), y de Andrés Avellaneda, el capítulo sobre Murena de su tesis citada en nuestra nota 1 de la Introducción.

3   Recuérdese el poema, reiteradamente reescrito por O. Lamborghini, que en su edición primera se llamó *Las patas en la fuente* y que remite de modo circular a este suceso al que también hace referencia Rozenmacher, en un pasaje de su cuento "Cabecita negra."

4   Para algunos aspectos de esta situación en el Ejército ver Potash, II y Rouquié, II.

5   Todas las referencias y citas remiten a *Sobre héroes y tumbas* (Barcelona, Seix Barral, 1979); primera edición, 1961. Y a *Obras. Ensayos* (Buenos Aires, Losada, 1970), que contiene: *Uno y el universo* (1945), *Hombres y engranajes* (1951), *Heterodoxia* (1953), *El escritor y sus fantasmas* (1963).

6   Angela B. Dellepiane: *Ernesto Sábato. El hombre y su obra* (New York: Las Américas, 1968), págs. 240. Se analiza en este libro el uso de ciertas formas lingüísticas en Quique (*realizar*, por ejemplo), y las mayúsculas irónicas en Quique y Fernando. También estudia a Molinari y ha formulado plausibles hipótesis y puntos de vista sobre el sentido de lo humorístico en la obra.

7   Es un pasaje del famoso poema de Borges *La noche cíclica*.

8   En diversos pasajes de la novela aparecen referencias a este aspecto positivo o negativo (socialmente) de los apellidos. Además de los ya citados: págs. 207-208, italianos "de antes" y "de ahora"; pág.225, "apellido italiano"; pág. 231, apellidos ingleses y criollos; pág. 540 "... Juan Galo de Lavalle, descendiente de Hernán Cortés y de Don Pelayo..." etcétera. La conclusión es que existe un problema, una conciencia preocupada por el asunto. Y esto es lo que queríamos señalar. Varios pasajes de su obra ensayística comentan este aspecto: "¿Quiénes podemos ser argentinos," (defensa aguda y eficaz de la obra argentina de los italianos), ver E.S., *Páginas vivas* (Buenos Aires: Kapelusz, 1974), págs. 97-101. Joaquín Neyra, *Ernesto Sábato* (Buenos Aires, Ed. Culturales Argentinas, 1973), págs. 132 y 149 (acusado de ser judío, nuestro autor señala los apellidos y jerarquías de sus ascendientes; en una entrevista en España, otra vez se hace referencia a apellidos y orígenes), etc.

9   A esta pregunta de un crítico: "¿Es Bruno personaje autobiográfico?" Sábato respondió: "He puesto en él, deliberadamente,

algunas de mis ideas más conocidas, y eso ha hecho creer a muchos lectores que el personaje me representa. Pero observe que lo mismo hice con Fernando. Más aún: he puesto elementos míos en los cuatro personajes centrales..." (*Ensayos*, pág. 479). Ya vimos que también en Quique se dan esas identidades; mostraremos otras en el mismo personaje.

10 La polémica comenzó con un artículo de Sábato: "Sobre la metafísica del sexo," *Sur*, núm. 209-210, marzo-abril 1952, págs. 24-47. Victoria Ocampo respondió con "Carta a Ernesto Sábato," *Sur*, núm. 211-212, mayo-junio 1952, págs. 166-169. Respuesta de Sábato, *Sur*, núm. 213-214, julio-agosto 1952, págs. 158-161, y una elegante nota final de Victoria, ibíd., págs. 161-164. Es notable comprobar que párrafos íntegros del primer artículo serán puestos en boca de Fernando Vidal Olmos. Y, como hemos señalado, esas ideas reaparecerán en los *Ensayos* del autor.

11 Beatriz Guido, *El incendio y las vísperas. 17 de octubre de 1952. 15 de abril de 1953* (Buenos Aires: Losada, 1967). Décimocuarta edición. Todas las citas y números de páginas remiten a esta edición. Sobre el incendio del Jockey Club escribe el historiador estadounidense Potash: "...lo cierto es que esa noche (15 de abril de 1953) bandas dispersas de jóvenes peronistas ejercieron violentas represalias... Irrumpieron en la sede central del partido Socialista... destruyeron sus instalaciones e incendiaron el edificio, en el cual estaban los archivos y la biblioteca; siguieron atentados contra las sedes del partido Radical y el partido Demócrata, y la destrucción total del Jockey Club. Símbolo del lujo de la clase alta, el edificio del club fue pasto de las llamas, que devoraron su biblioteca y destruyeron algunos de sus valiosos cuadros, ante la indiferencia de la policía y los bomberos, que sólo procuraron proteger los edificios vecinos... En las semanas que siguieron, la policía detuvo a cientos de personas... y registró el país entero en la busca de armas ocultas...," Potash, II, pág. 212. Ver Page, capítulo 30.

12 Véase F. Cowles, *Bloody Precedent* (New York: Random House, 1952), pág. 228. N. Fraser y M.Navarro, *Eva Perón* (London: Andre Deutsch, 1980), págs. 118-119. Sobre *La Prensa*, Page, págs. 212-214 y la Bibliografía allí citada. R. Weisbrot, *The Jews of Argentina: From Inquisition to Perón* (Philadelphia: The Jews Public Society of America, 1979), págs. 233-236. Sobre la expropiación de la estancia de Pereyra Iraola, ver *La Prensa*, Buenos Aires, 27 de septiembre 1958 y 11 de septiembre 1959.

13 Ver S.L. Bailey, *Nationalism and Politics in Argentina*, cit., págs. 130-135, sobre la huelga ferroviaria de 1951.

14 Sobre la organización represiva del estado que caracterizó al peronismo, ver A. Ciria, *Perón y el justicialismo* (Buenos Aires: Siglo XXI, 1971), págs. 173-180. Una síntesis de la numerosa legislación represiva del período puede leerse en M.A. Hardoy, *Esquema del estado justicialista* (Buenos Aires: Quetzal, 1957). Ciria indica las tendencias del período: "... incremento de las actividades del Poder Ejecutivo, la subordinación del Congreso frente al presidente de la república y la integración de una Corte Suprema de Justicia adicta al régimen. La supresión de las libertades públicas... se materializó en una extensa legislación represiva, muchos de cuyos textos se siguieron aplicando después del derrocamiento de Perón, esta vez contra sus seguidores...," citado, pág. 173. Barnes, capítulo 11. Sobre la tortura y la terrible fama de dos comisarios policiales peronistas (Lombilla y Amoresano), léase Santiago J. Nudelman, *La era del terror—las torturas* (Buenos Aires: s.l., 1960) y el *Libro Negro de la Segunda Tiranía* (Buenos Aires: s.l., 1958). El uso de la electricidad para torturar, ver Page, págs. 215-217. En la última página citada, Page hace referencia a la notoria "sección especial" de la Policía Federal, de la que también habla Guido en la novela. La tortura al personaje Alcobendas, que suma violencia y humillación (el personaje es violado por uno de los torturadores), tiene una triste y larga historia en la literatura argentina; desde *El Matadero* de Echeverría, que casi nunca ha sido leído en su significado verdadero, hasta un episodio de *Los años despiadados* de David Viñas. Sobre la tortura ver además Fraser y Navarro, *Eva Perón*, cit. pág. 172. Sobre torturas usadas contra oficiales de las fuerzas armadas opositoras a Perón ver Marvin Goldwert, *Democracy, Militarism, and Nationalism in Argentina, 1930-1966* (Austin and London: University of Texas Press, 1972), págs. 113-117. Una novela—entre varias—que describe la tortura policial de la época es Leo Sala, *Judas pide una lágrima* (Buenos Aires: Deyele, 1958), págs. 259-275. Estas remisiones solo persiguen probar que todos los hechos que se narran en la novela de Guido (lo que sufre el personaje pariente de Di Giovanni, o la eliminación de huelguistas ferroviarios), ocurrieron en la realidad concreta del período y en las fechas que señala el texto narrativo. No son en ningún sentido exageración malevolente de la novelista Beatriz Guido, como ha querido dar a entender cierta crítica properonista que atacó a la obra por su carencia de verosimilitud. Véase A.

Jauretche, *El medio pelo en la sociedad argentina: Apuntes para una sociología nacional* (Buenos Aires: A. Peña Lillo, editor, 1966), págs. 192-195.

15 Sobre el asesinato de Salmún Feijóo y su entierro ver F. Luna, *El 45*, citado, pág. 212.

16 Escribe Gálvez: "Al año y unos días de la muerte de Delfina... fue incendiado el Jockey Club. Para mí, esto fue una puñalada. Lloré como una criatura cuando tuve noticia del increíble crimen. Créese que lo hizo la Alianza, por instigación de personas del gobierno. ¿Tuvo Perón alguna culpa? Es de pensar que sí, pues no ordenó el procesamiento de los incendiarios. Yo perdí mi segundo hogar. En su espléndida biblioteca me había documentado, en buena parte, para veintiuno de mis libros: mis nueve biografías, mis once novelas de ambiente histórico y el tomo primero de estos Recuerdos. No concibo un crimen más injusto. El Jockey Club, como entidad, jamás participó en política. Frecuentábanlo conservadores, radicales, demócratasprogresistas, simpatizantes de Perón y hasta algún comunista, como el doctor Eusebio Gómez. Nunca, desde 1919, en que me hice socio, nadie me pidió que adhiriese a tal o cual partido o a tal o cual idea. Lo que se perdió, aparte del bello edificio, es enorme: cuadros de Goya, de Anglada Camarasa, de Carrière, de Monet, de Fader... Un pequeño y magnífico museo. Y si se salvó en conjunto la biblioteca, muchos libros, acaso la quinta parte del total, se arruinaron por causa del agua que inundó el piso del gran salón. Fue aquello una catástrofe para nuestra cultura y una catástrofe para mí.... ¿Se incendiaron todos los cuadros? Dos socios jóvenes, los únicos que permanecerían en el club en el momento de comenzar el incendio, vieron cómo las telas eran sacadas de los marcos, enrolladas y llevadas. Pero la Policía, ni entonces ni después, parece haberse enterado de estos robos...," *Recuerdos de la vida literaria, IV. En el mundo de los seres reales* (Buenos Aires: Hachette, 1965), págs. 353-354. Recuérdese que Gálvez fue hombre de simpatías peronistas y que reacciona con la misma enorme emotividad que Beatriz Guido atribuye a su personaje en la novela.

17 Gerardo López Alonso, *1930-1980. Cincuenta años de historia argentina. Una cronología básica.* (Buenos Aires: Ed. de Belgrano, 1982), pág. 131.

18 Léase lo que confiesa Beatriz Guido en *Los Insomnes* [Reportaje de Reina Roffe y J.C. Martini Real] (Buenos Aires: Corregidor, 1973), págs. 19-20. Otto Morales Benítez, "Obras y diálogos de

Beatriz Guido,"*Universidad Católica Bolivariana,* Medellín, Colombia, 25, núm. 90 (1962), págs. 305-307. Sobre esta novela dice además la autora en una entrevista: "Como tu sabes, la situación en este último libro (El incendio y las vísperas) es casi autobiográfica, con trasvasamiento de hechos, naturalmente... Eso no me pasó en el Incendio (que por su tema estaba más cerca de mi experiencia)...," E. Rodríguez Monegal, *El arte de narrar* (Caracas: Monte Avila, 1968), pág. 205.

VIII. EL REALISMO CRITICO:
ROZENMACHER Y DAVID VIÑAS

—Dame café—dijo el policía y en ese momento el señor Lanari sintió
que lo estaban humillando. Toda su vida había trabajado para tener
eso, para que no lo atropellaran...
   Era como si de pronto esos salvajes hubieran invadido su casa.
Sintió que deliraba y divagaba... Todo estaba al revés. Esa china que
podía ser su sirvienta en su cama y ese hombre... ahí, tomando su
coñac. La casa estaba tomada. (Germán Rozenmacher, *Cabecita
negra*)

...durante todos los años del peronismo no nos habíamos entregado. Y
por no habernos entregado entendíamos no solamente no habernos
entregado al peronismo, sino tampoco al antiperonismo; que habíamos luchado—con mayor o menor eficacia, con éxito o sin éxito—
para distinguir la verdad sobre lo que estaba ocurriendo en el país...
(David Viñas, *Contorno*, 7-8)

...la semana siguiente se produjo un acontecimiento que todos los
espíritus libres del país estaban esperando: la liberación de París.
París significaba muchas cosas para los argentinos: una cultura
secular, el refinamiento, la tradición liberal, en fin, lo mejor que ha
dado el espíritu. Cuando leí en el diario que, por fin, París se había
liberado y que se organizaba una manifestación para celebrarlo, me
sentí conmovido... una etapa concluía, algo que durante mucho
tiempo había estado clausurado, se abría... Realmente, la manifestación era una multitud que homenajeaba el espíritu, y cuando
cantamos *La Marsellesa* resultó inolvidable... Era un día memorable;
hasta Buenos Aires, siempre tan ramplona, parecía otra cosa. Me ani-
maría a decir que tenía algo de París. (Viñas, *Las malas costumbres*)

Vamos a analizar en este apartado varios relatos de dos
autores que, en algunas características, difieren marcadamente
de los hasta ahora estudiados, ya desde el punto de vista de sus
opiniones políticas, ya por la forma en que valoran los factores
históricos y sociales del período. En primer lugar la juventud de
ambos les impidió participar activamente en política en los
años anteriores o coetáneos del régimen peronista (Viñas nació

en 1929, Rozenmacher en 1936). Ninguno ha escrito desde una posición partidaria concreta, ni como oficialista, ni como opositor. Ninguno estuvo afiliado a un partido político determinado, ni formó parte activa en algunos de los grupos ya vistos.

Ambos pueden ser colocados en la izquierda, pero se trató de una izquierda crítica, que a partir del marxismo no se enroló ni en el estalinismo ni en ninguno de los grupúsculos reconocibles. Ambos criticaron al Partido Comunista, se opusieron con extremada violencia a la tradición liberal y asumieron una actitud crítica frente al peronismo. Aquí debe señalarse una diferencia que juzgamos importante. Aunque los dos parecen como fascinados por el poder convocador de masas del peronismo (poder que siempre le ha faltado a la izquierda en la Argentina), Viñas estuvo siempre en contra del bonapartismo, del fascismo, del clericalismo oportunista, del inmoralismo ineficaz, del desprecio por la inteligencia y del marcado verticalismo del justicialismo. Rozenmacher pareció mucho más contemporizador con los defectos de dicho movimiento. En lo que coincidieron fue en ver al peronismo como un verdadero catalizador que puso al descubierto algunos de los rasgos más negativos de la sociedad argentina y, en especial, de su clase media, sector al que siempre describieron con reiterada acritud y negatividad. Negatividad ésta que siempre hemos encontrado en autores que—como ellos—nacieron y pertenecieron a esa clase tan maltratada por la "intelligentsia" oligárquica de derecha y por la intelectualidad marxista de izquierda.

Ambos retoman, con perspectiva diferente, algunos de los motivos y temas que ya habían aparecido en Gálvez, Bioy Casares, Cortázar y Peyrou. Ya hemos señalado que estos autores vieron la presencia del peronismo como una forma de invasión, de violación de un espacio personal y social que se percibió como penetrado violentamente por un sector social que estaba apoderándose de bienes y derechos que hasta ese momento se habían sentido como propios e intransferibles. Este motivo de la violación, que tiene una larga data en nuestras letras (recuérdese que es el tema central de *El Matadero*, cuyo héroe prefiere morir antes que ser mancillado en su cuerpo y en sus derechos; y también que en *Amalia* las espadas y las espuelas se arrastran ajando lujosas alfombras: es el tema de la cultura y lo delicado y refinado destrozado por los cascos de los caballos), también aparece en Gálvez (lo individual atropellado, absorbido y manchado por las masas), en Cortázar (el refugio íntimo del hogar invadido por lo exterior teratológico y extraño), en Borges (los valores de la cultura robados por los monstruos deformes y falsos de la multitud). En todos ellos se da un irreprimible temor que llega en ciertos casos a ser directamente miedo y terror (en general es el terror a caer en el desamparo por la pérdida de la intimidad, del refugio cálido y seguro del hogar, la tradición cultural, los dioses maternos, etc.).

Viñas y Rozenmacher—interesados sobre todo en lo social—aunque señalando algunos aspectos negativos del régimen, jamás se mostraron demasiado preocupados por estas formas de invasión, violación o penetración violenta de la intimidad y los valores ajenos. En primer lugar porque consideraron que de esta manera las clases medias bajas y el proletariado accedieron a derechos que hasta ese momento les habían sido negados; y en segundo término porque pensaron que así se socavaba—de alguna manera—el lugar de privilegio ocupado por la oligarquía.

Ambos apelaron a una combinación de narración realista con visible influjo de ciertos escritores norteamericanos (Steinbeck, Hemingway, Sinclair Lewis, Dos Passos) y su behaviorismo, más ciertas técnicas narrativas tomadas del cine. Hay diferencias entre ellos; al feísmo agresivo y violento de Viñas se contrapone el uso del diálogo, de la imaginación y de la fantasía tierna en Rozenmacher, con toques poéticos que no aparecen en Viñas, siempre bronco, duro y didáctico. Ambos con una manifiesta preocupación por las clases sociales como determinantes de conductas, valoraciones y actitudes, lo cual los lleva—a veces—a caer en la "macchietta," peligrosa como toda forma de determinismo.

Ambos adoptan una actitud equidistante que, sin dejar de señalar algunos defectos del peronismo, ha acotado, con dureza marcada, las notas también negativas de quienes se oponían a los justicialistas. O sea: en primer lugar antiliberalismo, y después antiperonismo, izquierdismo y marxismo. Y en lo que respecta a lo estético, suman a un aparente realismo neutro una toma de posición que se desprende de los hechos. Esta suma de realismo aparente más opiniones indirectas es lo que hemos llamado—a falta de otro rótulo más preciso—*realismo crítico*.

Un cuento de Rozenmacher, "Cabecita negra" (en su volumen de relatos del mismo título, [1962]), puede ser tomado como modelo de esta visión crítica de todo un sector social. En el relato, el señor Lanari, que a fuerza de trabajo y ahorro se ha hecho un buen pasar, está desvelado una madrugada, luchando vanamente contra el insomnio. Su mujer, su hijo y la sirvienta descansan en la casa de fin de semana; él está solo. Asomado al balcón de su departamento céntrico, el comerciante escucha, en la noche, el grito de una mujer que parece pedir auxilio. Baja a la calle y ahí encuentra a una prostituta, borracha, que le inspira piedad y a la cual le da dinero. Súbitamente, un agente de policía detiene a ambos "por desorden en la vía pública," les ordena acompañarlo a la comisaría y así comienza para Lanari una experiencia existencial muy importante. El hombre, asustado, invita al uniformado y a la mujer a su casa. Allí se enterará, al recibir una trompada y un insulto del agente, que éste es hermano de la mujer y que el policía lo acusa de ser el amante que la ha engañado. Lanari logra despertar a la borracha, que duerme en su cama matrimonial; ella aclara que nada tiene que ver con su drama y ambos abandonan la casa. El protagonista cae dormido y al despertar encuentra su casa desordenada, pero a la vez siente que su existencia ha dejado de ser segura, que la solidez de todo lo que tiene está amenazada.

El relato persigue—con habilidad que debe ser señalada— varios objetivos, y describe aspectos concretos de nuestra realidad. Por una parte, documenta el racismo—social y epidérmico—de nuestra clase media, en todos sus niveles, y en especial con respecto a los argentinos cetrinos que vinieron a la Capital Federal a buscar trabajo y oportunidades para mejorar sus vidas de provincianos y que fueron siempre considerados por los porteños como ciudadanos de segunda clase. El mote que da el título al cuento fue utilizado—es todavía utilizado—con una agresiva carga social y racial. Y todo un dramático pasaje del cuento de Rozenmacher juega con ese doble sentido del apelativo; lo que ocurre es que el protagonista descubre—de pronto— que tan negro como la prostituta es el agente que ha amenazado con llevarlo a la comisaría.

El otro aspecto del relato toca a una característica típica de la burguesía: su necesidad de seguridad, y su búsqueda— siempre—de más seguridad (recuérdese la definición de Berl). Es esa seguridad, encarnada en los bienes que él ha logrado a través de duro esfuerzo, ahorro, habilidad comercial, competencia, la que de pronto aparece como amenazada. Como en el cuento de Cortázar, el refugio de su hogar ha sido invadido por presencias extrañas; leemos en el cuento:

Esa china que podía ser su sirvienta en su cama y ese hombre del que ni siquiera sabía a ciencia cierta si era policía, ahí, tomando su coñac. La casa estaba tomada (p. 82)

Rozenmacher emplea una expresión idéntica a la del relato cortaziano. Lo que sí debe señalarse es la muy distinta posición social y cultural de los hermanos del cuento de Cortázar (herederos de tierras que ganaron los abuelos), y lo que ocurre al señor Lanari, miembro de una típica clase media de origen inmigratorio, la misma que compuso gran parte de los partidarios del peronismo y de los opositores acérrimos de ese movimiento político. Lanari representa a toda esa burguesía media argentina que, a costa de duro trabajo, ahorro, esfuerzos, habilidad, falta de escrúpulos y audacia, logró crear una enorme suma de riqueza y alcanzar así un envidiable bienestar en nuestro país. Todas virtudes que son las que han exaltado los grandes países capitalistas. Es ese mismo bienestar basado en la estabilidad política, monetaria e institucional, el que el peronismo, con su despilfarro desde el estado, su inflación, su socialización alegre e imprevisora, va a poner en crisis y va a llevar, gradualmente, hasta un grado de empobrecimiento que ahora, en

1989, estamos comenzando a comprender en toda su tremenda trascendencia.

Esa clase media apoyó al peronismo pero siempre tuvo, en lo más secreto de su corazón, una indomeñable desconfianza por dicho movimiento político, porque temió que hubiera en él una marcada tendencia a escuchar los reclamos de los obreros más que las necesidades de la burguesía. Esto explica esa compleja dualidad que hizo que los más denodados partidarios del peronismo y sus más duros opositores, pertenecieran a este nivel social. Esta doble y opuesta sensación de seguridad y de inquietud, de sentirse sólidamente seguro y a la vez amenazado, es la que caracteriza la subjetividad del protagonista del relato. Si bien se ve, el cuento de Rozenmacher, compuesto con una envidiable habilidad de narrador y psicólogo, suma a una dramática sucesión de pequeños hechos externos, un admirable dinamismo interno. Y ese dinamismo está dado por el complejo proceso por el cual el señor Lanari pasa, de sentirse asentado en una sólida seguridad económica y social, a una situación incómoda, después a sentirse agredido y finalmente a la inquietud, al desamparo y al temor. El insomnio inicial lleva al protagonista a hacer una especie de sereno balance positivo de su propia vida: "Sin embargo, pensó, no le iban tan mal las cosas. No podía quejarse de la vida... todo lo que había hecho en la vida era para que lo llamaran *señor*." El posee su casa, "su refugio... donde era el dueño... donde lo respetaban..." Poco más tarde siente que algo no es tan seguro: "Sentía algo presagiante, que se cernía, que se venía. Una amenaza espantosa que no sabía cuándo se desplomaría encima ni cómo detenerla," observaciones éstas que—de alguna manera—sintetizan la sensación de ominosidad social que ciertas clases (la burguesía en general) sintieron al comienzo del peronismo. Poco más tarde el uniformado comienza el atropello:

El voseo golpeó al señor Lanari como un puñetazo...—Dame café— dijo el policía y en ese momento el señor Lanari sintió que lo estaban humillando. Toda su vida había trabajado... para que no lo atropellaran...

Obsérvese cómo el reiterado *"señor* Lanari" del texto funciona con una especial carga irónica, tanto con respecto al personaje como con respecto a la actitud con que lo menta el narrador. La mujer, borracha, se ha echado en su cama:

Con la otra durmiendo en su cama y ese hombre ahí frente suyo, como burlándose, sentía un oscuro malestar que le iba creciendo, una inquietud sofocante... El señor Lanari recordó vagamente a los negros que se habían lavado alguna vez las patas en las fuentes de Plaza Congreso. Ahora sentía lo mismo. La misma vejación, la misma rabia... Era como si de pronto esos salvajes hubieran invadido su casa... Todo estaba al revés...

Y, al final, el relato deja al personaje central en total estado de inquietud:

Algo había sido violado. "La chusma", dijo para tranquilizarse, "hay que aplastarlos, aplastarlos"... Sintió que odiaba. Y de pronto el señor Lanari supo que desde entonces jamás estaría seguro de nada. De nada.

Este constante movimiento del alma del protagonista, apunta en el relato a describir la inseguridad y el temor con que la clase media contempló las visibles mejoras económicas que recibió el proletariado. Pero aquí cabría apuntar algo evidente, que Rozenmacher parecía ignorar: que el peronismo quiso convertir a los obreros en integrantes de la clase media, no en concientizarlos con respecto a su pertenencia al proletariado. Y esta es una diferencia que debe ser tenida muy en cuenta, cuando se ve qué pasó con la clase proletaria en los años que van de 1955 a 1985.

El señor Lanari termina sintiéndose agredido, agraviado y desamparado frente a los "negros" y su poder pero el relato, más que mostrar el avance social de una clase frente a otra, sirve para documentar la discrecionalidad del poder policial de la época, el racismo de cierta clase media, su casi histérica necesidad de seguridad y protección, su búsqueda de un lugar seguro en un sistema social cuya nota más visible era la ausencia de estabilidad y de seguridad jurídica. También muestra que no solamente los terratenientes, la oligarquía o la burguesía alta vivieron la experiencia peronista como una constante amenaza. Aquí, como ocurrirá en uno de los relatos de Viñas (y como ya habían mostrado para las otras clases textos de Cortázar y de Peyrou), se muestra que también hubo sectores de la clase media baja que se sintieron afectados por los progresos económicos del proletariado. Esos avances y ventajas en el nivel de vida supusieron un descenso, una igualación de los niveles más bajos de la burguesía con los obreros, y esta era una igualación a la que no quisieron acceder de ninguna manera.

Durante varios años David Viñas fue escribiendo una serie de relatos cuyo título iba a ser: "Cuentos de la década absurda." Cuando aparecieron se llamaron *Las malas costumbres* (Buenos Aires, 1963).[1] Eran diez cuentos que describían desde diversos ángulos la Argentina peronista. Pocos textos literarios muestran de manera más notable los problemas que para un escritor de talento significa convertir en literatura narrativa una serie de vistas críticas sobre un período histórico determinado. O sea: convertir en relatos coherentes y dramáticos opiniones sobre aspectos de una realidad política y social de extrema complejidad. Viñas prefirió dividir su atención (y la del lector) en diferentes relatos que mostraban algunos aspectos de un momento crítico de la vida argentina.

La visión que Viñas traía de ese momento histórico estaba fuertemente determinada por ciertas coordenadas conceptuales que el mismo escritor había señalado en algunos textos críticos. Dos de ellos ayudarán a comprender el sentido y la dirección de sus narraciones. En un artículo que analizaba la obra de Ezequiel Martínez Estrada, Viñas esbozó un programa de trabajo frente a la realidad argentina que tendría fundamental importancia en su enfoque de los años del peronismo. Viñas hablaba de su generación pero lo que allí proponía era, en cierta manera, lo que se había propuesto para sí mismo:

...la nueva generación... No puede contemplar nuestra realidad... Sino asirla furiosamente, intentando anegarse en ella. Sin elegir una parte—la más cómoda o la más pura—sino abarcando la totalidad... Y hoy—en el tiempo que le toca vivir a la nueva generación—ya no se puede decir que los otros tengan la culpa. Hoy la culpa es de todos. Y es necesario escribir y vivir como culpables. Sin ventajas, porque los otros son todos... Los otros somos nosotros mismos... Responsabilizarse denunciando para tomar riesgosamente nuestra realidad, nuestro contorno que es problemático y condiciona nuestra situación y que exige una tensa continuidad en tanto su pérdida se encuentra siempre presente... Para hacerse cargo de la historia argentina y del presente sin permitirse ni permitir exclusiones de ninguna índole (*Contorno* 4, Buenos Aires, dic. 1954, p. 16).

En un número polémico que *Contorno* dedicó al peronismo se leían estas afirmaciones:

...durante todos los años del peronismo no nos habíamos entregado. Y por no habernos entregado entendíamos no solamente no habernos entregado al peronismo, sino tampoco al antiperonismo; que habíamos luchado—con mayor o menor eficacia, con éxito o sin éxito— para distinguir la verdad sobre lo que estaba ocurriendo en el país... Aquello que a los intelectuales les fue vedado por la dictadura nunca tuvo un carácter fatalmente problemático. Era, por cierto, riesgoso escribir sobre política o actuar en política... Los intelectuales argentinos en su casi totalidad preferimos disfrazar nuestra inepcia con resignadas y lamentosas imputaciones a un sistema que no nos respetaba ni nos admitía. (*Contorno* 7-8, Buenos Aires, julio 1956, p. 1)

Aquí están presentes algunas de las ideas que presiden la mirada de Viñas sobre esa época histórica: por una parte, visión sin exclusiones, totalitaria; por otra, apartar de esa visión toda tendencia a buscar chivos expiatorios o culpabilidades moralizantes. No somos inocentes nosotros, pero ellos tampoco han sido siempre culpables. Todos somos responsables de lo ocurrido. Presentar, por tanto, una visión crítica tanto del peronismo como de sus opositores. Estamos alejados de esa realidad lo suficiente—afirmó Viñas—como para ser lúcidos y poder ver claramente los errores de ambas partes, las debilidades y los defectos de esos extremos antinómicos. Queremos ver la verdad de lo que ha estado ocurriendo en el país. Y en esa verdad, el hecho de haber sido intelectuales no nos salva ni excluye, al contrario, nos hace más culpables y responsables que los otros. Tuvimos los medios para comprender y saber qué ocurría, y no fuimos capaces de percibir esa realidad. Permanecimos inactivos, por temor, por incapacidad para la acción, por comodidad cómplice, porque integramos una clase inútil y esclava, siempre uncida a los grupos dominantes.

Esto explica que *Las malas costumbres* provocara la reacción unánime de todos los sectores políticos e ideológicos: peronistas y liberales, comunistas y socialistas, extrema derecha católica y extrema izquierda marxista, todos por igual denostaron al libro, a su autor y a su contenido. Para Goldar, por ejemplo, Viñas es un simple antiperonista que no ha logrado comprender qué sucedía en el país;[2] liberales y conservadores afirmaron que Viñas asumía una actitud demasiado débil y comprensiva frente al peronismo (y duramente crítica para liberales y clase media) y por tanto no podían compartir sus puntos de vista. La izquierda ortodoxa tampoco podía aceptar la imagen que Viñas proponía de un supuesto afiliado al P.C.

La visión de la clase media, de los niveles de la enseñanza, de las fuerzas armadas que defendieron o se opusieron a Perón, de la intelectualidad liberal, de algunos sectores populares que lo apoyaron, de la violencia peronista, era sostenidamente crítica, a veces—demasiado para ciertos sectores—agria y feroz. Donde el escalpelo crítico de Viñas hería con mayor dureza era en su visión de ciertos intelectuales. Aquí, tal vez con una saña exagerada pero explicable, dada la actitud revisionista de su generación con respecto de la de 1925, nuestro escritor cargaba las tintas. Esto explica que la obra se convirtiera en uno de los libros que todo el mundo lee, pero sobre el cual muy pocos escriben. Es que su visión negativa y hasta sarcástica del intelectual liberal argentino de la época alcanzaba una amplitud crítica tal que nadie, con ojos suficientemente abiertos para comprender, dejó de entrever su mensaje. Pero muy pocos podían compartirlo. Asentir a su visión de 1925, o aceptar la descripción que Viñas proponía de un escritor de su tiempo, era lo mismo que suicidarse. Esto explica el silencio que se hizo (y que se ha hecho después) en torno a este volúmen, críticamente inédito. En estas páginas intentamos comprender su sentido, señalar cuáles sectores sociales y políticos se describen en sus páginas, cuáles relatos poseen valor literario autónomo y, finalmente, mostrar en ciertos análisis textuales algunas de las constantes de la narrativa de Viñas, de su visión del mundo, de su sistema de valores, de sus amores y sus odios, de la intención conceptual, política e histórica que ordena sus situaciones y sus personajes.

Dos de los diez relatos tocan a la descripción del intelectual. El primero, que da título al volumen, está dedicado a describir morosamente, con una precisión detallista que recuerda al Moravia de *La noia* o de *Gli indiferenti*, la vida cotidiana de un escritor liberal de la década del 50 en Buenos Aires. Este es un tipo social que ha interesado a Viñas; tanto, que en otra novela, *Dar la cara* (1962, pp. 220-226), ha dedicado todo un capítulo a describir ese escritor de su tiempo, colaborador o secretario de redacción de "la revista" (la revista *Sur*, claro está).

"Las malas costumbres" es un relato en primera persona puesto en boca del escritor en ciernes, quien se describe a sí mismo con autosatisfacción: "Al fin de cuentas tenía mi departamento, libros en la biblioteca, la *Historia* completa de Toynbee en inglés, un Soldi con dedicatoria y esa muchachita fumaba desnuda tumbándose en la alfombra" (p. 9).

El relato posee dos zonas perfectamente separadas: el escritor liberal de los años 1944-1945 de la Argentina de entonces y su vida privada, y la actitud del mismo frente a la vida pública del país durante ese período del gobierno militar que había derrocado con una revolución—en 1943—al del conservador Castillo.[3] El cuento describe tanto las actitudes de su vida íntima como las de su vida pública, acotando sus ideas, sus valoraciones, sus odios y amores.

El otro personaje es Yipi, una muchachita que llega circunstancialmente al departamento en el que vive el escritor, mantiene relaciones sexuales con él, juguetea con sus libros, lo visita circunstancialmente y después de un tiempo se queda a vivir en su casa. Se convierte en una mantenida pobre. Al poco tiempo, por una venganza circunstancial, el escritor le quema sus ropas y ella se convierte ahora en una especie de prisionera, sin relaciones con el exterior y condenada a quedarse dentro de las pocas paredes del estrecho habitáculo. Un día, cuando él regresa a su casa, encuentra el cuerpo de ella en la calle, estrellado contra el suelo: Yipi se ha suicidado tirándose por la ventana.

Lo público se expresa poco antes. Cuando el escritor regresa a su departamento lo hace de vuelta de una manifestación que se había realizado en Buenos Aires festejando la liberación de París. Esa manifestación ocurrió en realidad, y tuvo importancia en la vida política argentina de entonces. Viñas, apelando a dos episodios al parecer separados entre sí, efectúa toda una ácida crítica a la realidad del intelectual liberal y de otros miles de argentinos de la época, que con su manifestación mostraron públicamente su rechazo de la política favorable al Eje que ambos gobiernos (el anterior a 1943 y el que lo derrocó en junio de ese año) mantuvieron. Si nos atenemos a la trama misma del relato, no es difícil relacionar las dos realidades. El escritor piensa:

> la semana siguiente se produjo un acontecimiento que todos los espíritus libres del país estaban esperando: la liberación de París. París significaba muchas cosas para los argentinos: una cultura secular, el refinamiento, la tradición liberal, en fin, lo mejor que ha dado el espíritu. Cuando leí en el diario que, por fin, París se había liberado y que se organizaba una manifestación para celebrarlo, me sentí conmovido... una etapa concluía, algo que durante mucho tiempo había estado clausurado se abría... Realmente [habla de la manifestación] era una multitud que homenajeaba el espíritu, y cuando cantamos la *Marsellesa* resultó inolvidable... Era un día memorable; hasta Buenos Aires, siempre tan ramplona, parecía otra cosa. Me animaría a decir que tenía algo de París. (pp. 33-35)[4]

Pero ese hombre, que se emociona por la liberación de la ciudad mito-hispanoamericano, no alcanza a percibir que él es, de alguna manera, culpable de la prisión, de la cosificación de una pobre mujer que usa como un objeto y a la cual desprecia y maltrata sádicamente. La anécdota, con toda la exageración que se quiera, persigue también señalar algo obvio: la prescindencia culpable de la gran mayoría de nuestros intelectuales que han estado siempre ciegos para las tragedias vividas por miles de sus hermanos hispanoamericanos o argentinos, pero que han estado siempre prestos a conmoverse por lo que sucede en otros continentes. Esa prescindencia, esa ceguera para ver cómo vivían numerosos sectores sociales argentinos, antes de 1945, están denunciadas en este relato acre y siniestro.

Y aquí debemos señalar algo importante. Viñas ha atacado en varias ocasiones uno de los mitos más constantes de la literatura y el pensamiento liberal argentino: la visión siempre positiva del intelectual. Desde *El Matadero* (1839) de Echeverría, pasando por *La Cautiva, Amalia, Facundo, Cantos del peregrino, Juvenilia, La Bolsa, Hombres en soledad, Nacha Regules, Adán Buenosayres, Rayuela*, etc., una tradición constante en nuestras letras ha mantenido esta concepción siempre afirmativa del intelectual visto como el depositario de la verdad y el bien. No nos interesa ahora saber cómo se ha flexionado en las distintas épocas esta imagen, sí señalar su presencia como una constante que Viñas niega, con una ferocidad a veces durísima. Baste solamente señalar ciertas páginas de *Literatura argentina y realidad política* (1964) o de la ya citada novela *Dar la cara*.

Otro relato del libro que comentamos critica ciertos aspectos de la generación de 1925, la de la revista *Martín Fierro*. Es el titulado "El último de los martinferristas." Como ocurre con muchos de sus libros, éste es un relato en clave, que retrata a una de las figuras más típicas de esa generación; probablemente el único de sus integrantes que persistió en la dirección inicial vanguardista del grupo y que, a diferencia de los otros escritores de la misma (Bernárdez, Martínez Estrada, Borges), no abandonó hasta su muerte. Nos referimos a Oliverio Girondo (1891-1967), que en el cuento asume el nombre de Olgar.[5]

En el relato en tercera persona Olgar es presentado como un hombre desocupado, que dedica sus ocios a caminar por la ciudad de Buenos Aires, a frecuentar sus cafés, a comprar revistas vanguardistas de los jóvenes. Como tantos otros compañeros de su generación—pero de manera exagerada y exasperada—Olgar muestra las tendencias y actitudes literarias e ideológicas que caracterizaron al grupo: la búsqueda de lo extraño y nuevo, el desprecio por la vida provinciana del Buenos Aires de 1925 (y también del de 1955), su añoranza por

aquel mundo desaparecido donde el vivir era fácil y
despreocupado, aquella década de libertad y disponibilidad
jamás igualada que vivió la Argentina y que nunca volvió a
disfrutar (los gobiernos de Irigoyen y Alvear), en la que el
capricho de los jóvenes escritores y el sostenido deseo de *epatar*
a los burgueses (al "hipopotámico público" como lo llamaron)
fueron una constante. Olgar sale una tarde—como tantas otras—
a llenar su aburrimiento y su disponibilidad vital. Es un día en
que ocurre algo inesperado: todo el centro de la ciudad está
cerrado y nuestro protagonista se ve obligado a sentarse en un
banco de la plaza, la noche ya avanzada, a descansar. De
pronto ve llegar un grupo de muchachitos comandados por una
especie de director que componen una extraña murga; varios de
ellos están vestidos con casullas y ropa de iglesias, tienen olor a
incienso y humo, bailan cantando estribillos obscenos a los que
acompañan con gestos soeces. Olgar, siempre en busca de lo
nuevo y sorprendente, se queda azorado y luego entusiasmado
ante el espectáculo. Uno de los integrantes de la murga carna-
valesca lo invita a cantar con ellos; Olgar ofrece recitar algunos
versos. Los recita, lo aplauden estruendosamente; y después el
grupo prosigue su camino, ante el asombro y entusiasmo del
poeta vanguardista, que cree que ha presenciado un espectáculo
único.

El cuento hace referencia, en un tono a primera vista juguetón
y crítico, y con una atmósfera casi onírica, a un episodio histórico que conmovió a la opinión pública: el incendio de las
iglesias, en junio de 1955. Como lo registró una de las placas
fotográficas más extraordinarias de la historia del periodismo
argentino, un grupo de muchachones se vistió con casullas y
ornamentos del culto (saqueados de una iglesia en llamas) y
anduvo por varias calles de Buenos Aires durante unas horas,
haciendo escarnio de los hábitos sagrados. Esa placa interesó
vivamente a Viñas, tanto que en el relato se hace referencia al
fotógrafo que tomó la instantánea (p. 117), y en la cual se ve no
solamente que el hecho descrito por el relato sucedió (¡el grupo
existió!) sino también la satisfacción y la alegría lúdica con que
todos sus integrantes miraron hacia la cámara en el momento en

que esa foto fue tomada: estaban contentos de ese ambiente
festival y se sentían partícipes satisfechos de algo que los
divertía y entretenía.[6] Allí puede verse que manifiestan una
especie de alegría inocente, más infantil que iconoclasta, y que
ninguno alcanzó a saber bien qué estaba haciendo, ni por qué lo
hacía. Viñas retrató en su cuento esta violencia festival con la
cual el gobierno atacaba a una institución que lo había sostenido desde sus comienzos y cuyo enfrentamiento iba a significar
su caída.

El relato, como ocurre con casi todos los que aparecen en el
libro, posee también dos aspectos perfectamente destacados: la
inutilidad e ineficacia de la violencia peronista y la incapacidad de la generación martinfierrista para comprender las
realidades sociales y políticas del país en que vivió; más aun,
su casi absoluta indiferencia frente a esos procesos. Viñas, que
conoció y trató tanto a Girondo como a otros escritores del grupo,
ha dejado un retrato exacto de la vida y las actitudes ante la
vida y el país que caracterizaron a Oliverio. Aunque cargando
las tintas, en la realidad este escritor, al que un crítico agudo y
hondo denominó "el primer vanguardista argentino," fue así,
tal como aparece en el cuento. Viñas ha transcrito muchas de sus
frases, de sus tics, de su afición a comprar revistas de jóvenes, de
su búsqueda de sujetos y cosas nuevas, de su aburrimiento, de su
constante nostalgia por la década del 20 al 30.

Y los textos poéticos que Olgar recita azorado y entusiasmado ante los integrantes de la murga eran textos que Girondo
citaba y repetía. Primero intenta decirles dos versos en francés:
"Ma femme a la chevelure de feu du bois / Aux pensées
d'éclaires de chaleur..."

Después les recita un fragmento de los conocidos versos
nerudianos de "España en el corazón." Pero los que escuchan no
entienden. Un enorme espacio separa a este hombre de sus
ocasionales testigos. Se establece un diálogo de sordos. Ni el
que recita sabe quiénes le escuchan, ni los que atienden compren-
den nada de lo que Olgar está diciendo. Y a la vez, ni Olgar se
da absoluta cuenta de la gigantesca tragedia que esos versos
evocan (de su honda y tremenda seriedad), ni los muchachos de

la murga alcanzan a percibir el trascendente episodio que acaban de protagonizar. En ambos, la irresponsabilidad y el espíritu lúdico, una como infantil ignorancia, les veda entender en profundidad el mundo en el que viven.

La anécdota posee por tanto una faz política y otra generacional. Y en ambas se hacen explícitos los puntos de vista del grupo de Viñas. Basta leer algunos de los artículos de *Contorno* sobre el peronismo para encontrar opiniones semejantes.[7] En cuanto a la generación de 1925, en varios trabajos críticos los escritores de la generación del 50 habían señalado su espíritu lúdico, su prescindencia política, su humor, su gratuidad, su concepción del escribir como algo individualista y cercano a la idea del arte por el arte.[8] La generación de Viñas proclamó el compromiso del escritor, habló siempre de sí misma caracterizándose de "espíritu de seriedad," desdeñó la risa, el humor y hasta la ternura. A los hombres del 25 les tocó uno de los pocos períodos, tal vez el único que la Argentina ha vivido, de auténtica libertad intelectual y democracia política (1916-1930). A la generación del 50 (la de Viñas) le tocaron los duros años conservadores de la década infame (1930-1943), el fascismo del preperonismo, la década peronista (1946-1955) y los siguientes, tan difíciles y tensos como los anteriores.

"Venganza" es un relato amargo, en el que la violencia (como casi siempre en la narrativa de nuestro autor) se instala desde la primera línea y circula por cada una de sus páginas de modo constante. El cuento describe uno de los aspectos más negativos del régimen: la progresiva y forzada presión que el gobierno ejerció sobre los empleados del estado (y, a través de los sindicatos, también en los niveles obreros de las empresas privadas) para idolizar al jefe del movimiento: esas gigantescas manifestaciones, esos discursos y marchas "espontáneas" que obligaban a los jefes de reparticiones oficiales a mostrar su adhesión al régimen y al gobierno; esas colectas de dinero, esos regalos de agradecimiento, esos homenajes que siempre suponían una expresa actitud de sumisión de parte de quienes los efectuaban (en muchas oportunidades por temor a perder el puesto o el favor de los que mandaban), y que estuvieron dirigidos a una entronización y propaganda constante, machacona, reiterada, de la pareja gobernante, y que recordaban—en otra atmósfera, pero con un fondo idéntico—las enormes manifestaciones que apoyaron y apoyan a tantos gobiernos dictatoriales.

Ese es uno de los costados del relato. El otro es una descripción crítica de la actitud que cierta clase media mantuvo frente al peronismo. No se olvide que la mayoría de los votos antiperonistas se reclutaron en ese sector social. A través de un jefe de una repartición pública, Viñas retrataba uno de los aspectos más molestos del régimen, la forma en que politizó todas las actividades y aun aquellas que jamás habían estado relacionadas con la política. El peronismo obligó a tomar partido, a dejar de lado el eterno "no te metás" que había caracterizado a gran parte de la sociedad argentina, que siempre mantuvo frente a la política una actitud prescindente, marginal y negativa. Esa prescindibilidad fue derribada y cada argentino —en su esfera— se vio forzado por razones de presión social, de propaganda desembozada, de auténtica tiranía sobre la voluntad individual, a proclamar públicamente por quién votaba y si apoyaba o no al régimen. Hasta zonas de la vida privada que siempre habían estado alejadas de lo político ahora aparecían iluminadas (*manchadas*, sería mejor decir para explicar el rechazo que el hecho produjo en miles de personas) por la política. Esas existencias prescindentes y casi indiferentes se sintieron violadas, invadidas por la presión política. Este fue uno de los aspectos de la violencia del régimen que se ejerció con mano firme y a veces desembozada y cínica, en muchas esferas de la vida intelectual, burocrática, jurídica, educacional y hasta privada. El protagonista del relato va viendo cómo a través del tiempo, su prescindencia se convierte en aquiescencia y más tarde en sumisión hipócrita, lisa y llana. Una vez es la violencia física la que lo obliga a vivar gritando al general; después van lentamente convirtiéndolo en un muñeco que obedece todas las órdenes; por temor, por indiferencia, por incapacidad para reaccionar, por debilidad. Su caso retrata todo un sector de la vida argentina. Y su gesto final encerrado en un baño donde con un lápiz va a escribir un texto anónimo contra el gobierno, muestra la cobardía y la mutua aceptación—por parte del régimen y de muchos de sus pretendidos partidarios—de este juego de mentiras y humillaciones sobre el que tuvo lugar una porción importante de su historia real. Pero a la vez es una denuncia de la cobardía culpable de muchos cientos de miles que, con su silencio y su complicidad, permitieron que esas cosas ocurrieran. En otro nivel, más general, el relato muestra la marginalidad con que la clase media argentina ha participado (si así puede decirse) de la vida política de su propio país.

A la vez el cuento apunta—de modo tangencial—a destacar uno de los hechos que más intranquilizaron a esa clase media: el temor a ser confundidos con los obreros. Cuando un evidente mejoramiento del nivel de vida de los trabajadores permitió a éstos gozar de una serie de servicios y bienes que hasta esos años habían estado reservados a la clase media, esta última sintió amenazados sus derechos y el lugar que había ocupado hasta ese momento en la sociedad argentina. Indirectamente el relato muestra este temor y, a la vez, echa luz sobre esa marginalidad (ese cómo "no participar" ni comprometerse públicamente) que había sido—y es todavía hoy—su nota más constante y reiterada en la escena política argentina.

Dos relatos describen la adhesión sincera e incondicional, el respeto y la adoración admirativa, con que ciertos sectores sociales apoyaron al peronismo. En "La señora muerta" Viñas describe una de las inmensas "colas" de personas que durante días esperaron en fila para dar su último adiós a Eva Perón (muerta el 26 de julio de 1952 y cuyo velatorio y sepelio, gigantesco, tuvo lugar el 10 de agosto de ese año). Una prostituta que espera fatigada en la gran fila es "levantada" por un cliente; el chofer del taxi en el que van al hotel por horas, después de varios intentos, le dice al hombre que los "amueblados" están cerrados por duelo:

El coche había parado por cuarta o sexta vez y el chofer repetía el mismo ademán de prescindencia.
—¿Todo está cerrado?— gritó Moure." (p. 71)

"Hay que aguantarse— el chofer permanecía rígido, conciliador
—Es por la señora.
—¿Por la muerte de?... necesitó Moure que le precisaran.
-Sí, sí.
—¡Es demasiado por la yegua ésa!
Entonces bruscamente, esa mujer dejó de reírse y empezó a decir
que no, con un gesto arisco, no, no, y a buscar la manija de la puerta.
"—Ah, no... Eso sí que no— murmuraba hasta que encontró la manija
y abrió la puerta —Eso sí que no se lo permito...—y se bajó" (p. 72).

En "El avión negro" se describe la distinta actitud que
padres e hijos adoptaron frente al esperado "retorno" de Perón.
Durante años se dijo—y se convirtió en un mito popular que
corría de boca en boca—que Perón volvería un día a la
Argentina en un avión negro.[9] La fábula aceptada como una
verdad posible por ciertos sectores, dio origen al relato que
Viñas sitúa en una zona campesina azotada por una larga
sequía. Un padre y su hijo (¿chacareros, peones, pequeños
propietarios?) creen percibir el ruido de los motores del
esperado y fabuloso avión en el que regresará el líder caris-
mático. Durante horas esperan en vano y, al final, ya avanzada la noche, el padre reacciona como si algo hubiera
sucedido:

De pronto, el viejo se puso rígido, parecía un animal. Después pegó
un salto; ya estaba de pie.
—¿Qué, qué?— preguntó el hijo, y se puso a su lado.
El viejo se había llevado la mano a la cara:
—Arriba...— tenía los ojos relucientes, muy extraños.

El hijo reacciona como si el padre hubiera percibido un
sonido que a él se le ha escapado. Pero lo que ocurre es bastante
distinto de lo que el hijo espera: ha caído una gota de lluvia,
ha comenzado a llover. Ese sólo hecho cambia la actitud del
viejo, y hace olvidar al padre lo que ambos parecían esperar
con igual ansiedad. El hijo se deja caer en tierra aplastado por
la desesperanza. Para el padre, la inesperada llegada de la
lluvia asume una importancia tan grande, que suprime la
tensión anterior.

La sevicia de la policía (que no ha cambiado mucho desde entonces) está mostrada en "Un solo cuerpo mudo." El relato describe una sesión en que dos policías golpean sistemáticamente a un supuesto comunista para hacerle confesar ciertos datos relacionados con una huelga. El hombre, después de un duro castigo, cae inconsciente. Le echan un balde de agua para hacerlo reaccionar, pero el "bolche" al que hace una semana pasan de una seccional policial a otra, para hacerlo "cantar", no recupera el sentido. Caído e inconsciente, uno de los policías le saca la camisa empapada y le descubren colgado del cuello un escapulario en el que se lee: "Sagrado corazón de Jesús, ayúdame."

Como casi todos los cuentos del volumen, éste también funciona en varios niveles distintos de significación. Por una parte reitera la idea, cara a Viñas, de la confusión, de la constante ambigüedad de la vida argentina; las contradicciones de un país donde un comunista lleva sobre el pecho un escapulario de sentido religioso. Esa es una de las aristas del cuento. Otra sería verlo en un sentido documental: el relato testimonia uno de los tantos casos en que por equivocación (mala información, homonimia, nombres parecidos) se golpeó, torturó, detuvo y hasta asesinó, a personas que nada tuvieron que ver con lo político. Habían sido detenidos por error.[10] En otra dirección, la más simple, el cuento documenta irónicamente, la violencia ejercida contra los ciudadanos por la institución encargada de protegerlos y asegurar su tranquilidad.

"Tanda de repuesto" y "El privilegiado" documentan la huella deletérea que el régimen dejó en la enseñanza. Ambos muestran cómo las relaciones entre maestros y alumnos, el entorno mismo de la actividad pedagógica, resultó destruído por la omnipresencia de lo político llevado a fin en sí mismo. "Tanda de repuesto" documenta las miles de cesantías que tuvieron lugar (tanto en la enseñanza universitaria como en la media y primaria) durante los años 1943-1947, en que bastaba haber firmado un manifiesto democrático o haber mostrado una actitud de tibio apoyo a los partidos opositores al gobierno, para ser despedido y puesto en la calle sin explicación ni justificación alguna (como ocurrió en 1955-1956, 1966 y nuevamente en 1973-77).

Pero en el primero de esos relatos Viñas retoma una figura expiatoria que nuestro escritor ha retratado en varias de sus obras: la figura del jefe, ese héroe admirado y reiterado en la historia argentina, pero visto—como siempre en Viñas—de manera distinta y negativa (Un ejemplo típico en la película con libro de Viñas: *El jefe*, que dirigió Fernando Ayala en 1958).

"El privilegiado" documenta otro aspecto de la sistemática propaganda política que invadió también el ámbito escolar, y que si por una parte destrozó la relación docente-alumno, por la otra pulverizó la imagen respetable del que enseñaba, al obligarlo a hacer cosas que eran éticamente condenables. Como es sabido, a partir de 1951 se convirtió en lectura obligatoria en la enseñanza primaria y secundaria el libro *La razón de mi vida*, que en 1950 apareció como firmado por Eva Duarte de Perón. Un alumno de un colegio secundario aprovecha la circunstancia de que su profesora de literatura está obligada a comentar y leer la obra, para burlarse de ella y agredirla moralmente.

Dos de los cuentos describen las distintas actitudes de ciertos sectores de las Fuerzas Armadas argentinas, frente al gobierno de Perón. En ambos es visible la intención documental; pero también una constante visión crítica. "Entre delatores" (con un final inesperado y que suena a falso) muestra las tensiones que se originaron en el seno del Ejército donde, ya desde 1943 la figura de Perón provocó (y seguirá produciendo, durante todos los años posteriores) fricciones internas que en 1955 alcanzaron su momento más dramático.

Como es sabido, las actitudes de la oficialidad se dividieron. Numerosos jefes y oficiales trataron durante todos esos años de "no politizar" al Ejército, manteniendo frente a las actividades políticas del gobierno una actitud equidistante y no comprometida, que les dejara un margen de maniobra suficiente como para no aparecer enrolados (confundidos, sería mejor decir) en favor o en contra del partido gobernante y de su figura máxima. Otro sector mantuvo siempre frente a Perón una

actitud crítica. Primero se opusieron a su populismo sindica-
lista del período en que fue Subsecretario de Trabajo y Previsión
(1943-1945), cargo que constituyó su catapulta política y que lo
convirtió de un oficial casi desconocido, en figura de dimensión
nacional. Después se opusieron a sus relaciones con Eva Duarte.
Cuando Perón acalló las críticas solicitando la baja del Ejército
y casándose con la ex-actriz de teatro y cine, las fricciones
recomenzaron al verse que Evita no estaba decidida a mantenerse en la callada situación de esposa del presidente de la
República y desplegó una actividad política que fue aumentando en prestigio, poder y peso político. La presencia política
de Eva y la visible vocación fascista y dictatorial del gobierno
originaron numerosas tensiones en el Ejército que culminaron con
el levantamiento del Gral. Menéndez en 1951, que fracasó. Pero
a cambio de ese fracaso, la oficialidad del Ejército vetó la
candidatura de Eva Perón a la vice-presidencia, para las elecciones de 1952.

"Entre delatores" muestra, en una guarnición del sudeste de
la república, las antinomias que se entablan entre dos oficiales;
uno que pretende mantener una actitud profesional, atenido al
reglamento y sin inmiscuirse en lo político, y la de un superior
que proclama a voz en cuello sus críticas, sus sarcasmos contra la
pareja gobernante y la actitud cobarde y aquiesciente de sus
camaradas. El relato, no importante desde el punto de vista
literario, sirve como buen pretexto para este objeto puramente
documental. Pero, a la vez, deja bien establecido cómo muchos
de los que lo atacaron, y muchos de los que lo defendieron, no se
movían por razones de disciplina o de respeto a la voluntad
popular, sino por motivos personales y de orgullo de casta.

"¡Viva la patria! (aunque yo perezca)" tiene una carga
crítica y sardónica mayor. Viñas relata el levantamiento de la
Marina argentina que tuvo lugar en junio de 1955, durante el
cual algunos aviones Sabre de la Armada que debían rendir un
homenaje al gobierno nacional, aprovecharon la ocasión para
bombardear la Casa Rosada, matar algunos cientos de civiles, e
intentar una revolución que fracasó. Los aviones que intervi-

nieron en el bombardeo, hecho a pleno día, huyeron hacia el Uruguay, a cuyo gobierno se entregaron.

El relato está cuidadosamente construído. Un conscripto, Rigau, entra en una Base de la Armada, se hace amigo de un oficial aviador y se convierte en su asistente. Cuando llega el día del levantamiento, Rigau, desde tierra, ve cómo su admirado teniente aviador baja del avión para proveerse de combustible y bombas, y le promete que destruirá los tanques, da un giro y se dirige al Río de La Plata (que ya sabemos cruzará, no para seguir luchando, sino para aterrizar en el Uruguay y declararse refugiado político...).

Más que narrar el episodio histórico (al que apenas se alude en el relato), a Viñas le interesaba describir las actitudes y la visión del país de la Marina argentina, caracterizada por su aristocratismo, por su racismo y su conservadorismo político, y la orgullosa actitud que ésta siempre mantuvo con respecto al Ejército. El cuento, cargado de un peculiar sarcasmo, juega todo el tiempo con las palabras que le dan título, originadas en un lejano episodio heroico de la guerra liberadora contra España, a comienzos del siglo XIX.

Ambos textos tocan un tema siempre tabú y peligroso en la literatura hispanoamericana: el de la descripción crítica de uno de los estamentos sociales que poseyó y posee el poder real, y que casi siempre lo ha utilizado no en la ampliación y defensa de las fronteras, sino en contra de los ciudadanos del mismo país al que dicen defender. Este tema de la visión crítica del Ejército argentino es casi una constante de la obra de Viñas; y aparece en su primer libro realmente valioso, *Los dueños de la tierra* (1958), y alcanza en *Los hombres de a caballo* (1968) su más amplio registro. Esta última novela es, de alguna manera, un análisis hondo de la profesión, la visión del mundo, las valoraciones, del militar hispanoamericano. Pero la última novela de Viñas, *Cuerpo a cuerpo* (1979), enfoca nuevamente el mismo asunto.

La mayoría de los relatos que hemos analizado muy rápidamente, son plurisémicos. Por una parte narran una anécdota, una acción que tiene casi siempre fuerza dramática y se estructura en el eterno triángulo de planteo, nudo, desenlace; bien resuelto. Los personajes funcionan en varios niveles; por una parte cumplen un papel individual dentro de la acción, y este papel está determinado por su psicología. Pero si leemos más despacio, vamos a ver que en muchos casos lo individual resulta borrado, superado, por las marcas y tendencias sociales. Ese empleado y jefe de oficina, que poco a poco va convirtiéndose en una cosa manejada a discreción por la propaganda del régimen, ese estudiante que agrede sexualmente a su profesora, aquel peón de campo, este oficial, son más su clase y su visión del mundo, que una personalidad. Este *tipismo* es el que en varios de estos relatos quita coherencia psicológica, densidad individual, a los personajes. En ellos—como señaló Wellek hablando del realismo—lo histórico y programático, lo social y didáctico, supera a lo individual; lo devora.

Pero además de estos comportamientos a nivel social y de grupo, que están muy bien vistos a veces (aunque en otras se cae en la "machietta"), hay en *Las malas costumbres* otro nivel que no puede ser ignorado. La descripción de esta realidad implica siempre—como en todo el resto de su obra—un juicio totalizador sobre esa comunidad histórica que es su país; y el juicio general es casi siempre hondamente negativo; el balance final sobre la totalidad de la sociedad argentina persigue demostrar que en ella la nota más constante es la de la ambigüedad, la de una ineficacia en la que nadie sabe bien cuál es la función que le corresponde. Los intelectuales y la clase media sobrellevan la parte más negativa de esta visión enjuiciadora. Viñas pone al descubierto, con una agresividad a veces exaltada, la ambigüedad total de las creencias, los valores, los fundamentos de la comunidad que describe. Los obreros parecen carecer de conciencia de clase; los intelectuales se muestran incapaces de ver críticamente el mundo en el que viven y el sentido de las actitudes que asumen ante ese mundo; la violencia peronista ignoraba hacia dónde iba y se ejercía con un sentido festival que terminaría haciéndola absolutamente inocua; los liberales no fueron capaces de ver que—de alguna manera—eran los culpables del fenómeno que decían combatir; la izquierda se alineaba decisivamente junto a los enemigos de la clase obrera y estaba en contra de medidas antiimperialistas; todos actúan dentro de una atmósfera en la que, como dice un policía, "Nadie se toma en serio..."

En todos estos relatos se explicitan muchos de los puntos de vista que habían sido expuestos por Viñas en diversos ensayos y en varias de sus novelas. Y estos puntos de vista significan un rechazo tanto de los esquemas primarios del comunismo del P.C., como de la visión maniquea del liberalismo, como de los anacrónicos y falangistas enfoques del catolicismo tradicional, como del bonapartismo primario de los que detentaban el poder. Viñas, como su grupo, apuntaban a una superación intelectual e ideológica de la contradictoria realidad de esa década. Pero carecían de los instrumentos concretos para ejercer sobre ella influjo alguno a nivel de praxis. El realismo crítico de estos cuentos apunta a mostrar estas contradicciones y estas ambigüedades; pero no podían proponer ningún camino práctico desde el punto de vista político. Visión lúcida de un intelectual sobre una compleja realidad, que los ignoró, los despreció y no los tuvo en cuenta. Estos relatos tal vez puedan ser vistos como uno de los más claros ejemplos de la enorme distancia que separa —en Hispanoamérica— la conciencia del intelectual, de la realidad política y social a la que pertenece.

NOTAS

1   Todas las citas de este trabajo remiten a *Las malas costumbres*, (Buenos Aires: Jamcana, 1963, pero impreso en 1964).

2   E. Goldar, *El peronismo en la literatura argentina*, citado, ha analizado siempre negativamente estos relatos. Véase allí, pp. 33-34, 65, 66, 69, 75-76, 101-103, 146. Todo lo que pueda ser una crítica al peronismo es, para este autor, condenable. Pero no ha comprendido el alcance y la intención de estos relatos, su significación plural, su crítica social y política.

3   Es interesante destacar que, sin conocer íntimamente episodios concretos de esta época, histórica ya, es imposible entender el

sentido y la intención de cualesquiera de estos relatos. Una lectura que desconozca el período y que al leer no tenga en cuenta el contexto histórico que corresponde a cada situación, ignorará su significado más profundo. En ese sentido, estos textos se convierten en crípticos si el que lee no sitúa y rodea los hechos con el contexto histórico correspondiente. Leer es aquí siempre co-leer, co-crear, pero a nivel histórico e ideológico.

4   La manifestación se realizó en Buenos Aires, en Plaza Francia, el 23 de agosto de 1944 y reunió una enorme multitud. Fue tiroteada por la policía y grupos partidarios del Eje.

5   Victoria Ocampo, Jorge Luis Borges, Martínez Estrada, Gabriela Mistral, Eduardo González Lanuza, festejaron en *Sur*, n. 120, (octubre de 1944), intitulado "París liberado," el acontecimiento. Si se leen algunos de esos textos se verá que Viñas ha intentado, a través de las palabras de su protagonista, reproducir críticamente algunas de las opiniones y el estado de espíritu de los escritores liberales. Victoria Ocampo: "Para todos los que queremos a Francia como una patria espiritual y que estamos unidos a ella... estos días serán inolvidables." Martínez Estrada: "Muchos hemos sentido la liberación de Francia como un acontecimiento que se relacionara con nuestra suerte personal, con nuestro personal destino..."; González Lanuza: "Aún perduran en nuestros labios los cánticos de júbilo; aún nuestros pechos se expanden con el suspiro de la liberación..." El texto de Borges, "Anotación al 23 de agosto de 1944," se reprodujo en *Otras inquisiciones*, de 1952.

6   El nombre evoca el homófono *holgar*; no parece exagerado pensar que Viñas quiso aquí señalar, negativamente, la disponibilidad vital del personaje histórico, su sentido festivo e irresponsable de la existencia (desde el punto de vista de Viñas, claro está), su actitud de consumidor puro, su gratuidad. Y tal vez ha querido mostrarlo como ejemplo del espíritu característico de su generación.

7   La revista *Esto Es* editó en Buenos Aires con motivo de la caída de Perón un número extraordinario, donde se reprodujo esa fotografía histórica (finales de septiembre de 1955).

8   Véase *Contorno*, Buenos Aires, n. 7-8, (1956); allí los artículos de Adolfo Prieto, Tulio Halperín Donghi, Ismael Viñas, Oscar Masotta, etcétera.

9   Adolfo Prieto, *Borges y la nueva generación*, (Buenos Aires: Letras Universitarias, 1954); *Contorno*, Buenos Aires, n. 3, (sep-

tiembre de 1954), y n. 5 y 6. E. Rodríguez Monegal, *La generación de los parricidas* (Buenos Aires: Deucalión, 1956). David Viñas, *De Sarmiento a Cortázar* (Buenos Aires: Siglo Veinte, 1971).

10　El tema dio origen a la farsa política escrita por Carlos Somigliana, Roberto Cossa, R. Talesnik y Germán Rozenmacher, *El avión negro*, estrenada con éxito en Buenos Aires en 1970.

IX. EFICACIA Y PODER DE LA LITERATURA

Un examen desapasionado de las miles de páginas en que distintos narradores intentaron dar "su" visión del período peronista permite algunas observaciones generales. En primer lugar podemos aceptar la conclusión de que la diferencia establecida entre novelas históricas y novelas políticas es útil para diferenciar y calificar a la mayoría de las que hemos leído en este ensayo. Las novelas de Gálvez, con su constante referencia a la realidad concreta de lo fáctico-político y lo social, unida a la manifestación expresa de las ideas de su autor, pertenecen sin problemas al género de las novelas políticas. También lo son las de Velázquez, Perrone y Rivas. Lo mismo ocurre con las de Speroni, Viñas y el relato de Rozenmacher.

Sí es necesario destacar que mientras en las novelas de Gálvez o en la de Speroni hay visible intención de dejar descripto un momento histórico determinado a través de la narración detallada o sintética de sucesos y circunstancias políticas coetáneas de la acción de los personajes ficticios (a los que casi siempre acompañan alguno o algunos que fueron reales), en los textos de Viñas, Rozenmacher y Cortázar esto casi siempre no ocurre. ¿Qué queremos señalar aquí? Que mientras Gálvez describe largamente episodios como el 17 de octubre, la quema de las iglesias y las manifestaciones católicas, en Viñas, Rozenmacher y Cortázar, lo político concreto, el o los sucesos que sucedieron están apenas aludidos y, en muchos casos, no aparecen directamente mentados en el texto. Son relatos que implican la participación obligada del lector; es éste el que debe *poner* en el relato el contexto político-histórico. Si un francés o un noruego leyeran el famoso relato de Rodolfo Walsh sobre el cadáver de Eva Perón ("Esa mujer"), o muchos de los cuentos de Viñas en *Las malas costumbres* sin conocer la historia del período, no entenderían nada o casi nada de lo que allí se dice y, en especial, de lo que allí quiso decirse. En cuanto a los

textos de Cortázar habría que hacer una distinción fundamental. Unos ("Las puertas del cielo," por ejemplo), remiten
claramente a lo histórico concreto; otros ("Casa tomada," aun
"Omnibus"), pueden ser leídos en muy distintos niveles de
significación. Aquí se ha hecho una lectura política, pero otras
son posibles y no excluirían la de estas páginas. Lo mismo ocurre
con algunos de los cuentos de Borges y de Bioy Casares a que
hemos hecho referencia. Esto indica que visiblemente se ha
enriquecido y ampliado la forma en que la literatura alude a lo
histórico-social concreto. Y que esos modos alusivos pueden
llegar a asumir una complejidad y unas variedades de formas
no frecuentes antes en nuestras letras. No se trata de alegorías
(como las de Murena, que continúan una tradición que puede
remontarse, en nuestro país, a Alberdi, por ejemplo), tampoco
de fábulas o parodias. Son textos que aluden a lo político
apelando a la complicidad del lector, a su conocimiento del
mundo histórico en el que suceden episodios a primera vista
desprovistos de significación inmediatamente política. Y que
de esa manera aumentan, si cabe, su eficacia significativa, su
poder de conmover y de afectar al que lee, quien se convierte en
cómplice y partícipe—indirecto—del mundo que el autor está
construyendo con sus recursos lingüísticos.

Hemos dicho antes que la novela puede entregarnos aspectos
de una época que muy pocos, o ningún documento histórico es
capaz de recoger y guardar en su seno. ¿Puede decirse lo mismo,
después de este examen de los textos referidos al período 1943-
1955? Creemos que sí, y si algo hemos aprendido con esta
experiencia es que si hoy poseyéramos análisis parecidos al que
hemos intentado aquí, en el que un coetáneo hubiera estudiado
textos del período 1810-1820, o de los relacionados con el mundo
rosista, o de los del 80, mucho más rica, mucho más honda, sería
nuestra comprensión de lo que quisieron decirnos libros como *Una
excursión a los indios ranqueles*, *La lira argentina*, *La bolsa*,
Amalia. La lectura política e histórica de páginas como las que
hemos intentado estudiar en este volumen permite decir que la
literatura sigue siendo de alto valor en su poder de evocar (y de
guardar para las generaciones futuras, si saben leerla) la forma

en que ciertos sectores vivieron y sufrieron, o vivieron y gozaron, el período al que nos hemos referido tantas veces. Novelas como algunas de las escritas por Peyrou, o por Rivera, o por Velázquez, han dejado un retrato interesado y hondo, conmovedor y humanístico de todo un período histórico, de cómo ciertos hombres y ciertas clases vivieron esa experiencia única en nuestra historia. El rescate para el futuro de los *sentimientos* de una época, de las *vivencias* de un período, de la intimidad de un mundo tan pronto muy lejos de nosotros, sólo puede ser obra de la literatura, y no de la historia, ni de la crónica más minuciosa. Amores y odios, temores y anhelos, formas de agresión, *formas de sentir*, eso es lo que sabe y puede guardar en sus finísimos alvéolos el delicado y sensible sismógrafo humano e histórico de la Literatura. Esta es la esfera propia de su significación, aquí está uno de los aspectos de su eterno encanto, de su secreta y poderosa capacidad de evocación de los sentimientos del pasado. Un ejemplo típico lo da la novela *Se dice hombre* (1952). Cuando se leen las páginas en que Perrone describe el 17 de octubre, no nos entrega un documento histórico que, como tal, consiste en un papel legal, firmado ante notario, por el cual comprobamos una acción dada (tratado, pacto, casamiento, divorcio, rendición, venta, compra, acuerdo, guerra, paz, nacimiento, muerte, etc.). Este texto escapa a la fría certidumbre del derecho o del testimonio registrado en un archivo. Pero posee notas que muy pocos documentos tienen (fuera de las cartas íntimas ¡ay!, tan poco utilizadas entre nuestros historiadores, cuyas biografías parecen narrar las existencias de héroes de metal, no de hombres culpables y/o pecadores). En primer lugar se trata de un testimonio cuyo origen nos es bien conocido; cómo vivió un nacionalista exaltado del 45, el acontecimiento. En segundo término, el documento (si así puede ser llamado) evoca con absoluta acuidad el estado de ánimo del testigo del hecho: sus lágrimas, sus puteadas que tratan de reprimir esas lágrimas de hombre conmovido por algo que desde hace años esperaba contemplar y, ahora, está sucediendo ante sus ojos empañados. El texto revive ante nosotros el *ethos* y el *pathos* de este episodio claramente individualizado. También,

de modo indirecto, nos permite evocar las razones de este estado
sentimental irreprimible. Es uno de los tantos nacionalistas que
durante toda la década anterior había vivido como una terrible
forma de cínico desprecio del ciudadano, el gobierno de Justo y
de sus seguidores. Es ahora, ante esta manifestación que muestra la comunión jefe-multitud, miles de hombres que vivan a su
líder y que a su vez se sienten expresados y protegidos por ese
líder, que su emoción se desborda como de un vaso colmado: "Por
fin tiene ante sí al Jefe, que desde lo alto le habla y lo
comprende; ese Jefe defenderá (como otrora Rosas) los derechos
de su patria y la religión de sus antepasados, rechazará el
clavar por la espalda un puñal a las naciones del Eje, en lucha
contra las corruptas democracias plutocráticas de Estados
Unidos y de Inglaterra, colonialista y pirata; exterminará a los
liberales argentinos, culpables de todos nuestros males y
perseguirá a los masones, los comunistas y los marxistas, que
están destruyendo nuestra auténtica tradición cultural y nacional." Es esta mezcla de emociones primarias, de populismo
simple y autoritario, de fascismo, de conservatismo, de rechazo
de toda la tradición liberal, algunas de las notas que evocan
estas simples páginas de una novela. Pero también puede leerse
allí la fe deslumbrada de quien ha esperado años por este
acontecimiento: encontrar al Jefe en quien creer y confiar; sentirse gobernado por alguien que defenderá los derechos de los
menos poderosos y de los más necesitados; de alguien que
defenderá con las armas—si es necesario—los derechos del país
a la autodeterminación, a la independencia verdadera de todo
poder externo. Necesidad de un Padre poderoso y protector.

Ethos y pathos personalizados: esta es una de las aristas del
pasado que novelas políticas como las que hemos leído pueden
guardar para el futuro historiador de un período. Pero ellas
también pueden servir para conocer qué pensaban y qué sentían
y qué deseaban no solamente personajes determinados, también
lo que querían y perseguían el grupo, el partido político, la
clase social a la que esos personajes pertenecían. O sea: una
novela de este tipo puede ser leída también en una dimensión

social y servirnos para conocer aristas específicas de una sociedad y de sus fuerzas internas.

Aquí debemos hacer una observación importantísima: la mayoría de estas novelas echa por tierra la creencia actual de que es posible leer la literatura como un sonido proferido por el lenguaje, como un producto autónomo que nada tiene que ver con un autor o una época. La negación de la *historicidad* y la *autoricidad* de la literatura es insostenible, es un absurdo que niega la Historia y niega que el hombre es un ser histórico. Después de este examen sería aventurado negar que todo relato es obra de un individuo en particular, de este hombre en especial (Cortázar, Borges, Speroni, Gálvez, Rivera, Viñas, etc.), y que allí—en esta novela, en este cuento—están sus odios, sus amores, sus temores, sus deseos, sus creencias y negaciones, y las de su grupo, clase, partido político, iglesia o comunidad. La literatura retrata—querámoslo o no, nos guste o no, lo aceptemos o lo rechacemos—como un delicado aparato grabador, las aristas más destacadas y a veces las más secretas de nuestras emociones y de nuestras ideas. Por eso muchas veces es indispensable hacer una doble lectura. La que apunta a desentrañar con claridad lo dicho o lo mostrado en el texto, y la que intenta comprender por qué eso se dice o se niega. Esto es: relacionar lo allí expresado con las ideas del autor y de su grupo y clase social. Y tener siempre presente algo fundamental: que no hay una obligada y mecánica relación entre la clase y las ideas; que un nacionalista puede ser fascista, populista, conservador o marxista. Pero que *la literatura no puede ser inocente,* no es una estructura lingüística autónoma, desligada de la Historia y de la Vida. Y que para comprenderla, para entenderla en su integridad, no basta con limitarse a las fronteras textuales de la Obra. Resulta muy difícil explicar una obra cualquiera separada del mundo en torno. Las palabras apuntan a algo fuera de ellas; los significados de una obra literaria comienzan fuera de esa obra en particular. Los términos no se refieren a otros términos del mismo texto. Quedarse en las fronteras del texto es convertir a una obra dada en un producto tautológico.

En otras palabras: ninguna literatura es inocente. Y no es inocente porque haya una determinación insalvable de tipo clasista o ideológico; lo es porque el instrumento con el que se hace la literatura no termina su significación en los límites del universo textual que lo contiene. El vocabulario elegido para escribir una obra está ya mostrando que ha habido una ineludible elección previa a su escritura. Y cada una de esas palabras supone un contexto doble: uno *interno* a la obra, y otro *externo*, en el que esas palabras asumen todo su sentido. Porque es imposible aceptar que la literatura, como afirman ciertas orientaciones críticas, es solamente lenguaje. Poner en el papel una sucesión de signos lingüísticos que remiten a palabras (y, por tanto, a significados), implica algo inevitable: apelar a seres que están fuera de los límites de ese inocente papel. El significado de las palabras funciona en todo texto en dos dimensiones: como integrantes de un universo cerrado y propio (el del texto completo que las contiene), y como apelantes que apuntan a un universo común (el de la Lengua saussuriana), que está *fuera* del texto (novela, cuento, poema, carta). Sin esas dos dimensiones funcionando y funcionantes, no hay posibilidades de significar a través del lenguaje, no hay posibilidades de existencia de la Obra Literaria. Por eso ésta no puede ser independiente del mundo en torno.

Nadie ha logrado expresar la vivencia popular del fenómeno Perón. Esto es: dar forma literaria eficaz a la admiración, el cariño, la pasión acrítica profundamente generosa con que millones vivieron y sintieron esos años de un líder querido y odiado como ninguno en la historia hispanoamericana. Y muy pocos lograron dar literariamente una descripción comprensiva y épica de la pasión con que muchas mujeres y hombres amaron a Evita. Ese amor primitivo y a veces feroz, que se expresó en versos irreproducibles y que manifestaba una mezcla incontrolada e irracional de amor posesivo, admiración por el poder, agradecimiento, mito en el que se veían cumplidas las ilusiones y los deseos irrealizables de millones que a través de ella alcanzaron todo aquello que sabían nunca tendrían: poder, fama, belleza, riqueza, suerte. Los intentos populistas, con la excepción recordable del texto de Perrone, insertado en una novela ineficaz y no lograda, casi siempre cayeron o en lo social o en lo partidista, pero no alcanzaron a tener ningún escritor capaz de dar forma literaria a esta realidad tan difícilmente expresable con palabras. Lo que sí debe recordarse de *Se dice hombre* es que deja un retrato muy logrado de cómo sintieron y vivieron los sectores nacionalistas esa especial relación con el Jefe paternal y todopoderoso. Y a la vez, Perrone logra comunicarnos, con un estilo que auna sencillez y eficacia, gran parte de la emoción singular y concreta que se vivió en aquel ya tan lejano 17 de octubre de 1945.

Los católicos nacionalistas están muy bien retratados en Gálvez, quien deja una pintura muy clara de sus limitaciones ideológicas, de cuáles fueron los motivos que los acercaron a Perón y de qué esperaba y recibió la Iglesia al unirse al peronismo. También resta un muy justo retrato de cómo fueron aquellos años de crisis, cuando la vieja institución volvió sus fuerzas contra el líder intolerante y logró derribarlo casi sin disparar un solo tiro: es que había convencido al Ejército, el alma mater de la que Perón jamás se separó, de que había llegado la hora de sacarlo del poder. Y el ya viejo y cansado tirano aceptó sin discutir esa resolución de sus pares.

La izquierda, a través del entonces comunista Andrés Rivera, ha dejado un fino grabado que destaca la sorpresa, la envidia, el temor de quienes habían querido siempre dominar a esas masas y ahora descubrían que éstas obedecían fascinadas a un coronel bonapartista, corporativo y muy criollo, que puso en marcha un mecanismo burgués para evitar que cayeran en la utopía socialista. Pero a la vez, y esto es tal vez lo más valioso de *El Precio*, esas masas descubrían con un poco de asombro que estaban haciendo indirectamente uso de un poder que poseían pero que jamás habían podido poner en acción. Rivera ha destacado cómo esas masas, por el solo hecho de recibir más bienes y de participar muy desde lejos en el poder concreto, estaban cambiando la realidad social y política del país. Aun a pesar de Perón y de los mismos comunistas.

Andrade deja una de las muy buenas novelas que recrean dicho período. Suma de recuerdos y testimonio de toda una clase, *Proyección en 8 mm...* es, con seguridad, una de las grandes novelas de este ciclo. Importante no solo como reconstrucción del pasado; también valiosa como literatura en sí, de amplio registro estilístico, de sabia estructura, de auténtica calidad humana y expresiva.

El grupo liberal—y esto ya lo registró con visible orientación pro-peronista algún crítico como Avellaneda—ha dado su imagen negativa del fenómeno político que nos ocupa y del período, pero ha dejado también algunas de las mejores novelas del ciclo. En especial destacamos la saga de Peyrou, novelista auténtico, sabio recreador de atmósferas, cuidadoso y comprometido testimonio de la caída moral de toda una sociedad retratada con ironía y dolor. Y en este grupo se destacan algunos de los textos más inquietantes del ciclo, como los relatos alegóricos de Murena, o aquellos fantásticos de Cortázar, que muestran que la literatura posee todavía poderes y medios más poderosos que el realismo para retratar el mundo y para dejarnos una imagen de la realidad que puede ser más inquietante que la mera reunión de documentos o la suma de materiales extraídos directamente de lo real (eso que los críticos llaman ahora el "extra-texto"). El ejemplo de Beatriz Guido basta para ver que la reproducción de lo "real" (en su caso, de los materiales periodísticos y los elementos históricos directamente vertidos en la novela), no bastan para hacernos "sentir" la realidad de una época. No basta con los nombres, las personas, las situaciones, los hechos y sucesos, para "reconstruir" literariamente un trozo de la realidad histórica.

Por fin, los escritores de la izquierda crítica, Viñas y Rozenmacher, lograron dar una visión parcial y certeramente crítica del período, destacando sus grupos de poder, las hondas divergencias que se escondían en su superficie tersamente homogénea e iluminando ciertos aspectos del período que nunca antes habían recibido suficiente atención de los narradores: las tensiones en el Ejército, la enseñanza, los intelectuales que se le oponían, y mostrando dramáticamente de qué manera la nueva libertad obtenida por ciertos sectores sociales despreciados o minusvalorados ponía en crisis zonas de la estructura social que parecían inconmovibles e incambiables.

BIBLIOGRAFIA

TEXTOS NARRATIVOS

Andrade, Jorge. *Proyección en 8mm y blanco y negro, durante una reunión de familia un sábado a la tarde*. Barcelona: Muchnik editores, 1987.

Benítez, Rubén. *Ladrones de luz*. Buenos Aires: Losada, 1958.

Bioy Casares, Adolfo. *El lado de las sombras*. Buenos Aires: Emecé, 1962; *Historia prodigiosa*, Buenos Aires: Emecé, 1961.

Bioy Casares Adolfo y Jorge Luis Borges. "La fiesta del monstruo" (c. 1947), en *Marcha*, Montevideo, 30 de septiembre de 1955.

Borges, Jorge Luis. *El hacedor*. Buenos Aires: Emecé, 1960; "L'illusion comique", *Sur*, n. 237.

Cortázar, Julio. *Bestiario*. Buenos Aires: Sudamericana, 1951. *Final del juego*. Buenos Aires: Sudamericana, 1956.

Gálvez, Manuel. *El uno y la multitud*. Buenos Aires: Alpe, 1955. *Tránsito Guzmán*. Buenos Aires: Theoria, 1956.

Guido, Beatriz. *El incendio y las vísperas*. Buenos Aires: Losada, 1964.

Lynch, Marta. *La señora Ordóñez*. Buenos Aires: Jorge Alvarez, 1967.

Martínez Estrada Ezequiel. *Cuentos completos*. Madrid: Alianza, 1975.

Murena, Héctor A. *Las leyes de la noche*. Buenos Aires: Sur, 1958. *Los herederos de la promesa*. Buenos Aires: Sur, 1965.

Orphée, Elvira. *Uno*. Buenos Aires: Fabril, 1961.

Perrone, Jorge I. *Se dice hombre*. La Plata: Ministerio de Educación, 1953.

Peyrou, Manuel. *Las leyes del juego*. Buenos Aires: Emecé, 1960. *Acto y ceniza*. Buenos Aires: Emecé, 1963. *Se vuelven contra nosotros*. Buenos Aires: Emecé, 1966.

Rivas, Pablo. *Uno, el país*. Buenos Aires: Bournichón, 1960.

Rivera, Andrés. *El precio*. Buenos Aires: Platina, 1957. *Los que no mueren*. Buenos Aires: Nueva Expresión, 1959. *Sol de sábado*. Buenos Aires: Platina, 1962.

Rozenmacher, Germán. *Cabecita negra*. Buenos Aires: J. Alvarez, 1962.

Sábato, Ernesto. *Sobre héroes y tumbas*. Buenos Aires: Sudamericana, 1961.

Salas, Leo. *Judas pide una lágrima*. Buenos Aires: Deyele, 1958.

Speroni, Miguel Angel. *Las arenas*. Buenos Aires: Fluixá, 1954.

Velázquez, Luis H. *El juramento*. Buenos Aires: Emecé, 1954.

Verbitsky, Bernardo. *Villa Miseria también es América*. Buenos Aires: Losada, 1957.

Viñas, David. *Los años despiadados*. Buenos Aires: Letras Universitarias, 1956. *Las malas costumbres*. Buenos Aires: Jamcana, 1963.

BIBLIOGRAFIA GENERAL SOBRE EL PERIODO 1943-1955

Habíamos pensado en agregar una lista de libros y artículos básicos para que el lector interesado pudiera por su cuenta ampliar sus conocimientos sobre la historia del período 1943-1955. Creemos sin embargo que con ordenar alfabéticamente todas las referencias históricas, políticas y aún económicas de las notas al final de capítulo tendrá dicho lector información más que suficiente sobre el tema. Las respectivas Bibliografías de las obras de Potash, Rouquié y Luna suman un enorme material. No es exagerado recordar una vez más al lector que estar al día de lo que se está publicando sobre el peronismo en el mundo es una utopía. Y desde Ottawa, un imposible. Baste decir que tenemos noticia de que han salido en Buenos Aires los tres volúmenes de la obra de Luna sobre el período peronista; pero esos libros brillan aquí por su ausencia. Por eso, después de las listas sobre Historia y Sociedad y Literatura y Cultura, se agregan tres Bibliografías sobre el tema para quien quiera ampliar esta información que aquí ha sido voluntariamente limitada.

Historia y sociedad

Aizcorbe, R. *El mito peronista: un ensayo sobre la reversión cultural ocurrida en la Argentina en los últimos 30 años*. Buenos Aires: Ediciones "1853", 1976.

Baily, S.L. *Labor, Nationalism, and Politics in Argentina*. New Brunswick, New Jersey: Rutgers University Press, 1967.

Barnes, J. *Evita, First Lady*. New York: Grove Press Inc., 1978.

Blanksten, G.T. *Peron's Argentina*. New York: Russell and Russell, 1957.

Cárdenas, Gonzalo y otros. *El Peronismo*. Buenos Aires: Carlos Pérez editor, 1969.

Ciria, A. *Perón y el justicialismo*. Buenos Aires: Siglo XXI, 1971.

————. *Partidos y poder en la Argentina moderna, 1930-1946*. Buenos Aires: Jorge Alvarez, 1975. 3a. ed.

————. "Flesh and Fantasy: The Many Faces of Evita (and Juan Perón)." *Latin American Research Review*, 18, 2 (1983), 150-165.

Cowles, F. *Bloody Precedent*. New York: Random House, 1952.

Del Mazo, G. *Enseñanza religiosa*. Buenos Aires: Cedal, 1984.

Del Rio, J. *Política Argentina y los monopolios eléctricos. Investigación Rodríguez Conde*. Buenos Aires: Cátedra Lisandro de la Torre, 1956.

Durelli, A.J. *Forma y sentido de la resistencia universitaria de octubre de 1945*. Buenos Aires: s.e., 1945.

————. *La mochila del coronel*. Buenos Aires: Acción Democrática de Ingenieros, Agrimensores y Técnicos, 1946.

El libro negro de la segunda tiranía. Buenos Aires: s.e., 1958.

Epstein, E. "Politization and Income Redistribution in Argentina. The Case of the Peronist Worker." *Economic Development and Cultural Change*, 23 (1975), 615-63.

Fayt, Carlos L. *La naturaleza del peronismo*. Buenos Aires: Viracocha, 1967.

Federación de Agrupaciones para la Defensa y Progreso de la Universidad Democrática y Autónoma. *Avallasamiento de la Universidad Argentina*. Buenos Aires: s.e., 1947.

Fraser, N. y Marisa Navarro. *Eva Perón*. London: Andre Deutsch, 1980.

Frizzii de Longoni, H. *Universidad y revolución; páginas dispersas*. Buenos Aires: s.e., 1948.

Gambini, H. *El 17 de octubre de 1945*. Buenos Aires: Brújula, 1969.

————. *El peronismo y la Iglesia*. Buenos Aires: Cedal, 1971.

García de Loydi, L. *El peronismo y la Iglesia*. Buenos Aires: Historia Eclesiástica, 1968.

Goldwert, M. *Democracy, Militarism and Nationalism in Argentina, 1930-1966*. Austin and London: University of Texas Press, 1972.

Hardoy, M. *Esquema del estado justicialista.* Buenos Aires: Quetzal, 1957.

Hernández Arregui, J. *Imperialismo y cultura. La política de la inteligencia argentina.* Buenos Aires: Editorial Amerindia, 1957.

Inglese, J.O. y C. Yegros Doria. *Universidades y estudiantes.* Buenos Aires: Ed. Libre, 1965.

Irazusta, Rodolfo y Julio. *La argentina y el imperialismo británico; los eslabones de una cadena, 1806-1833.* Buenos Aires: Editorial Tor, 1934.

Irazusta, Julio. *Perón y la crisis argentina.* Buenos Aires: La Voz del Plata, 1956.

Jauretche, A. *El medio pelo en la sociedad argentina: Apuntes para una sociología nacional.* Buenos Aires: A. Peña Lillo, 1966.

Mafud, J. *Sociología del peronismo.* Buenos Aires: Americalee, 1972.

Mangone, C. *Universidad y peronismo, 1946-1955.* Buenos Aires: Cedal, 1984.

Nudelman, S.J. *El régimen totalitario: La antidemocracia en acción, la educación antiargentina, la era del terror.* Buenos Aires: s.e., 1960.

Josephs, Ray. *Argentine Diary. The Inside Story of the Coming of Fascism.* New York: Random House, 1944.

Page, J. *Perón. A. Biography.* New York: Random House, 1983.

Potash, Robert A. *El ejército y la política en la Argentina, 1928-1945. De Irigoyen a Perón.* Traducción de A. Leal. Buenos Aires: Sudamericana, 1971.

———. *El ejército y la política en la Argentina, 1945-1962. De Perón a Frondizi.* Traducción de E. Tejedor. Buenos Aires: Sudamericana, 1982. 6a ed.

Puig, J.C. "El pensamiento político peronista y las ideologías populistas." *Mundo Nuevo,* 7, n.23-24 (1984), 49-75.

Luna, F. *El 45. Crónica de un año decisivo.* Buenos Aires: Sudamericana, 1968.

———. *Perón y su tiempo.* Buenos Aires: Sudamericana, 1984.

Lubertino Beltrán, M.J. ed. *Perón y la Iglesia (1943-1955).* Buenos Aires: Cedal, 1987. 2 vols.

Rouquié, A. *Poder militar y sociedad política en la Argentina. I, hasta 1943.* Traducción de A. Iglesias Echegaray. Buenos Aires: Emecé, 1983. 5a ed.

————. *Poder militar y sociedad política en la Argentina. II, de 1943-1973.* Traducción de A. Iglesias Echegaray. Buenos Aires: Emecé, 1982.

Scalabrini Ortiz, R. *Política Británica en el Rio de la Plata.* Buenos Aires: Ed. Reconquista, 1940.

————. *Historia de los ferrocarriles argentinos.* Buenos Aires: Ed. Reconquista, 1940.

Sidicaro, R. "Poder y crisis de la gran burguesía argentina." En A. Rouquié, compilador, *Argentina Hoy.* México: Siglo XXI, 1982, págs.

Silberstein, E. *¿Por qué Perón sigue siendo Perón? (La economía peronista).* Buenos Aires: Corregidor, 1972.

Sebreli, J. *Los deseos imaginarios del peronismo.* Buenos Aires: Legasa, 1983.

Zuleta Alvarez, E. *El nacionalismo argentino.* Buenos Aires: Carlos Pérez, 1975. 2 vols.

Weisbrot, R. *The Jews in Argentina: From Inquisition to Perón.* Philadelphia: The Jews Public Society of America, 1979.

Literatura y Cultura

Adam, C. *Bibliografía y documentos de Ezequiel Martínez Estrada.* La Plata: Universidad Nacional de La Plata, 1968.

Adelach, A. y otros. *Ensayos seleccionados en el concurso Historia Popular.* Buenos Aires: Cedal, 1972.

Amar Sánchez, A. "La propuesta de una escritura (En homenaje a Rodolfo Walsh)." *Revista Iberoamericana,* 135-136 (1986), 431-45.

Andreu, J.L. "Pour une lecture de *Casa tomada* de J. Cortázar." *Caravelle,* 10 (1968), 49-66.

Andreu, J. e Ives R. Fouquerne, "*Bestiario* de J. Cortázar: essai d'interpretation systematique." *Caravelle,* 11 (1968), 11-30.

Avellaneda, A. *El tema del peronismo en la narrativa argentina.* Tesis de doctorado presentada ante la Universidad de Illinois, 1973.

————. *El habla de la ideología.* Buenos Aires: Sudamericana, 1983.

Balderston, D. editor. *The Historical Novel in Latin America.* Gaithersburgh, Md.: Hispamérica, 1982.

Blotner, J. *The Political Novel.* Garden City, New York: Dobleday and Co., 1955.

Borello, R. "El ensayo: del 30 a la actualidad." *Capítulo. La Historia de la Literatura Argentina.* Buenos Aires: Cedal, 1970. Vol. III, págs. 1273-1296.

————. "El ensayo moderno. Martínez Estrada." *Capítulo. La Historia de la Literatura Argentina.* Buenos Aires: Cedal, 1970. Vol. III, págs. 1033-1054.

————. "El ensayo en la Argentina: 1969-1979." *Los Ensayistas,* Georgia, 6-7 (1979), 19-30.

————. "Novela e historia: la visión fictiva del período peronista (1944-1955) en las letras argentinas." *Anales de Literatura Hispanoamericana,* Madrid, VII, 8 (1980), 29-72.

————. "Borges y los escritores liberales: la visión fictiva del período peronista (1943-1955)." *Ottawa Hispánica,* 3 (1981), 59-90.

————. "Relato histórico, relato novelesco: problemas." En Saúl Sosnowki, compilador, *Augusto Roa Bastos y la producción cultural americana.* Buenos Aires: Ed. de La Flor, 1986, págs. 99-115.

Boyers, R. *Atrocity and Amnesia. The Political Novel since 1945.* New York: Oxford U. Press, 1985.

Brisky, N. y otros. *La cultura popular del peronismo.* Buenos Aires: Cimarrón, 1973.

Canary, R. y H. Kosicki, editores. *The Writing of History: Literary Form and Historical Understanding.* Madison: University of Wisconsin Press, 1978.

Castagnino, R. "Una década de estrenos argentinos: 1950-1960." *Ficción,* 24-25 (1960).

Ciria, A. "Elite Culture and Popular Culture: From the Conservative Restoration through the Peronist Epoch (1930-1955)." Paper presented at the 79th Annual Meeting of the Pacific Coast Branch, American Historical Association, Honolulu, Hawaii, August 13-17, 1986, 36 págs., fotocopia.

————. *Política y cultura popular: la Argentina peronista, 1946-1955.* Buenos Aires: Ediciones La Flor, 1983.

————. *La reforma universitaria: 1918-1983.* Buenos Aires: Cedal, 1983. 2 vols.

Dellepiane, A. *Ernesto Sábato. El hombre y su obra.* New York: Las Américas Pulbishing Co., 1968.

de Queiroz, M.J. "Perón e o Peronismo: Uma visao literária." *Revista Brasileira de Estudos Políticos,* 48 (1979), 85-100.

Desinano, N. *La novelística de Manuel Gálvez.* Santa Fe: Universidad Nacional del Litoral, 1965.

Di Núbila, D. *Historia del cine argentino*. Buenos Aires: Cruz de Malta, 1959. 2 vols.

Fernández Moreno, C. *La realidad y los papeles*. Madrid: Aguilar, 1967.

Filer, M.E. *Los mundos de Julio Cortázar*. New York: Las Américas Publishing Co., 1970.

Ford, A., Rivera, J. y Romano, E. *Medios de comunicación y cultura popular*. Buenos Aires: Legasa, 1985.

Galloti, A. *La risa de la radio*. Buenos Aires: Ed. de La Flor, 1975.

Gálvez, M. *Recuerdos de la vida literaria. IV. En el mundo de los seres reales*. Buenos Aires: Hachette, 1965.

Ghiano, J.C. "Martínez Estrada narrador.43" *Ficción*, 4 (1956), 139-148.

———. Prólogo a *Teatro Argentino Contemporáneo*, 1949-1969. Madrid: Aguilar, 1973.

Goldar, E. "Peronismo, antiperonismo y literatura." *Meridiano 70*, Buenos Aires, 3 (1968), 14-18, 25.

———. "La literatura peronista." En Cárdenas y otros, *El peronismo*, págs. 139-186.

———. *El peronismo en la literatura argentina*. Buenos Aires: Freeland, 1971.

Guido, B. *Los Insomnes*. Buenos Aires: Corregidor, 1973.

Howe, I. *Politics and the Novel*. New York: Horizon Press, 1957.

Jitrik, N. *La nueva promoción*. Mendoza, Argentina: Biblioteca Pública San Martín, 1959.

———. "Notas sobre la zona sagrada y el mundo de los otros en *Bestiario* de Julio Cortázar." En Sara Vinocur de Tirri y N. Tirri, Recopilación y prólogo, *La vuelta a Cortázar en nueve ensayos*, Buenos Aires: Carlos Pérez, 1968, págs. 13-30.

Kapschutschenko, L. "La dictadura como tema en 'El Verdugo' de Silvina Ocampo y 'El general hace un lindo cadáver' de Enrique Anderson Imbert." En J. Cruz Mendizábal, editor, *Hispanic Literatures. Literature and Politics*. Indiana University of Pennsylvania, 2nd Annual Conference, October 1976, págs. 306-314.

Kayser, Wolfgang. "Qui raconte le roman?" *Poétique*, 4 (1970), 498-510.

Lancellotti, M. "Martínez Estrada cuentista." *Sur*, 295 (1965), 55-59.

Lichtblau, M. "La representación novelística de la época de Perón." *Armas y Letras*, Universidad de Nueva León, México, 4 (1968), 77-85.

MacAdam, A. *El individuo y el otro; crítica a los cuentos de Julio Cortázar*. Buenos Aires-Nueva York: Ediciones La Librería, 1971.

Martínez, T.E. *La novela de Perón*. Buenos Aires: Legasa, 1986. 3a. ed.

Martínez Bonati, B. *La estructura de la obra literaria*. Santiago de Chile: Ediciones de la Universidad de Chile, 1960.

Martínez Estrada, E. *Sarmiento*. Buenos Aires: Argos, 1946.

Matamoro, B. *Oligarquía y literatura*. Buenos Aires: Del Sol, 1975.

Morales Benítez, O. "Obras y diálogos de Beatriz Guido." *Universidad Católica Bolivari*ana, Medellín, 25, n. 90 (1962), 302-307.

Navarro, M. *Los nacionalistas*. Buenos Aires: Jorge Alvarez, 1968.

Neyra, J. *Ernesto Sábato*. Buenos Aires: ECA, 1973.

Olivari, N. y Carlos Stanchina. *Manuel Gálvez y su obra*. Buenos Aires: Claridad, 1932.

Orgambide, P. "Literatura y peronismo." En *Yo, argentino*. Buenos Aires: Jorge Alvarez, 1968.

Peña Lillo, A. *Los encantadores de serpientes*. Buenos Aires: La Siringa, 1965.

Planells, A. *Cortázar: metafísica y erotismo*. Madrid: José Porrúa, 1979.

Prieto, A. *Literatura y subdesarrollo*. Rosario: Biblioteca Vigil, 1969.

Rama, C. *La historia y la novela*. Buenos Aires: Nova, 1970.

Rein, M. *Julio Cortázar: el escritor y sus máscaras*. Montevideo: Diaco, 1969.

Ricoeur, P. *Time and Narrative*. Vol. I. Chicago: University of Chicago Press, 1984.

Rodríguez Monegal, E. *La generación de los parricidas*. Buenos Aires: Deucalión, 1956.

———. *El arte de narrar*. Caracas: Monte Avila, 1968.

———. "Borges y la política." *Revista Iberoamericana*, 100-101 (1977), 269-92.

Ruíz Díaz, A. "Tres novelas de Peyrou." *Revista de Literaturas Modernas*, Mendoza, Universidad de Cuyo, Instituto de Literaturas Modernas, 8 (1969), 9-34.

Sábato, E. *Páginas vivas*. Buenos Aires: Kapelusz, 1974.

Sáiz, V. "Peyrou y el peronismo." *Ficción*, 45 (1969), 45-57.

Scarri, R., Battista, V. y J. Santamaría. "Dos novelas sobre el peronismo y una sobre la burguesía." *El Escarabajo de Oro*, 28 (1965), 10-30.

Sarduy, S. "Anamorphoses." *La Quinzaine Littéraire*, 50 (1968).

Sebreli, J.J. *Martínez Estrada. Una rebelión inútil*. Buenos Aires: Galerna, 1969.

Stabb, M. "Ezequiel Martínez Estrada: los trabajos formativos." En Carlos Adam, *Bibliografía y documentos sobre Ezequiel Martínez Estrada*, La Plata: Universidad Nacional de La Plata, 1968, págs. 225-232.

————. "Argentine Letters and the Peronato: An Overview." *Journal of Inter-American Studies*, 13 (1971), 434-455.

Veyne, P. *Comment on écrit l'histoire*. Paris: Du Seuil, 1979.

Walker, John. "Gálvez, Barrios and the Metaphysical Malaise." *Symposium*, 36 (1982-83), 352-58.

————. "Ideología y metafísica en Manuel Gálvez: una síntesis novelística." *Revista Canadiense de Estudios Hispánicos*, 10 (1986), 475-90.

————. "Mauel Gálvez y la soledad argentina." *Norte/Sur (Canadian Journal of Latin American and Caribbean Studies)*, 11 (1986), 83-90.

White, H. *Metahistory: The Historical Imagination in Nineteenth Century Europe*. Baltimore: John Hopkins University Press, 1973.

————. *Tropics of Discourse: Essays in Cultural Criticism*. Baltimore: John Hopkins University Press, 1978.

————. "The Question of Narrative in Contemporary Historical Theory." *History and Theory*, 23 (1984), 1-33.

BIBLIOGRAFIAS SOBRE EL PERIODO

Bagú, Sergio. *Argentina, 1875-1975. Población, economía, sociedad. Estudio temático y bibliográfico*. Buenos Aires: Solar, 1983. (Utilísima bibliografía comentada; véase espec. III, 7; III, 60; III, 110; III, 111).

Cordone, Héctor. "Bibliografía sobre peronismo." *Envido*, Buenos Aires, número 2 (Noviembre de 1970), págs. 93-95.

Hoffmann, Fritz L. "Perón and After: A Review Article." *Hispanic American Historical Review*, Vol. 26, n. 4 (noviembre de 1956), 510-

528; y la Conclusión, "Perón and After, Part Ii", *HAHR*, n. 2 (1959), 212-233.

Horvath, Laszlo, compilador, *Peronismo and the three Perons: A Checklist of Material on Peronism and on Juan Domingo, Eva, and Isabel Peron and their Writings in the Hoover Institution Library and Archives and in the Stanford University Libraries.* Stanford: Hoover Institution - Stanford University, 1988. 170 págs.